图书在版编目(CIP)数据

酒店人力资源管理实务/张馨元主编.—成都:西南财经大学出版社,2019.8(2021.8重印)
ISBN 978-7-5504-3906-1

Ⅰ.①酒… Ⅱ.①张… Ⅲ.①饭店—人力资源管理 Ⅳ.①F719.2

中国版本图书馆CIP数据核字(2019)第030999号

酒店人力资源管理实务

张馨元 主编
李 慧 吴雁彬 王信洋 副主编

责任编辑:金欣蕾
策划编辑:孙婧
封面设计:墨创文化
责任印制:朱曼丽

出版发行	西南财经大学出版社(四川省成都市光华村街55号)
网 址	http://cbs.swufe.edu.cn
电子邮件	bookcj@swufe.edu.cn
邮政编码	610074
电 话	028-87353785
照 排	四川胜翔数码印务设计有限公司
印 刷	郫县犀浦印刷厂
成品尺寸	185mm×260mm
印 张	15.25
字 数	363千字
版 次	2019年8月第1版
印 次	2021年8月第2次印刷
印 数	2001—4000册
书 号	ISBN 978-7-5504-3906-1
定 价	35.00元

本书配套教学资源

教师专用

微课视频

为了增强课程的学习趣味性，本书收集并制作了**18个微课视频**，既有人力资源管理相关的小故事，也有延伸性的知识点；另有**56个拓展阅读和职场案例**材料。感谢我校合作酒店热心提供了它们的一些内部文档作为范例。另外，为了扩展学生的视野，我们在本书增加了一些延伸性的拓展阅读材料，可以极大地丰富教师的教学内容。建议教师可以将这些素材选作课堂讨论使用，也可将其布置成课前或课后阅读作业，以便实现课前、课中、课后相贯通的完整学习链。

课后练习及答案

及时的学习效果强化与检验，有利于确保教学质量。所以，笔者在本书每一章都配了题型丰富的课后练习。教师可以根据自己的需要扫描位于本书最后一页的二维码获取课后练习答案。教师可以利用这些习题在课堂中对学生进行随堂小测试，也可将这些习题作为期末测试的题目使用。

课件

本书配有涵盖各章节内容的课件。这些课件经过精心设计，风格活泼、图片丰富、内容完整。教师可以联系主编或出版社获取课件。

课堂小练习及课后实作任务

目标导向式教学、以学生为中心进行教学设计是笔者在编写本书时遵循的主要原则，这也是本书的创新之处。因此，笔者在每个章节都设计了对应的课堂小练习及课后实作任务。课堂小练习可以帮助教师丰富课堂内容，活跃课堂气氛，课后实作任务可以让学生加强对知识点的理解与掌握技能。在教学设计时，建议教师可以采用项目化教学设计，将各章分解的任务以一个项目的形式串联起来，以确保学习的连贯性与完整性，真正实现让学生“在做中学”的教学愿景。另外，每章开篇都按照布鲁姆分层教学目标分类法，设计了清晰、具体、可衡量的教学目标，教师可以参考这些目标来进行教学效果检验。

学生专用

微课视频、拓展阅读和职场案例材料

对于本书中的视频，学生可以根据教师的要求，在课前、课中或课后，扫码观看学习。微课视频、拓展阅读和职场案例不仅有助于加深学生对知识点的理解，而且可以帮助学生拓展对行业前沿热点及课程内容的认识。

课后练习及答案

本书每章都配有课后练习，学生可以在完成一章的学习后自行完成对应章的课后练习，既能及时巩固知识点，也是对自己的学习效果进行检验。完成之后，学生可扫描位于本书最后一页的二维码查看答案。

前言

QIANYAN

为什么要学好酒店人力资源管理实务?

酒店业是服务业，是典型的劳动密集型产业，酒店管理的本质是人！顾客根据他们所获得的服务对酒店的经营做出评价，雇员就是连接酒店与顾客的关键环节。只有照顾和管理好雇员，酒店才会有好的经营结果。

随着我国服务业的持续发展，人才竞争也日益激烈。酒店不仅在同行业之间展开人才竞争，寻求雇员填补职位空缺，同时还要与当地其他行业之间展开争夺人才的竞争。面对越来越突出的劳动力短缺问题，如何高效率地招募雇员，如何让雇员在酒店得到有效的发展，如何留住雇员，如何保持酒店对人才的吸引力……这些问题在酒店业中的重要性比以往任何时候都更加突出。

因此，当前的酒店管理者、从业者，比以往任何时候都更加需要了解人力资源管理的原理和技术。现代酒店管理者不论属于酒店哪个部门，从事什么样的工作，都必须充分了解人力资源的理论和实践。人力资源的理论和实践，必须成为直线职能管理者在其对雇员进行日常管理中所运用的战略计划中不可缺少的一部分。

而对于即将踏入酒店行业工作的大学生们，人力资源管理是他们全面认识酒店行业的运行规律、运行特点的最佳切入点。掌握先进的人力资源知识和方法，不仅能提升他们对行业的全局性认识，也有助于他们科学规划自己的职业生涯。

本书特点

本书由编者基于多年的酒店人力资源管理教学经验，综合比较国内的相关教材编写而成，面向酒店专业本科层次职业教育的学生。

本书有如下特点：

1. 基于目标导向原则的一体化课程内容设计

本书按照“模块→项目→任务”的逻辑顺序展开。在每个模块中，项目的编写遵循“导入→知识目标、技能目标→理论知识→课堂小练习、课后实作任务→课后练习”的体例进行，彰显“做中学，学中教”的职业本科教改特点，同时，也有助于帮助学生树立学习目标、检验学习效果。

2. 以学生为中心，以职业活动为导向，用任务来训练学生的职业岗位能力

本书注重与行业的紧密结合，尽可能融入当前行业的需求和最新变化，紧扣酒店人力资源管理的工作流程和原理，突出人力资源基础岗位的管理方法和操作技能的训练，尽可能用接近学生未来岗位的项目任务来实现技能训练。

3. 配有大量拓展阅读、职场案例、微课视频等电子资源，有助于教师开展智慧化教学

本书编写分工

本书共分为 9 个模块，建议教学学时 48 学时。

本书的具体分工如下：张馨元（昆明理工大学）负责大纲的拟定，结构、体系的设计以及修改定稿工作，并且负责编写模块一、三、五、七；吴雁彬（广东韩山师范学院）负责编写模块二、四；李慧（三亚学院）负责编写模块六、八、九；唐敏（昆明理工大学）负责校对和修改定稿工作；王信洋（上海亚湾酒店管理有限公司）提供了大量案例素材。此外，广东韩山师范学院的林小玲同学也参与了微课视频等电子资源的开发制作。

在本书的编写过程中，笔者得到了许多业内人士的支持和帮助，也参阅和借鉴了大量的同行相关著作及文献，在此向他们表示由衷的感谢。

由于编者水平有限，编写时间仓促，书中难免有缺陷、错误和不足，敬请广大专家和读者朋友们不吝赐教。

张馨元

2019 年 8 月

目录

MULU

模块一

酒店人力资源管理导论

工作若成为乐趣，人生就是乐园；
工作若成为义务，人生就是地狱。

行业专家箴言

HANGYE ZHUANJIA AHENYAN

员工第一、顾客第二，是企业成功之道。

——罗森帕斯（美国罗森帕斯旅游管理公司总裁）

课前导入

KEQIAN DAORU

阿里巴巴的人力资源管理①

一家中国公司登陆纽约证券交易所，并创下美股史上最大规模 IPO（首次公开发行上市）的纪录，这注定被国人视为“走向世界”的骄傲、被世界视为“中国崛起”的信号，并向世界讲述了一个中国故事。这家中国公司就是阿里巴巴，在它成功的背后，是数万名员工的付出与贡献，而阿里巴巴的人力资源管理在其中起了很大的作用。

一、实行与业务紧密结合的员工个性化管理

阿里巴巴的人力资源管理者所面临的挑战在于，在快速成长且多变的业务形态下如何能够托得住、稳住整个团队并引进人才。

目前，阿里巴巴正在进行的人力资源管理组织变革将更多的管理重心转移到与业务紧密结合的员工个性化管理上来。阿里巴巴通过建立薪酬服务中心，以及全面覆盖招聘、入离职报销等标准化公共服务的人力资源管理运营中心，将原本分散的事务性工作

---

① 佚名. 阿里巴巴的人才管理世界窥探［EB/OL］.（2014-09-26）［2018-11-02］. https://www.hrloo.com/rz/1329213 4.html.

集中起来进行统一管理，让人力资源专员将更多的精力投入与业务紧密相关的人才盘点、绩效评估、组织文化建设等事务上。

随着阿里巴巴人员规模的扩大，人力资源专员配比将会降低到 1∶250 至 1∶300 之间，但管理精细度不变。

“作为一家互联网公司，阿里巴巴的特质是紧跟客户的价值和利益，我们希望的组织模式是招之即来、来之即战、战之即散的自组织过程。”陆凯薇表示，新的电子化人力资源管理系统能够自然地呈现每个人在组织里的价值、人与人的关系，减少人力资源专员的人为判断和管理。

二、招聘：以诚信为最优先考虑因素

阿里巴巴的招聘形式有很多，但无论哪种形式，诚信都是第一考量因素。

（1）选人，诚信为先。对于阿里巴巴来说，其招聘人才的首要要求就是诚信。马云认为这是最基本的品质。2006 年 2 月 10 日，在阿里巴巴的全体员工大会上，马云向员工们宣布了以“诚信建设和知识产权保护”作为公司新一年的三大主题之一。同时，阿里巴巴还强调对客户讲诚信，永远不给客户回扣，给回扣者一经查出立即开除。

（2）重视职业道德。阿里巴巴很看重员工的职业道德，这是阿里巴巴不愿意高薪挖人的一个重要原因，因为公司不希望挖过来的员工变成“不忠、不孝、不义”的人：从竞争对手那边挖过来的人，如果让他说出原来公司的机密，他对自己的旧主就是“不忠”；如果不说原来公司的机密，他对现在的新公司就是“不孝”；即使不让他说原来公司的机密，他在工作中也会无意识地用到，这样他就是“不义”了。

（3）跳槽多不可靠。马云曾这样说：“我不喜欢频繁跳槽的人，一个年轻人的简历上前面五年换八个工作，这个人我一定不要他，他不知道自己想干什么，尤其是跨多个领域的，不太会有出息。”

三、让员工自主学习的培训才有效

阿里巴巴会根据员工的不同偏好，分设三个职业阶梯，使性格不同、对自己未来规划不同的员工都能够满意。比方说，你希望平衡生活、照顾家庭，不想要有太多挑战、太多压力，你可以选择去 S 序列。S 序列都是标准工作的序列，你只需要按照现有的方式做事就行了。如果你很擅长跟别人打交道，与别人沟通，并不喜欢对着机器做事情，你可以选择去 M 序列发展。其实不同类型的员工，选择各不相同，所以员工的发展绝对不是企业一厢情愿的事情，而是企业和员工的共同选择。只有当这种需求是大家都想要的，才会得到各方面的配合，才能得到认同，才能把“试”转化为“学”。阿里巴巴鼓励内部教学相长的文化，希望营造一个要学就一定要有行动，有了行动一定要带来结果的学习氛围。

在阿里巴巴，员工平均年龄为 27 岁，很多员工是在父母或者老师培养下长大的，所以他们自主学习的意愿不是特别强。面对这些员工，阿里巴巴用的方法各异，但基本上是先培养他们的行为。当他看到这种行为的结果时，自然而然地会转变观念。

有了能力的需求，也有了发展的方向，这时候就可以开始设计一些学习方法，来推动能力的建设。阿里巴巴的学习项目名称很多，如夜校、课堂等，希望借此强化学习概念，但学习的内容主要还是管理体系方面的，包括阿里巴巴所有的管理人员必须接受的强制性培训。从基层员工到高管层员工，阿里巴巴给每个员工制定了不同的选修和必修项目。

每年，阿里巴巴都会选择公司在管理方面最严重的问题、最需要解决的问题，请高管配合人力资源部同事，共同完成对员工的培训。

为年轻的员工营造轻松的氛围，将好的东西拿出来跟大家交流与分享，这些都是阿里巴巴特有的学习环境。所以，在阿里巴巴有一个口号：知识点亮人生，学习成就未来。你要想获取知识，就要自己去学，而不是一味地让别人来教你。

四、以“六脉神剑”考核员工：价值观与业绩各占50%

阿里巴巴的价值观被归纳成“六脉神剑”：客户第一、团队合作、拥抱变化、诚信、激情、敬业。与一般企业只把口号挂在墙上不同，阿里巴巴的价值观是真真切切地落在实处的，因为在阿里巴巴的考核体系中，个人业绩的打分与价值观的打分各占50%。也就是说，即使一个业务员拥有很好的业绩，但如果价值观打分不达标，在阿里巴巴依然会面临淘汰。

对一个员工业绩的考核显然更容易，价值观的考核听起来就更虚无缥缈一些，但是阿里巴巴还是能用一些具体的方法来衡量价值观，比如把价值观的考核指标分解成30个小指标，每个指标都有相应的分值，采取递进制进行考核。

尽管价值观的打分占到考核的一半，但是在阿里巴巴因为价值观被开除的员工并不多，因为在招聘的时候这是一个非常重要的考量因素。

不过，马云并不想让他的员工变成苦行僧，一直强调快乐工作。马云说：“我们阿里巴巴的商标是一张笑脸，我希望每一个员工都是笑脸。”

五、留住员工的秘诀：从物质和精神两个层面激励员工

如何让员工愿意在阿里巴巴工作？物质层面和精神层面的激励都很重要。在物质层面，阿里巴巴每年都请专业公司调查行业薪资，根据这个来确保公司的薪酬是有竞争力的。2013年，阿里巴巴发现员工的椅子没有扶手，研究之后发现这会增加员工的疲劳度，所以决定把所有椅子都换成有扶手的。

做到这些，还只能留住员工，而不能激励员工。接下来，还要让员工向上走。阿里巴巴激励员工的主要方式是，让员工的工作得到认可。阿里巴巴经常给员工讲这样一个故事：三个人砌房子，你问他们在做什么，第一个人说在砌砖头，第二个人说在垒墙，第三个人说他在造世界上最美的教堂，让钟声每天都会响起。阿里巴巴希望员工像第三个人。

阿里巴巴要求管理者不断地赞美员工的进步，因为没有人愿意生活在失败当中，这样他就感觉很糟糕。当然，合适的批评也可以起到这种作用。有一些管理者认为批评员工不好，实际上你让他知道自己有什么不足，并对不足加以改正，同样会让他对工作、生活充满希望。

在阿里巴巴，资历、背景都不重要，只要你具有相应职位的能力就会得到提拔。

课前思考

KEQIAN SIKAO

1. 阿里巴巴的人力资源部为什么要建立薪酬服务中心和人力资源管理运营中心?

2. 对于阿里巴巴这样矩阵制、项目式团队组织大量存在的企业，人力资源管理最大的挑战是什么?

3. 阿里巴巴的培训体系是如何支撑公司的发展的?

4. 你认为留住员工和激励员工有何区别?

5. 酒店人力资源管理有什么特点?

6. 酒店人力资源管理会面临哪些挑战?

7. 酒店行业的“最佳雇主”是怎样的?

8. 如何才能创建科学的酒店人力资源管理体系?

本模块教学目标

BEN MOKUAI JIAOXUE MUBIAO

知识目标:

1. 解释人力资源管理的含义、内容和作用。
2. 准确描述人力资源管理的六大职能。
3. 阐述酒店人力资源管理的特点和其面临的挑战。

技能目标:

1. 能够画出人力资源部在组织中的位置以及其职业发展通道图。
2. 能够为某酒店制定人力资源管理目标。

本模块理论知识

BEN MOKUAI LILUN ZHISHI

◇ 项目一 人力资源管理概述

◇ 项目二 酒店人力资源管理概述

项目一　人力资源管理概述

一、人力资源的含义

人力资源，又称劳动力资源或劳动力，是指能推动整个经济和社会发展、具有劳动能力的人口总和。

这个解释包括以下几个要点：

（1）人力资源的本质是人所具有的脑力和体力的总和，可以统称为劳动能力；

（2）这一能力要能够对财富的创造起贡献作用，成为社会财富的源泉；

（3）这一能力还要能够被组织利用，这里的“组织”可以大到一个国家或地区，也可以小到一个企业或作坊。

经济学把为了创造物质财富而投入生产活动中的一切要素统称为资源，包括人力资源、物力资源、财力资源、信息资源、时间资源等。其中，人力资源是一切资源中最宝贵的资源，是第一资源。人力资源的最基本方面包括体力和智力，从现实应用的状态来看，包括体质、智力、知识、技能四个方面。

二、人力资源的特点

（一）人力资源的主体性或能动性

主体性或能动性是人力资源的首要特征，是人力资源与其他一切资源最根本的区别。所谓主体性就是说人力资源在经济活动中起着主导作用。一切经济活动都首先是人的活动，由人的活动引发、控制、带动了其他资源的活动。另外，在经济活动中，人力资源是唯一起创造作用的因素。经济活动的生命是发展、是进取、是创新，而只有人力资源才能担负起这种发展、进取和创新的任务，其他任何生产要素都不具有这样的能力。

（二）人力资源的时效性

时效性是指人力资源的形成与作用效率要受其生命周期的限制。作为生物有机体的个人，其生命是有周期的，每个人都要经历幼年期、少年期、青年期、中年期和老年期。无论哪类人都有其才能发挥的最佳期、最佳年龄段。如果其才能未能在这一时期充分利用开发，就会导致人力资源的浪费。因此，人力资源的开发与管理必须尊重人力资源的时效性特点，做到适时开发、及时利用、讲究时效，最大限度地保证人力资源的产出，延长其发挥作用的时间。

（三）人力资源的再生性

经济资源分为可再生性资源和非可再生性资源两大类。人力资源具有再生性，它基于人口的再生产和劳动力的再生产，通过人口总体内个体的不断更替和“劳动力耗费—劳动力生产—劳动力再次耗费—劳动力再次生产”的过程实现再生。同时，人的知识与技能的陈旧、老化也可以通过培训和再学习等手段得到更新。当然，人力资源的再生性不同于一般生物资源的再生性，除了遵守一般生物学规律之外，它还受人类意识的支配和人类活动的影响。从这个意义上来说，人力资源要实现自我补偿、自我更新、持续开发，就要求人力资源的开发与管理注重终身教育，加强后期的培训与开发。

（四）人力资源的社会性

人处在一定的社会之中，人力资源的形成、配置、利用、开发是通过社会分工来完成的，是以社会的存在为前提条件的。人力资源的社会性，主要表现为人与人之间的交往及由此产生的千丝万缕的联系。人力资源开发的核心，在于提高个体的素质，因为个体素质的提高，必将形成高质量的人力资源。在现代社会中，在高度社会化大生产的条件下，个体要通过一定的群体来发挥作用，合理的群体组织结构有助于个体的成长及能力的发挥，不合理的群体组织结构则会对个体构成压力。群体组织结构在很大程度上受社会环境影响，社会环境构成了人力资源的大背景，它通过群体组织直接或间接地影响人力资源开发，这就给人力资源管理提出了要求：既要注重人与人、人与团体、人与社会的关系协调，又要注重组织中的团队建设。

（五）人力资源角色的双重性

人力资源既是投资的结果，又能创造财富。或者说，人力资源既是生产者，又是消费者，具有角色双重性。人力资源的投资来源于个人和社会两个方面，包括教育培训等。人力资源质量的高低完全取决于投资水平的高低。人力资源投资是一种消费行为，并且这种消费行为是必需的，先于人力资本的收益。

（六）人力资源的增值性

人力资源的再生过程也是一种增值的过程。人力资源在开发和使用过程中，一方面可以创造财富；另一方面通过知识经验的积累、更新来提升自身的价值，从而使组织实现价值增值。研究证明：人力资源的投资具有高增值性，无论从社会还是个人角度看，都远远大于对其他资源投资所产生的收益。

拓展阅读：

一名优秀的人力资源经理需要具备哪些特质？

扫一扫

三、人力资源管理的概念

人力资源管理，是指根据企业经营发展的需要，通过不断地获得人力资源，把得到的人力资源整合到组织中，保持和激励他们对本组织的忠诚与积极性，控制他们的工作绩效并做相应的调整，尽量开发他们的潜能，以期达到人力与企业共同发展的活动、职能、责任和过程的总和。

在企业中，所有管理者都是人力资源管理者，或者说，所有管理者都有人力资源管理职责。

四、人力资源管理的内容

人力资源管理六大职能见图 1-1。

图 1-1 人力资源管理六大职能

（一）人力资源规划

人力资源规划是人力资源开发与管理过程的初始环节，是人力资源开发与管理各项活动的起点。做好人力资源规划对于人力资源管理、取得人力资源效益和实现企业的各项综合效益都具有重要作用。

人力资源规划有狭义和广义之分。狭义的人力资源规划是指企业从自身的发展目标出发，根据内部环境的变化，预测未来发展对于人力资源的需求以及为满足这种需求提供人力资源的活动过程。简单地说，狭义的人力资源规划是做人力资源预测并使人力资源供需平衡的过程。企业可以把它当作各类工作人员的补充规划。广义的人力资源规划的内容比较广泛，可以分为人力资源目标规划、组织变革与发展规划、人力资源开发规划、人力资源供给与需求平衡计划、人事调配晋升计划、员工绩效考评与职业生涯规划、员工薪酬福利保险与激励计划、定编定岗定员与劳动定额计划等。

（二）人员招聘与配置

人员招聘与配置是指将组织人力资源投入各个工作岗位，使之与物质资源相结合，形成现实的经济活动。人力资源的科学配置是人力资源生产与开发后的关键环节，也是组织人力资源经济运动的核心。从经济学的角度看，每一个生产要素都应当在可能的情况下得到充分运用并与其他要素之间有一个较好的配比关系，以取得最大效益。从宏观的角度说，人力资源配置要使人力资源合理使用，以形成良好结构，保证组织工作的顺利发展，实现经济效益的最大化。

（三）人力资源的培训与开发

人力资源的培训与开发工作十分重要，既是全民教育和职业教育的重要组成部分，又有利于组织的长远发展，对于现代组织的全面发展有着重要的意义。人力资源培训开发主要是通过对员工实施培训实现的。培训可以提高员工文化素质和职业技能，降低损耗和劳动力成本。经常对员工进行教育培训，也可以使其提高认识，改进工作表现，缓解工作压力，降低事故的发生，从而减少员工流动，改进员工服务质量。对组织的人力资源进行有效组织和开发，可以调动员工积极性，从而有利于增强企业竞争力。

管理者在人力资源培训与开发的过程中必须树立以人为中心的管理理念，适应形势发展，彻底解放思想，吸取国内外先进管理经验，并结合组织实际情况改革用工制度、干部制度、工资制度、奖励制度等。管理者可以在组织内部建立起平等的竞争机制，为更多的优秀人才提供施展才能的机会。人力资源部要不断开辟员工招聘途径，努力做到吸引人才、善用人才和发展人才。这样才能最大限度地发挥人力资源的效能，使企业保持生机和活力。

当今世界，企业面临的最激烈的竞争莫过于人才的竞争，造就人才、保护人才、使用人才都是企业不可忽视的问题。企业应把留住人才、合理使用人才作为提高经营利润的重要措施，因为人才可以创造价值、降低成本。

（四）员工绩效管理

绩效管理是一种正式的员工评估制度，它通过系统的理论方法来评定和测定员工在职务上的工作行为和工作效果。它是管理者与员工之间进行管理沟通的一项重要活动。绩效考核的结果可以直接影响到薪酬调整、奖金发放及职务升降等，其最终目的是改善员工的工作表现，在实现经营目标的同时，提高员工的满意度和成就感，最终实现企业和个人发展的双赢。完善的绩效管理体系可以有效地提高激励效果。员工绩效管理体系的设计应当立足于绩效管理的目的，这不仅要求使高绩效的老员工受益，而且要求不断地引进新的人才。企业通过开展有效的员工绩效管理工作，将员工的个人绩效作为激励的依据，以增加激励的准确性和高效性。企业应建立分层分类的员工绩效考核体系，针对不同的员工采用不同的考核内容，实行不同的考核方式，了解员工的内在潜质与不足，力争实现对员工的个性化考核，发挥绩效考核的最大功效，促进员工工作绩效不断提升，从而实现企业与员工的共同发展。

（五）员工薪酬管理

薪酬是指员工因为受雇佣而获得的各种形式的报酬。薪酬的合理确定和科学管理是人力资源管理中最重要、最复杂、最核心的内容和环节。薪酬的内涵丰富，其核心部分包括工资、奖金和福利。薪酬管理包括薪酬水平管理、薪酬形态管理和薪酬体系管理。薪酬设计主要考虑两个核心议题：一是对内薪酬相对公平，二是对外薪酬具有竞争力。在建立薪酬体系时，企业应当把技能考核作为员工基本工资的重要组成部分。企业将技能考核列入薪酬考核体系之中，将会进一步提高各类技术型人才加强业务学习的积极性，形成奋发意识。

员工的岗位不同，其履行的职能也不同，对企业的贡献程度也不同。因此，按照对企业的贡献度不同，对不同的岗位进行价值评定是非常重要的。这种价值评定法，将会有效提高员工的竞争意识，充分发挥其自身的特长，使其找到适合自己的岗位，从而为企业的经济效益服务。因此，企业应对岗位进行价值评估，并给予相应的岗位工资。

企业在制定薪酬激励机制时，应本着促进员工竞争和流动的原则，以帮助员工发现和挖掘自身的潜能。因此，企业在建立薪酬体系时，应当充分保障员工岗位的流动性，保证岗位轮换的顺利进行，而不能让薪酬体系成为制约员工岗位流动的因素。薪酬体系应结合企业的经营计划和目标进行动态倾斜。特别是对于一些以“基本工资加提成”

为薪酬模式的员工，其业绩提成部分应当与企业的年度经营目标和计划紧密结合，即要将企业的经济效益和员工的个人利益紧密挂钩，从而达到激发员工积极性的目的。

奖优罚劣是薪酬体系构建的重要基础。完整的薪酬体系设计，不仅要突出员工的贡献和企业效益的提升，而且还应当找到管理中存在的薄弱环节和问题，对其进行相应的处罚。

（六）劳动关系管理

劳动关系是指劳动关系主体双方依法享有的权利和义务。广义的劳动关系是指社会分工协作关系；狭义的劳动关系是指劳动者与企业或组织之间由于交易所形成的权利义务关系，这种关系具有相对稳定性并受到法律保护。企业或组织在与劳动者建立劳动关系应遵循平等就业原则、互选原则、公开竞争就业原则、照顾特殊群体原则、禁止未成年人就业原则、先培训后就业原则。

拓展阅读：

什么是人力资源管理？

扫一扫

五、人力资源管理的地位与作用

（一）人力资源管理的地位

要想正确地认识人力资源管理的地位，首先就要搞清楚人力资源管理和企业管理之间的关系。企业管理，简单地说就是对企业投入和拥有的资源进行有效的管理，实现企业既定目标的过程。由于企业投入和拥有的资源是由不同种类的资源构成的，例如资金资源、物质资源、技术资源、人力资源、客户资源等，因此企业管理也就包括对这些不同资源的管理。从这个意义上讲，人力资源管理和企业管理之间是一种部分与整体的关系，具体如图 1-2 所示。

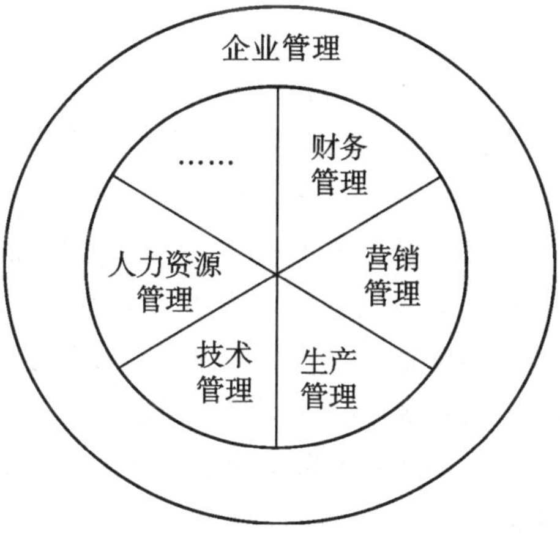

图 1-2　人力资源管理与企业管理的关系

人力资源管理是企业管理的组成部分，而且是很重要的一个部分。企业中各项工作的实施都必须依靠人力资源，没有人力资源的投入，企业就无法正常运转。此外，由于人力资源的可变性，它还会影响到各项工作实施的效果，而人力资源管理正是要解决上述问题，因此，它在整个企业管理中居于重要的地位。

（二）人力资源管理的作用

对于人力资源管理的作用，不同的人有不同的看法。但从根本上说，人力资源管理的作用集中体现在其与企业绩效的关系上，具体如图 1-3 所示。

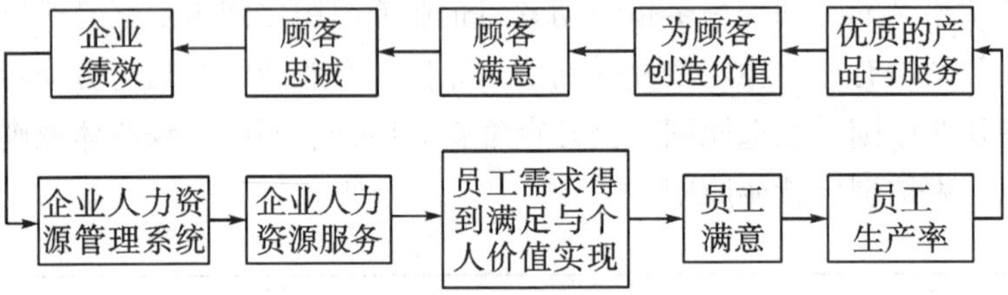

图 1-3　人力资源管理与企业绩效的关系

企业绩效的实现依赖于顾客的忠诚，没有顾客来购买企业的产品和服务，企业就无法生存和发展，自然也就无法实现自己的绩效。随着生产力水平的不断提高，产品日益丰富，顾客的选择更加多样化，赢得顾客的忠诚对企业来说也变得更加重要。要赢得顾客的忠诚，就必须使顾客满意。而顾客之所以会满意，在很大程度上是因为企业能够为顾客创造价值，也就是为顾客提供优异的产品与服务。实现这一点就要依赖于员工的工作，没有员工的工作，企业就无法生产和提供产品和服务；而没有员工高质量的工作，企业就无法生产和提供高质量的产品和服务。这一点在服务性的行业中体现得更加明显，这类企业向顾客提供的大多是一些服务，这就需要员工直接面对顾客，因此员工的工作会直接影响到顾客的满意度。员工的工作满意度会直接影响到他们的工作的生产率。当工作满意度高时，他们就会对工作更投入；否则，人力资源的作用就不能完全得到发挥。而员工的满意度的高低又取决于他们的需求是否得到满足，以及个人价值是否得到实现。这在很大程度上依赖于企业提供的人力资源服务，例如公正的绩效考核、具有竞争力的薪酬待遇、有效的培训与开发、良好的员工关系等。因此，企业的人力资源管理与企业绩效之间存在密切的关系，人力资源管理的有效实施将有助于实现和提升企业的绩效。

在人力资源管理职能正常发挥的前提下，它还有助于企业战略的实现。当企业战略明确了企业的发展方向之后，各种资源的准备就显得十分重要。在资源的准备中，人力资源是很重要的一个方面。一般来说，人力资源的准备可以通过两种途径来实现：一种是从外部招聘，另一种就是内部培养。这两种途径都是人力资源管理的实践活动。根据企业的战略目标，人力资源部首先要通过人力资源规划对未来的人力资源需求做出预测，然后再依据这种预测通过招聘录用或者培训与开发来进行人力资源的储备，从而为企业战略的实现奠定坚实的人力资源基础。例如：某企业的战略定位为通过兼并收购来扩大经营规模，那么该企业就要借助人力资源规划，通过招聘录用或者培训与开发等手段来储备兼并收购方面的人才。

资源准备只是企业战略实现的外部条件，企业战略还必须得到全体员工的认同。只有员工把企业的战略目标内化为个人目标和行为准则后，企业战略的实现才具有内在动力。因此，将企业战略传递给每个员工并得到他们的认同是十分重要的，这个过程也需要人力资源管理实践的支持。人力资源部可以通过培训，给员工灌输企业的战略意图，提高员工的思想认识，把员工的行为统一到企业战略目标上来。现代的培训理念也正朝着这个方向发展。此外，人力资源部还可以通过绩效考核和奖励等方式来传达企业的战略意图。这也是绩效管理和薪酬管理的一个发展方向。例如：某企业的战略是通过服务来获取竞争优势，那么该企业就可以在员工的绩效考核指标中加重对服务的考核，以此来引起员工的重视；该企业还可以加大对优质服务的奖励，以引导员工的行为，传递自己的战略思想。

拓展阅读：

人力资源管理的演进过程

扫一扫

微课视频：

一名优秀的 HR 需要具备哪些特质？

扫一扫

经典电影：《摩登时代》（建议课后自行观看）

视频网址：https://v.qq.com/x/cover/9w35g/rr7w3smmr.html.

项目二　酒店人力资源管理概述

一、酒店人力资源管理的特点

（一）人员管理具有明显的因果性

酒店是一个劳动密集型的服务行业，所提供的是对人的服务。酒店员工的素质直接影响着客户的满意度。客户是否对服务满意，是否愿意再来，或者是否把酒店介绍给别人，直接影响着酒店的利润的高低和发展的好坏。

酒店是一个特殊的行业，不同于一般的生产性企业。它的特殊性决定了酒店的人性化管理具有两面性，对酒店的管理不仅要从员工的需求方面来考虑，同时还要考虑如何满足客人的要求。在我国酒店业面临着巨大竞争压力的今天，酒店如何发展，如何有效地提高服务人员的服务水平，调动服务人员的工作积极性，激励服务人员为顾客提供优质服务，提高顾客满意感和忠诚感，是酒店非常关注的问题。

案例

万豪的经营理念①

万豪先生曾说："照顾好我们的员工，员工就会照顾好我们的顾客，顾客就会源源不断地回来光顾我们。"

万豪国际集团的总部设于美国首都华盛顿，雇用约133 000名员工。万豪连续10年被《财富》杂志列入"100家最佳雇主"排行榜。在入选的企业中，万豪是唯一一家美国酒店集团，也是仅有的3家拥有10万名员工的企业之一。与此同时，万豪也荣登《财富》杂志"全明星"，《财富》杂志特别表扬了万豪的"实践我们的核心价值"计划。此外，万豪为员工提供了大量的培训及才能培育活动。

秉承万豪国际集团的经营思想，万豪酒店管理集团最基本的理念是"人服务于人"，公平对待每一位员工，同时重视员工的感受，让他们体会到"家"的感觉。万豪近50%的管理人员是从公司内部提拔的，公司的职位空缺优先考虑内部员工，只有内部没有合适的人选，才从社会上招聘。万豪认为，只有公司对员工好，员工才会对客人好。

（二）季节性及不可储存性的行业性质

酒店业具有明显的季节性。随着季节的变化，酒店经营的淡旺季特别明显。同时，酒店人力资源价值具有不可储存性的特点，酒店和一般企业不同，它以出租使用价值和提供服务为主。客房、餐饮、娱乐、会务和其他综合服务设施在经营中都不发生实物的所有权转移，因此，酒店员工凝结在酒店产品中的服务价值不可储存。如果酒店的产品在特定的时间内卖不出去，其当天的价值就会失去。该产品等到第二天再卖出去，前一天的价值便永远收不回来了，人力资源的价值也就体现不出来，支出的人工成本也就无法补偿。另外，季节性及不可储存性也给酒店行业的员工排班管理和员工培训等人力资源管理工作带来很多挑战。旺季时，酒店难以在短期内扩大员工队伍，以满足经营需求；淡季时，酒店也不可能迅速缩小员工队伍。因此，酒店行业的员工往往在旺季时加班，在淡季时轮休。培训也是这样，旺季时，酒店难以保证对员工及时进行培训。此外，各个部门的运营高峰期及低谷期的时间段不一样，导致开展培训与员工的工作时间容易冲突，培训效果难以保证。

（三）人员管理具有明显的跨越性

酒店行业往往采用集团化经营管理的模式，而且这种趋势越来越明显。无论是国际酒店集团，还是国内本土酒店，都在加速扩张，而这种扩张加大了人员管理的跨越性。酒店人员管理的跨越性集中表现在地域和文化两个方面。首先，各大酒店集团不断向全

① 蒋婷. 饭店人力资源管理——知识与实践［M］. 青岛：青岛出版社，2008.

中国不同的城市扩张，有的甚至已扩张到了海外，例如上海锦江酒店集团、广州白天鹅酒店集团等。这就使得我国酒店人力资源管理带有明显的地域跨越性。无论是员工招聘，还是员工培训、调配，都反映了这一特点。其次，外资酒店、合资酒店的员工，工作于不同的文化环境之中，工作伙伴来自世界各国。此外，高星级酒店服务的对象中有很大一部分是外国客人，例如上海的很多高星级酒店，外国客人占到了一半以上的客源，这就使得酒店行业的员工需要更多的跨文化沟通技能。

（四）人才素质参差不齐，且结构不合理

作为劳动密集型产业的酒店行业，员工从高层管理者、中基层管理者，到普通一线员工，在学历层次、外语水平、综合素质等方面参差不齐。目前，我国酒店处于快速发展阶段，过去这十年期间，房地产行业的快速、过剩发展，以及旅游业的快速发展热潮，使得高星级酒店如雨后春笋般遍地开花。酒店行业是劳动密集型产业，每个酒店的开业运营都依赖于一大批劳动者以及管理者，而我国酒店行业发展历史尚短，人才培养无法满足迅速扩大的人才需求市场，导致专业技术人才、管理人才严重短缺。为了运营的需要，许多酒店不得不提拔很多经验尚不足的人员，这进一步加剧了管理人员队伍的素质参差不齐。

另外，人才结构不合理也是一个突出特征。管理人才多为从基层成长起来的经验型者，而酒店管理、财会、工程设备管理、营销以及人力资源管理等科班出身的人少，复合型管理人才更少。

（五）人力资源流动率较高

人力资源流动率高、人才流失快，目前已成为酒店行业的通病。而酒店作为经营性企业，谋求人才队伍的相对稳定是必要的。人才流动过快，既不利于服务工作规范化的延续，也极大地影响着酒店经营事业的发展。

目前，酒店业人员流动有三大特点：一是人员流动比例大；二是酒店星级越高、人员流动率越大，合资酒店员工流动率高于国有酒店；三是人才流失快，外语好、学历高、能力强、年龄不大，或处于管理岗位及专业技术岗位的人才流动频繁。

据悉，酒店行业发展所需要的高素质员工群体——大学生，在酒店最不稳定。这个群体的高流动性和不稳定性，致使许多酒店人力资源部门在招聘员工时宁愿要职高生、中专生，也不愿要大学生。这对本身员工素质普遍偏低的酒店行业来说，更是雪上加霜。

究其原因，一方面是因为基层服务人员多为年轻人，他们当初选择从事酒店服务，很大程度上是看到了这个行业表面的光鲜，但真正进入酒店服务行业之后，发现跟自己当初想象的不一样，尤其是对比高消费的服务对象，容易形成不平衡心理。另一方面，随着现在酒店行业进入低利时代，员工的收入也不如原来高，很多看重薪酬待遇和行业表面光鲜的不成熟择业者，频频跳槽。这也是在选择职业时，利益的牵引力大于员工自身对职业喜爱程度的直接结果。

二、酒店人力资源部介绍

（一）酒店人力资源部的组织结构图

酒店人力资源部的组织结构见图 1–4。

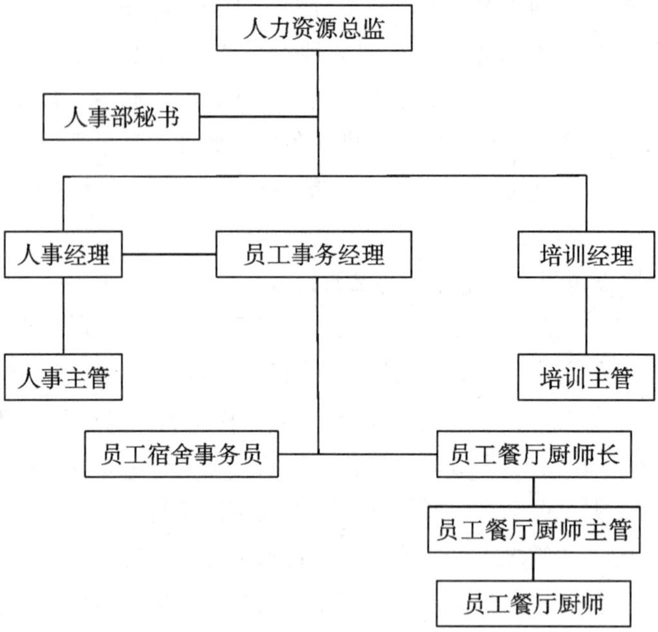

图 1-4　酒店人力资源部的组织结构

（二）酒店人力资源部的功能

正所谓没有高素质、高效率、高满意度的员工，就没有高满意度的顾客和酒店的高效益。酒店人力资源部作为开发、管理酒店人力资源的职能部门之一，所处的位置和担负的责任都是极为重要的。

酒店人力资源部的功能主要体现在四个方面：一是提供酒店各部门所需的充足并且符合要求的人力资源；二是合理开发人力资源，提高员工素质；三是营造积极的企业文化氛围，激发员工的积极性；四是处理与员工有关的一切劳动关系事宜。酒店人力资源管理价值链如图 1-5 所示。

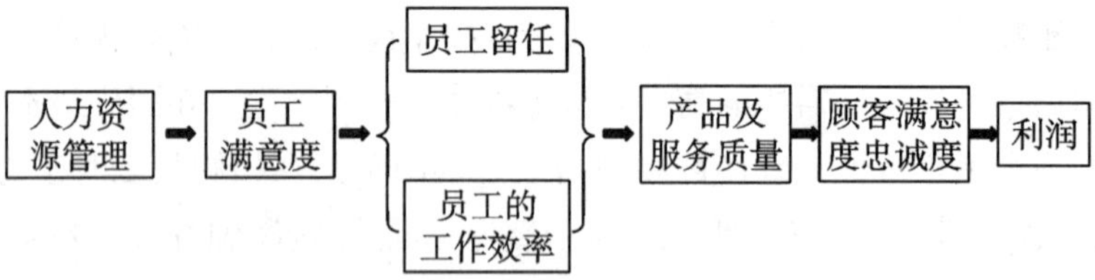

图 1-5　酒店人力资源管理价值链①

（三）酒店人力资源管理职位发展轨迹

酒店人力资源管理职位发展轨迹如图 1-6 所示。

① 胡友宇，龚伟，王光健. 酒店人力资源管理实务［M］. 北京：清华大学出版社，2014.

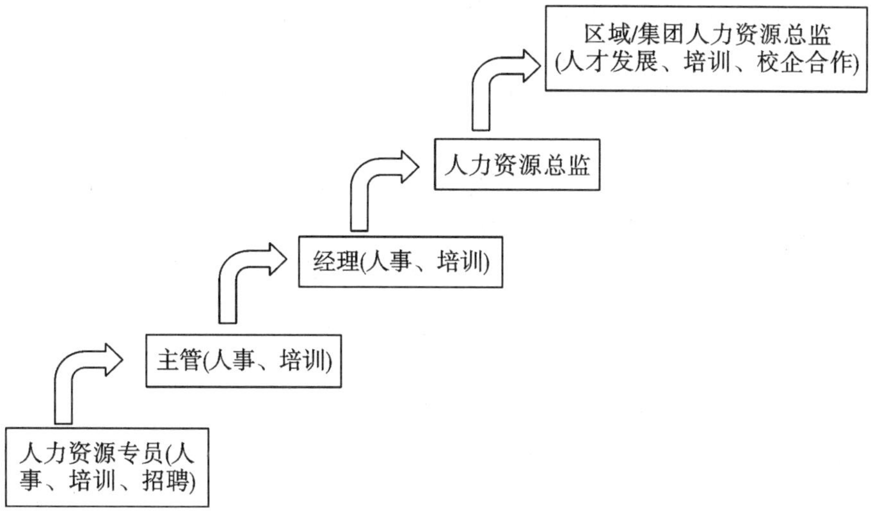

图 1-6　酒店人力资源管理职位发展轨迹

三、酒店人力资源管理面临的挑战

（一）人力资源供求不平衡的矛盾将长期存在

目前，酒店人力资源存在供求不平衡的问题，即人力资源“供过于求”和人才资源“供不应求”。具体表现为：一般劳动力、低素质劳务人员供过于求，而有学历、有能力、有工作经验的高素质人才却供不应求。

旅游作为朝阳产业，吸引许多人进入酒店业工作，可以说酒店人力资源的数量是充足的，然而人才资源的数量又是有限的，尤其是优秀的管理人才缺乏，如高层管理者、培训部经理、工程部经理、行政总厨、收益经理、网络营销与公关传讯等人才十分紧缺。许多酒店的经理称：“人才资源缺乏是企业发展的最大障碍。”各大酒店管理层一致认为“高级酒店管理人才越来越难找”。这种人力资源供求不平衡的状况将在未来一段时间内长期存在，已经成为酒店行业的发展瓶颈。因此，如何解决人才供求平衡的问题，也是当前酒店人力资源管理面临的巨大挑战。

（二）人工成本逐年增加

作为“劳动密集型”和“感情密集型”产业，酒店的很多岗位都难以用机器或机器人替代，酒店的运营离不开“人”这一特殊生产要素，而人工成本逐年上涨。与此同时，酒店行业已经过了暴利时代，进入微利时代，人力成本控制是未来酒店人力资源管理要面临的重大挑战，如何用有限的酒店人力成本去吸引到符合要求的人才，留住他们，并提高他们的工作效率与效能，是整个行业都需要去研究和解决的问题。

在我国，由于管理意识落后，一些酒店经营者认为人力资源管理属于一个后勤管理部门，只要经营做强做大，酒店就可持续发展。所以，在这样的思维下，一旦有经营收入降低、成本过高的现象出现，酒店经营者就会考虑人力资源成本问题，以控制人力资源成本来抑制酒店整体成本过高的问题，而忽略企业中“以人为本”的重要性，从而进一步加剧了人力资源部的管理压力和挑战。

（三）吸引并留住和激发新生代员工挑战更大

新生代员工已然成为社会经济发展的主力，然而新生代员工由于成长的时代背景等因素，呈现出一定的群体特征。酒店行业是一个对员工行为规范要求较高，需要高度的团队合作精神，强调标准化与个性化服务兼具的独特行业，所有的制度、流程、规范和要求较细，考核也较严。这些特点与新生代员工更加追求个人主义、集体归属感不强、价值观多元化等特点相背离。因此，在很多新生代员工看来，酒店的工作较为死板，不够灵活多变，加之部分新生代员工无法适应酒店的劳动强度和工作节奏。这些都给酒店吸引、留住新生代员工带来很大的挑战。酒店人力资源管理工作必须适应员工的需要，做出积极、有远见的反应与决策，以更好地吸引、激励、留住新生代中的优秀人才。

（四）来自其他行业的人才争夺竞争加剧

在中国经济加快转型升级过程中，酒店业以外的很多其他服务业也得到迅猛发展，例如游轮、金融保险、私人会所、影视娱乐等。这些行业也对服务人员的形象及综合素质要求较高，对具有一定服务业运营及管理经验的人才需求较大。于是，这些行业往往喜欢到酒店行业挖掘人才，这使得酒店行业的人才竞争加剧。同时，如今出现了很多薪水相对较高、变现较快的工作岗位，相较于酒店行业需要耐心成长5~10年才能实现高职位、高薪水而言，这些行业对刚入职的年轻人来说更具吸引力。这也使得酒店行业的人才流失加剧。过去，人才争夺主要集中在行业内部，而现在，还要面对其他行业的人才争夺竞争。

（五）酒店行业越来越需要综合性人才，而人员的高流动率限制了酒店对员工培训开发的积极性

酒店行业越来越需要一岗多能的综合性人才，而这样的人才较少。虽然很多酒店有意培养员工，通过轮岗、在职培训、设立助理或副职等措施开发优秀员工的潜力，但较高的人员流动率使得很多酒店对员工培训和开发变得很谨慎，担心自己投入的培训成本得不到回报。在未来一定时期内，如何充分地发掘现有人才、培训和开发他们，使他们变成综合性人才，同时通过有效而正确的激励技巧，激发其内在活力与强化其对企业文化的认同，将是酒店人力资源管理需要重点解决的问题。

拓展阅读：

必知必会的行业术语

扫一扫

职场案例：

如何处理工作中与上司的分歧？

扫一扫

课后实作任务

任务名称	酒店服务与人力资源管理关系调查		
组名		小组成员	
任务描述	到当地酒店去体验服务，带上一张清单，记录下你的观察和体验，讨论不同酒店的服务有何区别？是哪些因素导致了服务的差异？其中与人力资源管理相关的原因有哪些？		
任务要求	1. 查阅相关资料，收集酒店人力资源管理与酒店服务之间的关系的相关资料 2. 出发前列一份“服务体验清单” 3. 调研后，小组成员共同讨论、分析，形成讨论总结		
任务准备	熟悉人力资源管理与企业绩效之间的关系		
实施建议	1. 小组讨论调查区域及调查对象 2. 小组讨论体验的内容，并制作“服务体验清单” 3. 分头到调查场所进行体验观察		
实施计划	计划包括以下四个方面： 人员分配、时间安排、解决步骤、设备和工具		
实施过程记录	从以下三个方面记录： 收集的资料、过程记录、实施中遇到的问题及解决办法		
任务成果	口头汇报+调查分析报告		

课后练习

一、问答题

1. 如何才能创建科学的酒店人力资源管理体系？

2. 降低工资就可以为酒店赢得利润吗？

3. 目前，酒店人力资源管理的问题有哪些？你认为应该如何解决这些问题？

二、案例分析题

詹妮弗·卡特于2005年6月大学毕业，在考虑过几家企业提供给她的就业机会之后，决定和她的父亲杰克·卡特一起经营自己家的企业。杰克·卡特分别在1995年和1998年开了他的第一家和第二家自助洗衣店。对杰克·卡特而言，这种投币式自助洗衣店最大的吸引力在于，它们是资本密集型的，而不是劳动力密集型的企业。因此，一旦完成对机器设备的投资，这种商店仅仅依靠一位并不需要太多技能的员工来提供一些服务就可以运转了，所以在这里不会出现在服务业中常见的一些劳动力问题。

尽管这种仅仅靠一名没有什么技能的员工就能运转的投币式洗衣店确实很有吸引

力，杰克还是决定在1999年在每个洗衣店扩大服务范围，即提供干洗和熨烫衣服的服务。换句话说，他通过增加与现有的投币式自助洗衣服务有关的新服务，开始实施一种“相关多元化”经营战略。他之所以要增加这些服务，主要是出于以下几个方面的原因。首先，他希望更好地利用这些洗衣店中一些尚未利用的空间。其次，正如他自己所说的:“我很讨厌把来本店洗衣的顾客将其所需要的干洗和熨烫服务送给5千米以外的另一家干洗店，那家干洗店拿走了我本应得到的大部分利润。”为了反映服务领域的新扩张情况，他将两家洗衣店重新命名为卡特洗衣中心。由于对洗衣中心的业绩感到非常满意，杰克准备继续扩张。此外，每一家洗衣中心都将配备一位值班经理以及7名员工，每家洗衣中心的年收入大约为50万美元。在詹妮弗毕业后加入她父亲的这家公司时，已经有了6家连锁店。

詹妮弗和她父亲达成一项共识，即她将担任卡特洗衣公司的问题解决者或者咨询顾问，一方面学习企业经营方面的知识，另一方面通过引入现代管理理念和技术来帮助企业解决经营问题，从而推动企业的成长。

【案例思考】

1. 请列举出你认为卡特洗衣中心必须解决的5个具体的人力资源难题。

2. 如果你是詹妮弗，你首先会怎么做?

模块二

工作分析与胜任力素质模型

如果你不是为客人服务，那么你就是在为为客人服务的人服务。

行业专家箴言

HANGYE ZHUANJIA AHENYAN

尽心为顾客提供优质服务。

——万豪酒店集团的价值理念

课前导入

KEQIAN DAORU

如果你要为一家酒店开设一个新的部门或设立一个新的岗位，在最初的任务中，工作设计是重要的环节。假如你已经有这方面的经验，知道要在确定工作之前先确立酒店运作中的一些基本要素，请写下以下问题的答案：

（1）每项工作的内容是什么？

（2）需要多少项工作？

（3）工作之间是怎样协调的？

（4）如何避免出现两个人做同样工作或都不愿意做的现象？

（5）在每项工作中，员工需要具备什么素质？

（6）在每项工作中，员工需要什么样的培训？

（7）如何检测员工是否称职？如何考评他们的工作表现？

（8）每项工作应支付多少报酬？

以上是管理者进行工作分析时应首先考虑的问题。工作分析是确立每项工作内容的过程。

课前思考
KEQIAN SIKAO

1. 为什么有的人的工作量很大，做也做不完？
2. 为什么有的工作没人去做？
3. 为什么招聘的员工常常不符合要求？
4. 为什么公司投入了培训却没有达到期望的效果？

本模块教学目标
BEN MOKUAI JIAOXUE MUBIAO

知识目标：

1. 解释酒店工作分析的含义、内容和作用。
2. 准确描述酒店工作分析流程和方法。
3. 阐述一份酒店工作说明书应具备的要素。
4. 识别一个岗位的胜任力素质模型。

技能目标：

1. 能够分析酒店职位。
2. 能够撰写酒店某一职位的工作说明书。

本模块理论知识
BEN MOKUAI LILUN ZHISHI

◇ 项目一　工作分析概述
◇ 项目二　工作分析的程序
◇ 项目三　工作分析的方法
◇ 项目四　酒店员工的胜任力素质

本模块指出了工作分析是酒店人力资源管理的一个必要的环节。它也是开展其他酒店人力资源管理活动的基础，而胜任力素质也与工作分析关系密切。因此，准确理解一项特定的工作是由什么组成的，一个称职的酒店员工又该具备怎样的胜任力，是开展酒店人力资源管理活动的前提。

项目一 工作分析概述

一、工作分析的概念

工作分析又叫岗位分析、职位分析、职务分析等，是针对酒店现有职位，收集、分析信息的过程。具体来说，它是对酒店各类工作岗位的性质、任务、职责权限、岗位关系、劳动条件和环境，以及员工承担本岗位任务应具备的资格条件所进行的系统研究，并制定出工作说明书等岗位规范的过程。

工作分析的成果包括两大文件：职位描述和任职资格要求。前者是对某职位的职责的表述，即在岗员工应该完成哪些工作；后者是对任职者的技能、学历、工作经验等方面的要求。有时候两者也可以合并成一份工作说明书。

工作分析所收集的数据和信息是联系人力资源各职能的纽带，为整个人力资源管理体系的建设提供了基础。同时，工作分析可以详细说明各职位的职能，并从整体上协调不同职位的关系，避免工作重叠、劳动重复，提高工作效率。

微课视频：

工作分析的发展沿革

扫一扫

二、工作分析与酒店战略、企业流程和组织结构的关系

工作分析过程是需要花费时间和精力的，而完成之后又比较少直接用到其成果，因此，很多酒店企业可能会省略掉每个职位的工作分析步骤。然而，如果不做工作分析，将会使企业对各个职位的任务、活动、要求的人员及特性不明确，从而无法正确认识某个工作需要某种技能。

工作分析是酒店人力资源管理的基础环节，起着不可替代的作用。一方面，工作分析是从战略、流程、组织向酒店各人力资源管理职能过渡的桥梁。另一方面，工作分析是酒店人力资源管理的基石，几乎所有的酒店人力资源管理活动（招聘、绩效评价、薪酬、培训、职业生涯管理等）需要利用工作分析提供的信息。

工作分析与酒店战略、企业流程和组织结构的关系如下：

1. 工作分析与酒店战略

现代人力资源发展越来越强调企业战略导向，而工作分析对酒店战略的落地有着十分重大的意义。工作分析可以明确职位设置的目的以及该职位如何支撑战略目标的实现，进而帮助酒店战略的落地。而明确酒店的战略目标也会为工作分析指明方向，只有在酒店的战略目标明确的前提下，工作分析才更有针对性。

2. 工作分析与企业流程

工作分析可以理顺职位与其所在流程上下游的关系，消除由于职位的设置而导致的流程效率低下的状况。在工作分析之前对工作流程进行分析，可以帮助管理者回答以下三个问题：为了达成战略目标应该要完成哪些任务？不同任务环节的重要性如何？为了完成这些任务，应该对任职者提出哪些要求？对工作流程的充分理解是管理者将每一环节的任务落实到不同职位上的前提。

3. 工作分析与组织结构

工作分析可以让管理者明确界定职位的职责与权限，消除职责上的相互重叠，从而获得职位边界更加清晰的组织结构。不同的组织结构对工作分析提出了不同的要求。对集权程度高的酒店而言，工作分析需要严格界定每一个职位的职责范围，且职责应该有较高程度的专业化。这类组织结构中的大部分员工不需要太大的决策权和自主权，他们只需要服从上级的命令，不需要为决策承担责任。

相反，对集权程度较低的酒店而言，职责范围则不宜太细，较宽的职责范围和较高的自主权可以促进员工的合作。此外，不同类型的组织结构对员工的要求也会不同。集权程度越高的酒店，因为职能范围小且日常性质更为突出，职位对员工个体的差异性要求不高。相比于职能结构，事业部结构中的管理人员要更有经验或者更高的认知能力。综上所述，管理者应该首先对组织结构有着充分的理解和认识，才能制定出符合组织结构需要的职位说明书。

三、工作分析在酒店人力资源管理中的基础性作用

工作分析在酒店人力资源管理中的基础性作用如图 2-1 所示。

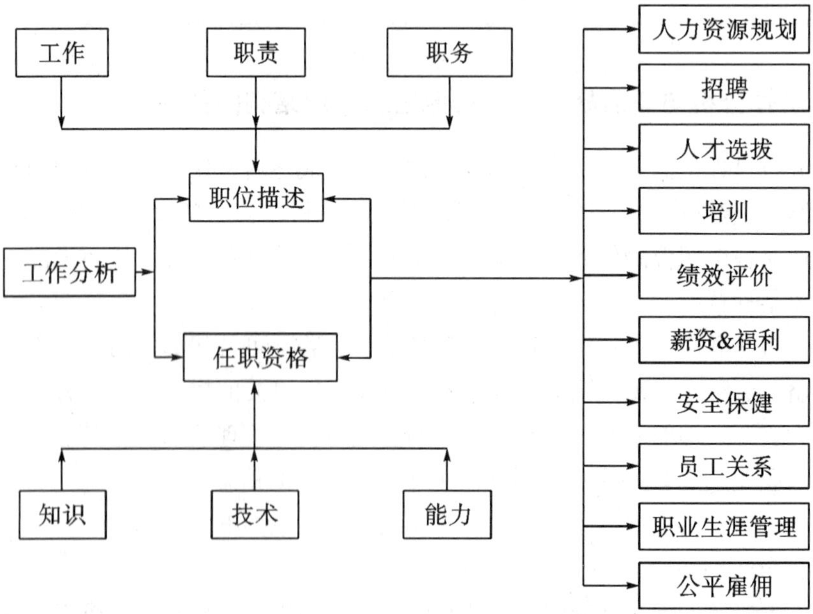

图 2-1 工作分析在酒店人力资源管理中的基础性作用

1. 工作分析在酒店人力资源规划中的应用

酒店人力资源规划，就是确定需要的员工的数量和类型。这个过程需要管理者获得

有关现有职位对技能水平的要求的信息。因此，管理者要借助工作分析获得的信息进行人力资源规划，以保证组织内部有足够的人员来满足企业战略规划对人力资源的需要。

2. 工作分析在酒店招聘中的应用

工作分析提供的信息包括：某职位上的工作职责；为了完成这些职责，任职者应该具备哪些知识、技能与能力等。这些信息可以帮助酒店管理者决定应当招募和雇用怎样的人。同时，明确的工作描述可以使求职者进行自我评价，确定自己能胜任的工作。

此外，招聘广告中的职位名称直接来源于职位说明书，而且主要工作内容是来自职位说明书中的“职责范围”部分。由于招聘广告的版面限制，管理者需要从职位说明书中提炼出最主要、最关键的职责。对招聘者的要求是招聘广告中最重要的内容，包括胜任工作需要的学历、专业、工作经验、知识和技能等。同样由于版面限制，招聘者必须筛选出最重要、最能被求职者感知的任职要求。

3. 工作分析在酒店培训中的应用

根据胜任力素质的“冰山模型”，任职资格说明的内容主要包括两个部分：一部分是浮于水面上的内容，如知识、技能等，这部分与个性无关；而另一部分则位于冰山的水面之下，主要包括自我观念、内在动机等，在任职资格说明中主要体现为素质要求中的个性特征部分，如责任心、外向性等。在这两个部分中，前者较为容易改变，而后者较为稳定和固化，难以改变。酒店培训应该主要针对前者。

此外，管理者应该对比培训的成本与收益。对此任职资格说明和任职者之间的差距是找到培训需求点的主要手段，但并非所有的差距都要用培训来弥补。若培训成本过高，则管理者应通过辞退、人员轮换来解决问题。

4. 工作分析在酒店绩效评价中的应用

绩效评价是将酒店员工的绩效和预先设定的工作要求进行对比，从而判断员工是否完成工作职责的过程。工作分析是绩效考核的前提，它为绩效考核的内容、指标体系和评价标准的确立提供依据。绩效考核的关键是确立考核指标，而基于工作分析的考核指标来自工作分析所获得的关于工作目的、职责和任务等方面的信息。这种模式下的考核指标的提取，要求管理者先进行科学的工作分析，准确界定各工作的目的和职责，然后根据每一项工作职责要达成的目标来提取业绩标准。

5. 工作分析在酒店薪酬中的应用

在确定从事酒店某一工作的员工的工资水平时，其工作的价值有多大是一个重要的考核因素。这种价值要根据该项工作对员工的要求来确定，如技能、职责以及工作条件和安全程度等。工作分析对这些都做出了具体的说明。工作分析中对工作的描述和员工的要求便可以作为测量工作价值的参考标准。

6. 工作分析在酒店职业生涯管理中的应用

酒店职业生涯管理是将员工的技能和愿景与酒店组织内已经存在或将要出现的机会匹配起来，从而实现酒店和员工共同发展。管理者要进行职业生涯管理，首先需要了解每一个职位对员工的要求。这样才能保证让每一个员工都从事自己能够胜任同时也感到满意的工作。

课后实作任务

任务名称	了解酒店的工作分析		
组名		小组成员	
任务描述	某海滨度假酒店从战略发展出发，需要新增设活动策划部，以提升顾客体验。你是该酒店的人力资源部经理，打算先确定活动策划部在酒店中的地位，明确活动策划部在组织中与其他部门之间的关系，然后根据酒店的发展战略，结合近期发展计划，对活动策划部进行工作分析，并于一周后向经理汇报		
任务要求	1. 查阅相关资料，收集工作分析的相关资料 2. 以小组为单位联系在酒店从事人力资源管理工作的工作人员了解相关信息或上网搜索资料 3. 调研后，小组成员共同讨论、分析，形成讨论总结		
任务准备	熟悉工作分析相关术语，查询酒店人力资源管理工作分析案例，小组成员分工		
实施建议	与校企合作酒店取得联系，取得对方的支持，然后小组讨论以下问题： 1. 什么是工作分析？ 2. 工作分析的具体内容是什么？ 3. 酒店为什么要进行工作分析？ 4. 什么时候进行工作分析最恰当？		
实施计划	计划包括以下四个方面： 人员分配、时间安排、解决步骤、设备和工具		
实施过程记录	从以下三个方面记录： 收集的资料、过程记录、实施中遇到的问题及解决办法		
任务成果	口头汇报讨论结果		

项目二　工作分析的程序

工作分析是一项技术性很强的工作，需要做周密的准备。同时，它还需要与组织人力资源管理活动相匹配的、科学的、合理的操作程序。工作分析通常包括前期准备、分析阶段、描述阶段、运用阶段、运行控制阶段五个阶段。

一、前期准备

（一）明确酒店战略

明确酒店战略是进行工作分析的第一步，它会确定工作分析的总方向。值得注意的是，如果酒店近期会有战略方面的大规模调整，则不适宜进行工作分析。

（二）选择有必要进行分析的工作

选择有必要进行分析的工作是整个工作分析过程中的第二步。有些企业每年都要对所有工作进行分析，有的则分批针对不同工作进行分析，在几年时间内完成对所有工作的分析。

工作分析的频率由企业内部和外部因素共同决定。工作中每增加了新内容时都要进行工作分析，以确保生产力不会下降。如每次菜单增添新内容时，就要重新分析厨师的工作，确保他们的工作不会负荷过重。新任务的增加或新技术的应用也要求重新进行工作分析。任用新员工时也需进行工作分析。以新聘一名夜班员工为例，如果这名夜班员工已经很有经验了，酒店可给这个职位增加任务量，或重新设计工作职能。

（三）确定收集职位分析信息的方法

在酒店工作中，前台和后台的工作有很大差别，每个酒店也各不相同。管理人员收集信息时可能要使用多种调查方法。选择合适的方法收集职位分析的信息是非常重要的。有些工作分析方法，如访谈法，特别适合制定详细的职位描述和任职资格说明时使用，但其没法将不同的工作进行直接比较以确定它们的价值高低。相反，一些方法，如职位分析问卷法，可以计算不同职位的得分，从而根据分数高低将不同的工作进行比较，但因其高度结构化的题项，无法为每一个职位提供细致的描述。在选择方法时，管理者应该充分考虑方法的可行性和工作分析的目的。

（四）确定谁来收集信息

决定什么人进行信息收集取决于酒店想达成的目标、花费的时间和经费，进行工作说明书设计时最好找一个经过训练的专业人士。专业人士可以是企业内部的也可以是外部的，但一般来说，请第三方比较好，因为外聘的人比较客观。不过，外聘的人可能会对具体工作要求不熟悉。

请现任或前任主管，或现在的员工进行工作分析也有它的好处。现任主管和员工对实际工作情况最熟悉，他们的分析能考虑到很多容易忽视的细节。另外，用自己的员工也比外聘省钱。但是现任主管或员工的分析带有偏见的可能性相对较大，而且员工有时会故意减少一些工作任务，使自己未来的工作负荷量减少。用前任主管进行工作分析就可以避免现任者的人事或工作偏见，因为他们已不用再进行员工升迁、工作表现评估或处分了，这些问题不会再影响他们的分析。

有些机构用一个团队进行工作分析。该团队包括现任主管和员工。这种方法会使工作分析更全面，但在这个团队行动前，经理人必须帮忙加强这个团队的功能。连锁经营的企业还要考虑店和店之间的协调统一问题。一般而言，某一个单位现任主管或员工做出的工作分析可能适合这个单位，但不一定适合在连锁企业内推广。

案例

申通公司的工作说明书该如何编写?①

申通公司的财务部主管会计吴敏捷星期一早上刚到办公室，就收到一份来自财务部李经理的文件。吴敏捷阅读后十分为难地找到李经理，说道:“李经理，你发的这份文件要求我在两周之内修改完财务部全部10项工作说明书。”“对，有什么问题吗?”李经理问。吴敏捷解释说:“这至少要花去我32个小时，但是我还有很多其他重要的事情要做，如还有内部审计检查工作未完成。你想让我放下手头的工作，去编写工作说明书?这办得到吗?我们已经好几年没有检查这些工作说明书了，它们需要做很大的修改。而且，当修改好的工作说明书发到员工手里时，我还得听取各种意见，这可是一件长期的事情。”“工作说明书修改好后，怎么还会有各种意见呢?”李经理问。吴敏捷回答说:“修改工作说明书可是一件非常复杂的事情。修改工作说明书，实际上是提醒员工关注工作说明书的存在，这可能会使一些人认为工作说明书中未规定的工作就不必做。而且我敢打赌，如果把我部门里的人实际正做的工作写进工作说明书里，会无形中强调了这些工作的迫切性，同时也就忽视了另外一些工作。我可承担不起大家互相指责和工作混乱的后果。”李经理问道:“那么，你的建议是什么呢?上面可是已经命令我两个星期内完成这项任务。”“我一点也不想做这工作。”吴敏捷回答说，“而且在审计工作期间绝对不做这项工作。难道你不能向上面反映一下，让这项工作推迟到下个月?”

【案例思考】

1. 在编写工作说明书之前，吴敏捷和李经理忘了做什么工作?这项工作的程序和任务是什么?

2. 如果你是吴敏捷，你会如何处理这件为难的事情?

二、分析阶段

该阶段的工作是收集、分析、综合组织某项工作有关的信息。工作分析的过程中应该关注以下内容:

1. 工作名称

该名称必须明确，使人看到工作名称，就可以大致了解工作内容。如果该工作已完成工作评价，在工资上已有固定的等级，则名称上可加上等级。

2. 雇用人员数目

同一工作所雇用工作人员的数目和性别，应予以记录。若雇用人员数目经常变动，其变动范围应加以说明；若所雇人员是轮班使用，也应分别说明，由此可了解工作的负荷量及人力配置情况。

3. 工作单位

工作单位显示工作所在的单位及其上下左右的关系，即表明工作的组织位置。

4. 职责

所谓职责，就是这项工作的权限和责任有多大，主要包括：对原材料和产品的职

① 周广亮，刘珂. 人力资源管理［M］. 北京：中国铁道出版社，2013.

责、对机械设备的职责、对工作程序的职责、对其他人员的工作职责、对其他人员合作的职责、对其他人员安全的职责。分析人员应尽量量化某一工作的所有职责情况。

5. 工作知识

工作知识是指为圆满完成某项工作，工作人员应具备的知识。这种知识应包括任用后为执行其工作任务所需获得的知识，以及任用前已具备的知识。

6. 智力要求

智力要求是指在执行过程中，工作人员所需运用的智力，包括判断、决策、警觉、主动、积极、反应、适应等。

7. 熟练及精确度

该因素适用于需要用手工操作的工作。虽然熟练程度不能用“量”学来衡量，但熟练与精确度关系密切，在很多情况下，工作的精确度可用允许的误差加以说明。

8. 机械设备工具

工作分析人员应记录所需使用的各种机械、设备、工具等的名称、性能、用途。

9. 经验

工作分析人员应记录工作是否需要经验，如需要，以何种经验为主，其程度如何。

10. 教育与训练

教训与训练主要包括以下内容：

（1）内部训练。它是指企业所提供的训练。无论是否在本企业中举行，该训练都是为企业中某一专门工作而开办的。

（2）职业训练。它是指私人或职业学校所提供的训练。其目的在于发展员工的普通或特种技能，并非为企业现有的某一特种工作而提供技术训练。

（3）一般教育。它是指员工所接受的大、中、小学教育。

11. 身体要求

有些工作有站立、弯腰、半蹲、跪下、旋转等消耗体力的要求，工作分析人员应对其加以记录并做具体的说明。

12. 工作环境

它包括室内、室外、湿度、宽窄、温度、震动、油渍、噪声、光度、灰尘、突变等，各有关项目都需要做具体的说明。

13. 与其他工作的关系

它表明该工作与同机构中其他工作的关系。

14. 工作时间与轮班

工作的时间、工作的天数、轮班次数等都是重要信息，工作分析人员应对其予以记录和说明。

15. 工作人员特性

工作人员特性是指工作人员执行工作的主要能力，包括手、腿、臂的力量及灵巧程度，感觉辨别能力，记忆、计算及表达能力。

16. 选任方法

对于某项工作应使用何种选任方法，工作分析人员应在工作分析中加以说明。

总之，工作分析的项目很多，凡是与工作有关的资料均在分析的范围之内。分析人员可视不同的目的，全部予以分析，也可选择其中必要的项目予以分析。

三、描述阶段

仅研究分析一组工作，并未完成工作分析，分析人员必须将获得的信息予以整理并写出职位描述和任职资格要求。工作分析报告的编排应该根据分析的目的加以选择，并不存在通用格式。在实践中，将职位描述和任职资格要求合并为一份工作说明书是通用的做法。一般而言，工作说明书包括：职位标识、职位概述、工作职责、工作环境、任职资格要求。

（一）职位标识

职位标识传递了相关职位的基本信息，如名称、代码、薪酬等级、上级、工作地点、所属部门等。部分企业在职位标识部分还会留出空白，说明是谁批准了该职位描述。若相关的职位有等级，则还应标注职位的等级，比如一家酒店将经理划分为A级经理、B级经理等。

职场案例：

职位叫法如此混乱，如何规范管理？

扫一扫

（二）职位概述

职位概述是对该职位承担者应该做的工作的简短概述。比如服务员的工作概述是：当班时在自己负责的区域为客人及时提供服务，负责自己区域内的环境卫生，包括桌子、墙壁、地板……在编写职位概述时，很多企业会使用“完成上级安排的其他工作”这类的“兜底条款”。这种条款为上级安排工作提供了较大的灵活性，但使得员工的职责不清晰，且使招聘标准变得模糊，长远来看不利于企业的发展。

（三）工作职责

工作职责是职位描述的主要部分。它列出了该工作需要承担的主要职责，并用几句话进行描述。这一部分除了界定任职者的职责外，还可以界定任职者的权限。比如餐厅服务生的职责是：①把脏的餐具拿到洗碗区；②协助服务员为客人服务；③为客人送水及饮料；④营业前摆设桌面，营业期间翻台；⑤保证各服务区的调味品供应。

（四）工作环境

工作环境描述的对象是员工的工作环境。

（五）任职资格要求

这个要素通常是一个独立文件。任职资格要求列明从事这项工作需具备的资格。员工的资格从培训、教育、技能、经验，以及智力、体力、个性等特征中反映出来。例如行李员的任职资格要求可以包括：能够在当班的8小时内重复提起重25千克的行李，能够与其他行李员配合工作，了解客房的位置。人力资源副经理的任职资格要求包括：了解人事制度，熟悉考核方法和公平就业机会原则。

图 2-2 列举了一个工作说明书的例子。

工作需具备的条件：

知识、技术与能力：具备面试流程的知识、工作考核的知识和技巧；具备一些统计数据分析能力，做口头及书面报告的能力；能与员工、部门主管、行政人员及社会大众建立和维持良好的关系。

经验：具备招聘、分级、定薪资等工作的经验，最好同时具备培训员工的专业能力与经验……

学历：大学专科及以上。

图 2-2 工作说明书

四、运用阶段

工作分析的价值在于工作分析结果的应用。此阶段是对工作分析的验证，只有通过实际的检验，工作分析才具有可行性和有效性，才能不断适应外部环境的变化，从而不断地完善工作分析的运行程序。此阶段的工作内容主要有两部分：其一，对工作分析成果的运用人员进行培训，这些人员在很大程度上影响着分析程序运行的准确性、运行速度及费用；其二，制定各种具体的可操作的应用文件。

职场案例：

工作分析为何得不到配合？

扫一扫

五、运行控制阶段

控制活动贯穿工作分析的始终，是一个不断调整的过程。随着时间的推移，任何事物都在变化，工作也不例外。酒店组织的生产经营活动是不断变化的，这些变化会直接或间接地引起组织分工协作体制的变化，从而相应地引起工作的变化。因此，一项工作要有成效，就必须因人制宜地做出相应的改变。此外，工作分析文件的适用性只有通过反馈才能得到确认。分析人员根据反馈的意见修改其中不适合的部分，使之进一步完善和适应企业的发展。工作分析成果在其应用的过程中，可能会发现一些问题，通过反馈，可以为后续的工作分析提供参考。所以，控制活动是工作分析中一项长期的重要活动。

六、职位说明书中的法律问题

职位说明书是组织内部正式的、书面的文件。因此，保证这些文件的合法性，规避不必要的法律风险是企业面临的重要课题。为了保证职位说明书中措辞的准确性和合法性，应该注意以下两个方面的内容：

第一，职位说明书中应该避免与就业歧视相关的措辞。如果一份职位说明书中出现了就业歧视，那么在人力资源管理的其他活动中也难以避免相关的法律风险。这常常会使企业被求职者、社会及执法部门落下话柄，轻则面临赔偿，重则使企业形象受损，影响企业的长远发展。因此，在职位说明书中应尽量避免“限男性”“年龄 18~50 周岁”“本地户口优先”这类措辞。

第二，职位说明书应该清晰、准确地描述一个职位的职责。在与劳动关系相关的诉讼中，企业得以解雇员工的合法原因之一就是“不能胜任工作，经过培训或调整工作岗位后，仍不能胜任工作”，且企业应该承担“员工不能胜任工作”的举证责任。而来自工作分析的职位说明书就成了有力的证据之一。倘若企业可以证明员工无法胜任职位说明书上的职责要求，就会为企业胜诉增加砝码。

楼层主管工作说明书示例见表 2-1。

表 2-1　楼层主管工作说明书示例

JOB TITLE： 职位名称：	Housekeeping / Floor Supervisor 客房：楼层主管
DIRECTLY REPORTS TO： 直属上级：	Assistant Housekeeper / Executive Housekeeper 助理行政管家，行政管家
INDIRECTLY REPORTS TO： 间接上级：	Not Available 无
FUNCTION： 职能：	Housekeeping 客房
DEPARTMENT： 部门：	Rooms Division 房务部
1. KEY RESPONSIBILITIES　主要职责	
Job Summary 工作概述	监督和检查分配给客房和公共区域服务生的工作，按酒店和公司业务目标确保符合产品的质量标准，为酒店客人提供卓越的服务
Essential Duties and Responsibilities 主要职责	监督客房部各项标准和工作程序的执行： 卧室服务、卫生间服务、洗衣服务、清洁服务、布草维护
	就这些标准和培训需求提供持续性的改进建议
	对客房部所有系统有最新和完整的知识
	负责管理接班和交班工作，以确保交接班过程的有效进行
	分发和收集钥匙
	管理所有的呼入和呼出电话
	解决员工受到的不公正待遇问题
	分配客房
	检查客房
	排列抵店客人客房的优先顺序，配合前台满足酒店和客人的要求
	确保及时为客人提供洗衣服务并送还

表2-1（续）

Essential Duties and Responsibilities 主要职责	协调特别项目（如参观客房、除虫、清洁窗户和地毯、确认客房供应量）
	处理客人所有的特殊要求
	确保部门内工作的一致性
	管理酒店的遗失财物
	确保具有客房类型、设计的全面知识
	管理仓库
	保存充足的用品存货
	按要求完成库存盘点工作
	维持存货水平
	进行交接班说明，确保了解酒店的工作和运营需求
	与上级领导和人力资源部一起进行人力规划和管理
	与上级领导和财务总监一起编制和管理部门预算
2. REQUIRED QUALIFICATIONS 资格	
Required Skills 技能要求	拥有一定的沟通技能，完全代表酒店、品牌和公司与顾客、员工和第三方交往的能力
	具有听、说、读、写英语的能力
	熟练使用微软办公软件
	具有组织和培训能力
Qualifications 学历	酒店管理或相关专业的大专及以上学历
Experience 经验	最好拥有在相似规模酒店 2 年及以上的客房工作经验，包括管理经验或培训经验
	经验类型和程度的要求可能因运营规模和复杂性而略有不同
3. ACCOUNTABILITY 责任	
Number of employees supervised 管理的员工	直接：客房服务生、客房部协调员、房务助理工、客房部文员、裁缝、清洁员、公共区域保洁员、制服房服务生、布草房服务员、主管 间接：无
Annual Operating Profit/Payroll Budget 年度经营利润和薪金预算	无
Key Metric 主要绩效指标	客房和公共区域的整洁度
	客房周转率
4. KEY RELATIONSHIPS 主要关系	
Key Internal Relationships 主要内部关系	酒店员工
Key External Relationships 主要外部关系	与酒店外的顾客和个人交往，包括但不限于：客户、业主公司代表、供应商、竞争对手和所在地社区成员

职场案例：

昆明七彩云南温德姆至尊豪庭酒店及度假村宾客服务经理工作说明书

扫一扫

职场案例：

××酒店客户销售经理工作说明书

扫一扫

课后实作任务

任务名称	某酒店某部门各职位信息收集		
组名		小组成员	
任务描述	你是一名筹建中的五星级酒店人力资源部的工作人员，人力资源部近期要对新酒店各职位进行工作分析，部门经理让你收集同类酒店某部门各职位的信息，你准备制定工作流程、收集信息、形成报告		
任务要求	1. 以小组为单位收集某同类酒店某部门各职位相关信息，可到酒店实地发放调查问卷调查，也可通过网络、电话访谈等形式查阅资料 2. 小组成员共同讨论、分析，充分发挥团队能力 3. 形成总结报告		
任务准备	掌握酒店工作分析方法相关理论知识，走访酒店员工，小组成员分工合作并加以讨论。		
实施建议	1. 小组讨论 2. 多种调查方法结合		
实施计划	计划包括以下四个方面： 人员分配、时间安排、解决步骤、设备和工具		
实施过程记录	从以下三个方面记录： 收集的资料、过程记录、实施中遇到的问题及解决办法		
任务成果	总结报告		
评价标准	1. 查阅资料丰富、恰当（10%） 2. 小组成员全员参与，团队协作好（10%） 3. 过程记录完整，总结报告全面，观点正确（50%） 4. 上台汇报语言流畅，逻辑清晰，结构完整，幻灯片制作精美，回答问题准确（30%）		
考核成绩	互评（60%）+教师评价（40%）		

项目三　工作分析的方法

工作分析的方法很多，本书仅介绍最重要、最常见的方法。我们将工作分析的方法划分为定性分析方法与定量分析方法。定性分析方法包括访谈法、观察法、问卷调查法、工作日志法等传统经典的分析方法；定量分析方法主要是职位分析问卷法、管理职位分析问卷法。在本节的最后，介绍工作分析的新工具——互联网。

一、定性分析方法

1. 访谈法

访谈法是指访谈人员就某一岗位与访谈对象，按事先拟订好的访谈提纲进行交流和讨论，由此获取岗位信息的方法。

访谈之前，首先要确定访谈的结构化程度。它可以是完全非结构化的，比如“请谈谈你的日常工作”，也可以是涵盖数百个问题的高度结构化的访谈。但在实际中，真正合适的访谈往往是介于这两个极端之间的半结构化的访谈，而其结构化程度一般是由访谈者根据自己的需要确定的。

此外，确定接受访谈的对象也是非常关键的。被访谈者应该是对职位较为熟悉的人，因此，任职者毫无疑问是最重要的信息来源。但他们可能会夸大他们的工作职责，使访谈收集的信息失真。因此，访谈者还需要访谈一些对该职位同样比较熟悉的其他人，如上级主管人员等。此外，如果分析的职位是服务类职位，客户可能是一个非常重要的职位分析的信息来源。总之，访谈者要根据实际情况灵活确定被访谈者，且尽量使被访谈者多元化。

另外，在访谈过程中，人们可能会对自己已知的情况比较敏感，这种现象被称为“海森伯格效应”，即被访者可能潜意识地猜测访谈者心中的答案，并不自觉地倾向于说出类似这个答案的回答。因此，消除被访谈者对访谈的疑虑是非常重要的。访谈者应该让被访谈者了解收集的信息是用于职位分析而不是对个人的效率评价，只有这样，他们才会准确描述自己的工作。

典型的访谈问题如下：

①你做的是什么工作？

②你承担的职位有哪些主要职责？

③你实际上在做的工作是什么？

④你的工作地点在哪里？

⑤你做这项工作需要具备什么样的教育背景、工作经验、技能及资格证书或工作执照（如果有的话）？

⑥你都参与哪些活动？

⑦你在工作中需要承担的基本责任或者需要达成的工作绩效标准是什么？

⑧你的工作环境和工作条件是什么样的？

⑨你所承担的职位对人的身体要求是什么？

⑩你在情绪和心理方面的要求是什么？

⑪你工作时的卫生和安全条件怎样？

⑫你在工作中会遇到什么样的风险？

⑬你需要在非正常条件下完成工作吗？

拓展阅读：

工作岗位分析表

扫一扫

2. 观察法

观察法就是工作分析人员通过观察将与工作有关的内容、方法、程序、设备、工作环境等信息记录下来，最后将取得的信息归纳整理为适合使用的结果的过程。

观察法特别适用于标准化的、周期短的、以体力活动为主的工作，如从事基层服务岗位的员工；但如果涉及大量的脑力活动，如中高层管理人员的工作，观察法就不再适用了。

此外，还要注意几个问题：第一，观察员应特别注意不要干扰被观察者的工作。当员工认识到自己正在被观察时，可能会改变日常工作行为。第二，观察员在利用观察法进行职位分析时，应力求做到观察的结构化，根据职位分析的目的和组织现有的条件，事先确定观察的内容、观察的时间、观察的位置、观察所需的记录单等，做到省时高效。第三，使用观察法的重点是多观察几名员工，找出他们的一般工作状态。如果观察员本身做过被观察的工作，对工作内容有概念，观察效果会比较好。

3. 问卷调查法

问卷调查法是指通过让员工填写问卷来获得工作分析需要的信息的方法。在实践中，工作分析专家开发出大量的不同形式、不同导向的问卷，以满足工作分析的不同需要。问卷包括结构化问卷和开放式问卷。在实践中，被广泛运用的问卷往往既包括结构化的问题，又包括开放式的问题。

问卷调查法有其特有的优缺点。一方面，问卷调查可以快速、高效地获取工作信息，尤其适用于大规模的职位调查；另一方面，问卷的开发和测试会耗费大量的时间，而且一旦问卷设计得不科学，会使收集的信息质量大打折扣。此外，相比于访谈法，问卷填写者不需要直接面对工作分析者，因而需要编写问卷填写说明，以保证受访员工明确填写规范，保证问卷质量。

4. 工作日志法

工作日志法要求任职者将自己每天所做的工作按照时间顺序进行详尽的记录，以此生成一份非常完整的工作图景。这种方式可以提供大量的信息，但是信息可能比较零散且难以组织。另外，这种方式会加大员工的工作负担，因此，要谨慎使用这种方式。

在国外，有些企业采用高科技手段来做工作日志。比如，有的为员工提供袖珍口述记录器，以解决员工事后回忆不完整的问题。

二、定量分析方法

1. 职位分析问卷法

职位分析问卷法（position analysis questionnaire，PAQ）是目前应用最广泛的一种职位分析工具。该问卷总共有194个项目，每个项目都代表了可能在某个职位中起作用也可能不起作用的基本要素。这些项目可以被划分为六个大块：

（1）信息输入——任职者从何处获得以及如何获得完成工作所必需的信息。

（2）体力活动——任职者在执行工作任务时所发生的身体活动，以及使用的工具、设备等。

（3）脑力处理——任职者在完成工作任务时需要进行的推理、决策、计划以及信息加工等活动。

（4）工作情境——任职者执行任务时所处的物理环境和社会环境。

（5）人际关系——任职者在执行工作任务时需要与他人发生的工作关系。

（6）其他特征——前面未描述的与执行任务相关的其他活动。

职位分析问卷的使用者要注意它的计分方法。

（1）在应用PAQ时，工作分析人员要依据六个计分标准对每个工作要素进行衡量，给出评分。这六个计分标准是：信息使用程度、工作所需时间、对各个部门以及各部门内各个单元的适用性、对工作的重要程度、发生的可能性，以及特殊计分。

（2）在使用PAQ时，工作分析人员需用六个评估因素对所需要分析的职位一一进行核查。核查每个因素时，工作分析人员应对照这一因素细分的各项要求，按照PAQ给出的计分标准，确定职位在每个工作要素上的得分。PAQ对以确定薪酬等级为目的的工作分析非常有用。在确定了每一个职位的总体得分后，工作分析人员就可以依据得分衡量不同职位的相对价值，进而可以确定每一个职位的薪酬等级。

（3）PAQ也有其特定的缺陷。第一，PAQ对受试人的理解和阅读能力要求较高。第二，PAQ的标准化和通用化格式导致了工作特征的抽象化，其难以描述构成工作的特定的、具体的任务活动。

2. 管理职位分析问卷法

管理职位分析问卷法（management position description questionnaire，MPDQ）是指利用工作清单专门针对管理职位分析而设计的一种工作分析方法。它是一种管理职位描述问卷方法，也是一种以工作为中心的工作分析方法。这种问卷法是对管理者的工作进行定量化测试的方法，涉及管理者所关心的问题、所承担的责任、所受的限制，以及管理者的工作所具备的各种特征。

与PAQ一样，MPDQ因为结构化的项目导致该方法的灵活性不足。同时，该问卷是在对国外管理人员实证分析的基础上开发出来的。中国若想广泛使用MPDQ，必将经历一个本土化的过程。

三、基于互联网的工作分析方法

1. 通过互联网从员工那里收集信息

以上提到的问卷调查法、访谈法等都有自身的缺陷。比如，访谈法和观察法非常消耗时间，而对连锁酒店而言，从地理位置分散的员工那里收集信息也是一大挑战。

借助互联网进行工作分析成了很好的解决方案。越来越多的企业选择通过互联网或者企业的内部网来收集工作分析所需要的信息。比如，企业可以通过自己的内部网向不同区域的员工发布标准化的调查问卷，并附上如何填写问卷的指导说明，同时强调问卷回收的日期。

值得注意的是，在使用这种方式进行工作分析时，企业向员工提供的说明应该是非常清楚的，且应尽量避免模糊点。因为员工在独立完成问卷的过程中，缺乏相关专业人士的指导，可能会遗漏一些重要内容。

2. 通过互联网编写职位说明书

从前期准备到收集工作分析的相关信息，再到利用相关信息编制职位说明书，这是一个漫长且高成本的过程。现在，越来越多的酒店选择利用互联网来编写职位说明书。

20 世纪 30 年代，在美国诞生了《职位名称词典》，它是对就业服务系统非常有帮助的工具，能将企业需要的技能和劳动者拥有的技能匹配起来。它为美国服务了 60 多年，但因为时代的发展，很多新时代的职位与《职位名称词典》的描述不相符了，所以它不能再为企业提供符合要求的职位描述。出于以上原因，美国劳工部开发出了一套全新的职位分类系统——职位信息网（Occupational Information Network Database）。人们可以在上面看到各种职位最重要的特征以及对任职者的要求，如工作经验、受教育程度、技能水平等。尽管职位信息网是用来分析美国经济中的职位的，但研究表明，这一系统也适用于其他国家。

职位信息网设计的初衷是为求职者提供帮助，它对职位承担者清晰的要求可以使求职者自评自己能胜任哪些工作，从而能快速找到合适的岗位。如果求职者想要申请更加复杂的工作，还可以通过这个系统了解自己的理想工作对员工的要求，从而精准地定位自己的能力欠缺，为日后的努力确定方向。越来越多的企业开始认识到这一网络系统对自己的价值。它们可以直接从职位信息网上获取工作职责与对任职者的要求，再根据自己的需要生成一份个性化的职位描述。

此外，还有企业使用该网站为裁掉的员工寻找工作。例如，当波音公司因关掉西雅图公司而不得不裁减大量员工时，就利用职位信息网帮助这些员工找工作。得克萨斯州政府也用这个系统确认在州政府内部即将出现的新职位，并检查老职位的任职者是否体现出了该系统要求的知识、技能和能力等。

职位信息网的网址为 http://www.onetonline.org。美国劳工部职位信息网页面如图 2-3 所示。

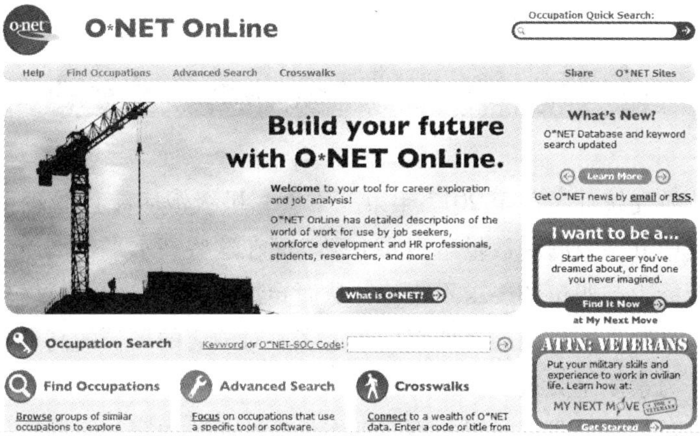

图 2-3　美国劳工部职位信息网页面

课后实作任务

<table>
<tr><td>任务名称</td><td colspan="3">餐饮部服务员的工作说用书</td></tr>
<tr><td>组名</td><td></td><td>小组成员</td><td></td></tr>
<tr><td>任务描述</td><td colspan="3">你是某酒店人力资源部的一名员工，目前，人力资源部根据酒店的发展情况需重新拟定餐饮部服务员的工作说明书。人力资源部经理给你布置的任务是熟悉目前酒店的餐饮部服务员岗位职责及相关能力要求，并撰写餐饮部服务员工作说明书</td></tr>
<tr><td>任务要求</td><td colspan="3">1. 通过网络查阅、图书馆资料检索、访谈等方式收集某酒店餐饮部服务员需要完成的任务及对此岗位的人员要求
2. 以小组为单位分析餐饮部服务员的工作职责和能力要求
3. 小组成员共同讨论、分析，形成讨论总结，并撰写餐饮部服务员工作说明书</td></tr>
<tr><td>任务准备</td><td colspan="3">了解工作说明书的内容，明确工作说明书撰写要求</td></tr>
<tr><td>实施计划</td><td colspan="3">计划包括以下四个方面：
人员分配、时间安排、解决步骤、设备和工具</td></tr>
<tr><td>实施过程记录</td><td colspan="3">从以下三个方面记录：
收集的资料、过程记录、实施中遇到的问题及解决办法</td></tr>
<tr><td>任务成果</td><td colspan="3">口头汇报</td></tr>
<tr><td>评价标准</td><td colspan="3">1. 查阅资料丰富、恰当（10%）
2. 小组成员全员参与，团队协作好（10%）
3. 过程记录完整，总结报告全面，观点正确（50%）
4. 上台汇报语言流畅，逻辑清晰，结构完整，幻灯片制作精美，回答问题准确（30%）</td></tr>
<tr><td>考核成绩</td><td colspan="3">互评（60%）+教师评价（40%）</td></tr>
</table>

项目四 酒店员工的胜任力素质

根据国家旅游局统计，截至 2017 年第三季度，星级饭店统计管理系统中有 11 492 家星级饭店，其中五星级酒店数量达到 821 家。而在这些高水平、高质量的五星级酒店中，人员的职业能力与职位的要求不相符，从而导致客人入住的满意度较低，投诉率较高。酒店从业人员胜任力素质的高低直接决定客人对酒店的评价的高低，因此提高酒店从业人员的胜任力素质至关重要。

在前面三个项目中，我们学习了酒店工作分析的相关内容，而胜任力素质是员工外在的可观察和可衡量的工作行为和内在的价值观与动机的结合。它与工作分析密不可分的同时，更是探索优秀员工和一般员工区别的原因所在。企业可依据胜任力要素的要求定义工作说明书，规范入职要求。

案例

一个合格的酒店经理人最应该具备的职业技能①

万豪掌门人小比尔·马里奥特的理念：“在我看来，倾听是一个合格的经理人最应该具备的职业技能。如果一位领导者不善于倾听，就会失去甚至永远得不到员工的信赖，也会失去成为一个积极主动、实践经验丰富的管理者的机会。通过倾听，你还可以帮助员工从工作中获得成长，进而获得他们对你的信心。我一直认为，倾听公司基层员工的声音要比只依靠直接下属和高层员工来获得信息重要得多。我喜欢邀请各个部门不同层级的同事，直接听取他们的意见。这个习惯部分是因为我个人更渴望了解实际经验，而我自身也因为与公司不同人士接触而收获颇多，同时公司也因此而受益。更重要的是，要让员工了解到我并不是只看重高层雇员，他们每个人都对我十分重要。”

网络视频：《杨澜访谈录——人才相对论：你的价值会被机器人取代吗?》（建议课后自行观看）

视频网址：https://v.qq.com/x/cover/xaszpvvuyyawvk3/10523p2kgx2.html.

一、胜任力的内涵

胜任力（competency）一词来自拉丁语 competere，在中文文献中也常译作胜任特征、胜任素质等。这一概念最早可以追溯到古罗马时期，当时的人就曾通过构建胜任力剖面图来说明“一名优秀的罗马战士”所需要具备的特性。20 世纪初“管理科学之父”泰勒（Frederick Taylor）通过对“科学管理”的研究，认为完全可以按照物理学原理对管理进行科学研究。他通过“时间-动作研究”的方法分析工人的活动，分析和探索优秀工人和一般工人产生工作差异的原因。

---

① 马里奥特，布朗. 毫无保留　一句承诺成就万豪传奇［M］. 陈磊，译. 杭州：浙江人民出版社，2016.

学界公认的胜任力研究权威是哈佛大学教授、心理学家戴维·麦克利兰（David McClelland），他于 1973 年对胜任力的研究做出了开创性的工作，使胜任力开始在人力资源领域得到应用。他将胜任力定义为那些与工作、工作绩效或生活中的其他重要成果相联系的知识、技能、社会角色、自我概念、人格特质以及动机需要。

二、胜任力模型

（一）胜任力模型的定义和特征

1. 定义

胜任力模型是指在特定岗位上，为了完成某项工作并且达到某一绩效目标，要求任职者所具备的一系列不同胜任力要素的组合。

2. 特征

胜任力模型的特征如下：

（1）由 7~9 项胜任素质组成；

（2）每项胜任素质在整个模型中有一定的权重；

（3）每项胜任素质都有明确的界定；

（4）部分胜任素质还界定了必须达到的等级。

某酒店管理者胜任力模型和指标解释分别见表 2-2 和表 2-3。

表 2-2　某酒店管理者胜任力模型

序号	胜任能力
1	全局观
2	战略规划能力
3	领导力
4	决策力
5	分析问题能力
6	计划和组织能力
7	经营头脑
8	指导员工
9	全球视角
10	关系建立能力

表 2-3　某酒店管理者胜任力模型指标解释

指标名	决策力
定义	以实现公司目标为导向，在对可采用的行动措施、他人需要及价值进行考虑后，制定决策，做出判断，采取行动，或做出承诺

表2-3(续)

指标名	决策力
行为指标	1. 决策时，以公司利益、整体利益为导向 2. 识别利益冲突，制定与本组织机构使命相一致的适当决策 3. 对形势和信息资料进行客观评估；避免根据片面的情况或他人意图做出假设 4. 在不确定条件下，制定审慎的决策，不鲁莽行事 5. 决策有适当的前瞻性，并权衡对长期和当前短期的影响，做出决策 6. 果断决策，采取行动，避免因拖延造成损失 7. 识别何时把适当或具体的情况报告给高级别的人员 8. 了解何时应适当采用多数意见或独立进行决策 9. 在发现决策错误或有重大负面影响时，及时进行校正 10. 即使该信息并不完全明朗，也努力提取可供利用的信息，及时得出结论，制定决策
备选行为指标	考虑某项行动或决策可能对他人产生的影响

(二) 胜任力模型的理论基础

1. 素质冰山模型

素质冰山模型是由美国著名心理学家麦克利兰于 1973 年提出的，美国学者莱尔·斯潘塞（Lyle M. Spencer）和塞尼·斯潘塞（Signe M. Spencer）在 1993 年则从特征的角度提出了“素质冰山模型”（见图 2-4）。素质冰山模型把个体素质形象地描述为漂浮在洋面上的冰山，将人员个体素质划分为表面的“冰山以上部分”和深藏的“冰山以下部分”。其中，“冰山以上部分”包括知识、技能，是外在表现，是容易了解与测量的部分，容易通过培训来改变和发展。“冰山以下部分”包括角色定位、价值观、自我认知、品质和动机，是人内在的、难以测量的部分，它是区分绩效优异者与一般者的关键因素。

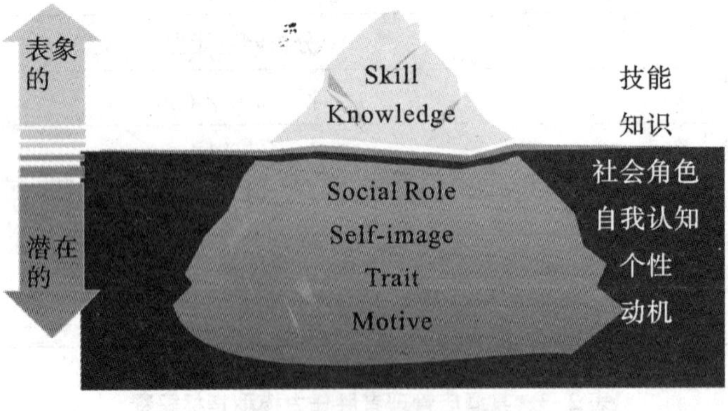

图 2-4 素质冰山模型示意图

2. 素质洋葱模型

素质洋葱模型（见图 2-5）是在冰山模型基础上演变而来的。美国学者博亚特兹（Richard Boyatzis）对麦克利兰的素质理论进行了深入和广泛的研究，提出了“素质洋葱模型”。该模型是把胜任素质由内到外概括为层层包裹的结构，展示了素质构成的核心要素，并说明了各构成要素可被观察和衡量的特点。

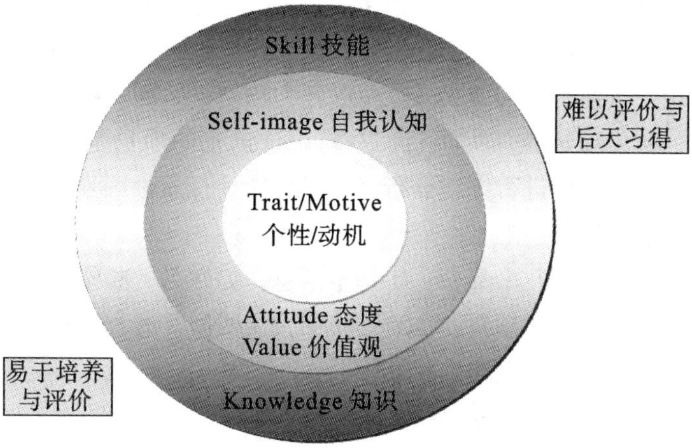

图 2-5 素质洋葱模型示意图

（三）胜任力模型构建方法

1. 行为事件访谈法

（1）行为事件访谈的核心技术——STAR 法则

STAR 法则的“STAR”是情境（situation）、任务（task）、行动（action）、结果（result）四项的缩写。其具体含义是：

①情景：事情是在什么情况下发生。

②任务：你当时面临着怎么样的任务。

③行动：针对这样的情况分析，你采用了什么行动方式。

④结果：结果怎样，在这样的情况下你学习到了什么。

（2）行为事件访谈法的六个技巧

第一，破冰，学会创建良好的访谈氛围。破冰能很好地消除访谈者与被访谈者的尴尬，使被访谈者能进入状态，达到良好的访谈效果。

第二，少用理论，即让被访谈者尽可能地将回忆的事情具体化，而非泛泛而谈、含糊不清。理论的使用会让被访谈者对问题的实质避重就轻。

第三，适时打断，牢牢掌控话题中心。被访谈者谈到自己擅长或者需要澄清的事情时，往往会漫无边际，而访谈时间有限，因此，需要适时打断被访谈者的话语，但需要用好技巧，以免引起反感。

第四，不断确认、澄清。被访谈者会采用“应该”“假如”“可能”等词语来描述自己的行为。这样的词语不能有效反映被访谈者是否采取了这样的行为，是否是他事后认为应该那样做。

第五，用 STAR 法则去追问。访谈者运用 STAR 法则去不断追问细节，问被访谈者当时的想法、感想或者思考的方式。

第六，归纳。关注被访谈者的行为，以及他行为背后的思维，这样能更好地辨别出绩效的关键影响所在点。

2. 问卷调查法

问卷调查法是指调查者通过书面形式，以严格设计的心理测量项目或问题，向被调查者收集研究资料和数据的方法。该方法是一种间接收集研究材料以了解情况的调查手段。问卷调查法也是研究者研究胜任力采用的较多的一种方法。问卷调查法的关键是问卷的编制、研究对象的选择以及结果分析。运用问卷调查法来研究胜任力的具体步骤一般为：首先，采用开放性问卷的方式来收集胜任力项目，编制初始量表；其次，运用专家意见法等方式，初步筛选胜任力项目，并将筛选出来的项目编制成问卷，再实施测量；再次，对所获得的数据进行统计分析（因子分析、探索性因素分析和验证性因素分析等）；最终，建构胜任力模型。

调查问卷通常包括以下几个部分：①基本信息，如姓名、职位、性别等；②问卷说明，说明调查的目的，并表达感谢；③填写说明，说明回答的方式和注意事项；④问卷正文，根据调查目的设计相关问题。

调查问卷表（样例）如表 2-4 所示。

表 2-4　调研问卷表（样例）

序号	指标名称与定义	重要性等级				
		非常重要	比较重要	一般重要	比较不重要	非常不重要
1	合规性含义：严格按照制度、上级指示和流程规定办事，不折不扣履行岗位职责 指标理解：作为销售代表，一定要做好自己的本职工作，领导规定做什么，认认真真做好就是，不允许做的，不越雷池一步					

3. 专家意见法（德尔菲法）

专家意见法是指本研究领域一定数量的权威专家对所获得的胜任力进行详尽的比较和分析，经过合并或剔除，获得到胜任力要素的方法。这一方法的使用关键是选择合适的、具有较强专业素质的专家，前提是通过文献法、开放式问卷调查法来收集相关的胜任力项目。然后，调查者把经过专家评定所获得的项目编制成量表，对样本群体实施测量，对数据进行统计分析，最终得出相应的胜任力模型。受专家的心理、专家的实践经验、专家数量的限制等因素影响，可能会出现所构建的胜任力模型与实际情况存在偏差的情况。

（四）胜任力模型构建流程

构建胜任力模型的过程一般要经过以下六个步骤：

（1）建立绩优标准，将绩优的标准界定清楚，使后续工作有章可循。

（2）确定收集信息的对象，收集相应的人员岗位信息，包括：岗位名称、汇报关系、岗位职责、管理幅度等重要的岗位信息。

（3）选择收集信息的方法。

（4）分析数据信息，对信息进行分类与编码。

（5）确定胜任力模型，对每一项素质进行定义，对行为等级划分，并就等级进行行为阐述。

（6）检验胜任素质模型。验证的方法有：一是继续运用行为事件访谈法进行的访谈，重新认证；二是用案例评测的方式进行检验；三是基于素质模型的方式进行招聘，严格按照各项指标进行筛选，验证是否具备这些素质的人在进入岗位后是否能同样能高效地产出业绩；四是用评测软件进行评测，但该项对评测软件的信度和效度要求比较高，需要专项研发的软件，相对比较昂贵。

根据“素质冰山模型”，我们确定某酒店分店总经理胜任力模型的三个维度：知识、技能/能力、职业素养。在确认了模型的每一胜任维度后，我们分别从多个方面和角度诠释该维度所涉及的行为表现，并利用专家小组法对各维度进行分级评价，从而形成针对某酒店分店总经理的胜任力模型。表2-5是某酒店分店总经理胜任力模型。

表2-5　某酒店分店总经理胜任力模型

模块	要素	定义	等级划分
专业知识	酒店知识	酒店相关运作部门的工作情况、酒店分类、市场状况、未来发展的知识	1级：了解酒店相关运作部门工作情况，对酒店分类、市场状况、未来发展有一定的认识 2级：熟悉酒店相关运作部门工作情况，对酒店分类、市场状况、未来发展有清晰的认识 3级：掌握酒店相关运作部门的工作情况，对酒店分类有足够的认识、能根据市场状况、未来发展趋势制定相关政策，提升分店营业额
	标准作业程序知识	酒店前厅、客房、工程维护、销售、财务、人力等各个部门的标准、流程	1级：了解酒店前厅、客房、工程维护、销售、财务、人力等各个部门的标准、流程，能根据相关标准执行 2级：熟悉酒店前厅、客房、工程维护、销售、财务、人力等各个部门的标准、流程，能根据具体情况提出优化建议 3级：掌握酒店前厅、客房、工程维护、销售、财务、人力等各个部门的标准、流程，根据部门特点提出更高的标准及流程，并推广至全集团
技能	销售管理能力	能根据分店的产品特征、市场状况以及周边环境的综合因素，制定不同的销售政策并实施，达成公司计划目标的能力	1级：了解分店的产品特征、市场状况以及周边环境，凭借以往的经验，策划并组织实施一般的营销活动方案（如市场推广、品牌宣传等） 2级：熟悉行业、竞争对手市场情况，能对公司、竞争对手的优劣势及营销策略进行分析，制定有效的应对措施，并指导实施 3级：熟悉公司、竞争对手市场情况，能对公司的市场营销活动做战略性筹划，发挥公司整体优势，推进公司战略目标的实现
	客户管理能力	对分店的客户进行分类，根据不同的客户种类提供不同的产品及服务，确保客户黏性的能力	1级：聆听客户需求并及时回应，解决常规性的客户问题 2级：主动与客户取得联系，关注客户满意度，随时提供有用信息 3级：针对客户的需求、问题提出自己独立的观点，并采取行动解决问题，积极帮助客户进行决策
	品质把控能力	对分店的服务态度、环境卫生、物品保养等方面有良好的认知，能按照公司对品质的要求进行严格把控的能力	1级：按照公司的要求和规范，完成相关的品质把控，确保通过集团品质验证 2级：根据公司的标准，结合分店的实际情况，对物品保养、环境卫生等提出合理化建议 3级：能根据分店现有情况，创造性提出优化建议，提升公司的品质服务

表2-5(续)

模块	要素	定义	等级划分
技能	团队管理能力	在团队目标下，运用自己的专业技能和长处推动团队目标实现的能力	1 级：能按公司要求组织团队成员完成既定的工作任务 2 级：合理分工，对下属进行指导，促使工作任务出色地完成 3 级：创造良好的影响团队氛围，带领团队成员克服各种困难，取得优异团队绩效
	成本管控能力	对分店所产生的各种费用如人力成本、能耗成本、易耗品成本、洗涤成本等涉及经营的费用有很好的管控能力，保证单店成本竞争优势的能力	1 级：能够按照公司的标准，将各种成本支出控制在范围内 2 级：能使用新方法，节省各项支出 3 级：对成本有超意识，不仅注意节流，更注意开源，使投入产出比达到最佳，并能将该方法推广至其他分店
	安全管理能力	在分店管理过程中保证客户、员工的人身及财产安全，确保消防、漏电等安全事故零隐患的能力	1 级：按照公司标准对相关安全事件点进行定期检查 2 级：要求下属学习相关安全知识和提升安全意识，使团队成员参与安全预防管理 3 级：使用非常规手段在不引起反感的情况下对客户进行安全知识培训，并教客户采取有效手段进行防御
	数据统计、整理分析能力	根据以往内部历史数据如客户来源、销售产品种类、利润来源等，以及外部的竞争产品价格、销售政策等进行整理分析，制订更加有利于提升业绩的方案的能力	1 级：整理分析现有与分店经营相关的数据，以解决问题 2 级：接触其他尽可能多的渠道或对象，获得各种相关或潜在相关的数据和信息，结合本店的运营提出解决问题的方案 3 级：建立相关的数据、信息收集系统，通过系统对收集到的数据、信息进行系统分类、整理和保存，为经营提供动态支持
	沟通能力	在交流的过程中能很好地倾听、理解他人的意思并做出相应反馈，以及能准确地表达出自己的意见和见解	1 级：能够理解他人的观点，也能清楚地表达自己的观点 2 级：能够准确理解他人的观点并能适当给予反馈，能观点清晰、具有逻辑性地表达自己的想法 3 级：对不同的人或情境，能自如地运用不同的谈话方式
素质	诚信正直	以企业的道德规范正直处世，遵守各种规章制度，并抵制不道德的行为	1 级：遵守公司的规章制度，不违法乱纪 2 级：不说假话，真实反映客观情况，不为个人利益隐瞒事实或欺骗他人 3 级：坚持原则，正直廉洁，不凭借权力谋取个人私利
	影响力	运用数据、事实等，或通过人际关系、个人魅力等来影响他人，使其接受自己的观点或使其产生预想行为的能力	1 级：采用单一、直接的方法或论据对他人进行说服，试图使他人支持自己的观点 2 级：善于换位思考，能够根据对方的关注点，调整谈话的内容或形式 3 级：能够根据情况设计复杂的影响策略，与关键人物结成联盟，获得他们的支持
	学习能力	不断主动学习新的知识和技能，从不同的渠道如书本、网络、前人经验来拓宽知识面，并能从自己或他人的经验、教训中获得新知识，并将其转化为工作产出	1 级：不断寻找学习机会，采用多种渠道不断加强自身的知识和技能 2 级：将学习到的知识和技能应用到工作中，不断提高工作效率 3 级：将学习到的知识和技能应用在目前的工作上，且分享给其他人去处理更多的问题

表2-5(续)

模块	要素	定义	等级划分
素质	自信心	勇于接受挑战性任务，面对任务深信自己有能力完成，能采取各种办法来完成任务改善绩效	1级：不需要他人的监督和指导，能很好地完成工作，并对自己充满信心 2级：对于挑战性工作，有很好的规划和认识，能不断激发自己的潜力完成更高标准的工作 3级：对富有挑战性的工作感到兴奋，能不断用新方法来改善工作，提高效率
	执行力	能有效利用资源，带领团队排除任何艰难险阻，不找借口保质保量达成既定的目标	1级：偶尔需要他人的督促，能按时完成工作，工作效果一般 2级：不需要他人督促，能按时完成工作，并且工作效果有保证 3级：身体力行，说到做到，是高效、长效执行的典范
	全局观	理解并能正确处理个人和组织、上级和下级、局部和整体之间的关系	1级：理解组织目标和个人目标有差异，不可能避免出现矛盾 2级：当组织利益和个人利益出现冲突时，能正确处理 3级：当小团体利益和公司整体利益发生冲突时，能做出有利于整个组织的决策，积极地维护公司利益
	成就动机	经常为自己及团队设定高于标准的目标，不断激发下属潜能；为达到更高的效率和绩效，不断寻找更有效率的方法；有强烈的成功动机和愿望	1级：工作能达到公司标准，表现出把工作做好的愿望 2级：为自己或者团队制定高于标准的工作目标，对现有的工作方法和内容进行改进，提高工作绩效 3级：为自己以及团队制定具有挑战性的目标并采取具体行动去实现目标，力争在同行中表现优秀
	关注细节	为了保证在工作中不出现错误或失误，而对自己和他人的工作进行反复监督和检查	1级：对自己的工作要求严格，注重对工作进行检查，基本不出现错误 2级：注意督促下属或配合自己工作的其他人员对工作的各个环节进行多角度、全方位的考虑，确保工作准确无误 3级：学习并督促自己及他人掌握各种可以提升和改进工作细节的方法，能够设计或使用程序化检查错误的手段
	责任心	对属于自己的责任勇敢担当；能从大局出发，主动承担责任和履行义务；能监督和领导整个团队成员完成各项工作	1级：清楚自己的工作职责，遇到问题不躲避，承担应有的责任 2级：对职责范围内的工作进展情况及时进行核查，对发现的问题采取必要的行动，以保证工作按要求完成 3级：支持公司战略目标的实现，即使面临巨大压力或个人利益受到损失时，仍能不折不扣完成工作并承担责任
	积极主动	面对危机工作或突发状况时，不躲避、不推卸责任，而是以积极的态度去面对困难，采取相应措施，完成工作	1级：在面对危机情况时，不推卸不逃避，主动去解决问题 2级：通过提前采取独特和额外的行动来创造机会或降低问题发生的可能性 3级：预测在未来可能会发生但其他人并未意识到的某个机会或问题，并采取相应的准备行动

课后实作任务

任务名称	酒店服务与人力资源管理关系调查		
组名		小组成员	
任务描述	你是某酒店人力资源部的一名员工，目前，人力资源部根据酒店的发展情况需拟定餐饮部主管的胜任力模型。人力资源部经理给你布置的任务是熟悉目前酒店的餐饮部的工作主管说明书，并建立餐饮部主管的胜任力模型		
任务要求	1. 通过网络搜索、图书馆资料检索、访谈等方式收集某酒店餐饮部主管的胜任力要素 2. 以小组为单位分析餐饮部主管的胜任力要素，对信息进行分类与编码 3. 小组成员共同讨论、分析，形成讨论总结，确定胜任力模型，对每一项素质进行定义，对行为进行等级划分，并就等级进行行为阐述		
任务准备	了解胜任力模型的内容，明确胜任力模型的撰写要求		
实施计划	计划包括以下四个方面： 人员分配、时间安排、解决步骤、设备和工具		
实施过程记录	从以下三个方面记录： 收集的资料、过程记录、实施中遇到的问题及解决办法		
任务成果	口头汇报		
评价标准	1. 查阅资料丰富、恰当（10%） 2. 小组成员全员参与，团队协作好（10%） 3. 过程记录完整，总结报告全面，观点正确（50%） 4. 上台汇报语言流畅，逻辑清晰，结构完整，幻灯片制作精美，回答问题准确（30%）		
考核成绩	互评（60%）+教师评价（40%）		

课后练习

一、单选题

1. 在酒店工作分析的方法中，下列不适合采用直接观察法的工作是（　　）。

A. 客房服务员　　B. 行李员　　C. 销售员　　D. 保安员

2.（　　）是最基本的酒店人力资源管理工具。

A. 工作分析　　B. 人力资源规划　　C. 绩效评价　　D. 员工关系

3. 下列不属于工作分析中工作描述内容的是（　　）。

A. 职位标识的描述　　B. 工作职责的描述

C. 人员需求分析　　D. 工作环境的描述

4. 酒店工作说明书包括两个方面的内容，即（　　）。

A. 职位描述和任职资格　　B. 岗位分析和环境分析

C. 环境分析和人员分析　　D. 工作环境和聘用条件

5. 工作分析程序的前期准备工作不包括（　　）。

A. 明确酒店战略　　B. 选择有必要分析的工作

C. 分析某项工作有关的信息　　D. 确定谁来收集信息

6. 使一个职位区别于其他职位的基本标识是（　　）。

A. 职位标识　　B. 工作标识　　C. 工作信息　　D. 职务标识

7. 以下不属于定性的工作分析方法的是（　　）。

A. 访谈法　　B. 职位分析问卷法

C. 观察法　　D. 工作日志法

8. 使胜任力开始在人力资源领域得到应用的学者是（　　）。

A. 小比尔·马里奥特　　B. 麦克利兰

C. 泰勒　　D. 法约尔

9. 以下不属于素质冰山模型“冰山以下部分”的是（　　）。

A. 知识　　B. 社会角色

C. 自我认知　　D. 动机

10. 以下不属于行为事件访谈的核心技术 STAR 法则的是（　　）。

A. 情境（situation）　　B. 任务（task）

C. 途径（approach）　　D. 结果（result）

二、判断题

1. 工作分析已被西方发达国家视为人力资源管理现代化的标志之一，并被认为是人力资源管理最基本的职能。（　　）

2. 工作分析是制订人力资源招募计划的前提和依据。（　　）

3. 酒店每年年初都要对所有工作进行分析。（　　）

4. 设计工作说明书的人选最好是来自酒店内部的专业人员。（　　）

5. 胜任力模型就是在特定岗位上，为了完成某项工作并且达到某一绩效目标，要求任职者所具备的一系列不同知识要素的组合。（　　）

三、问答题

1. 什么是工作分析，它在人力资源管理中的地位如何？

2. 工作分析的基本流程是什么？

3. 工作分析的主要方法有哪些？

4. 什么是工作说明书？工作说明书的主要内容是什么？

四、案例分析题

某酒店是我国华南地区的一家酒店。近年来，随着经济的发展，外出旅游人数急剧增加，对住宿的要求也越来越高，酒店规模随之得到了扩大，逐步发展为一家五星级酒店。随着酒店的发展和壮大，员工人数大量增加，众多组织和人力资源管理问题逐步凸显出来。

该酒店现有的组织机构，是基于创业时的酒店规划建立的。随着服务项目的增多，在该酒店运行过程中，组织与业务上的矛盾已经逐步凸显出来。部门之间、职位之间的职责与权限缺乏明确的界定，扯皮推诿的现象不断发生；有的部门抱怨事情太多，人手不够，任务不能按时、按质、按量完成；有的部门又觉得人员冗杂，人浮于事，效率低。

在人员招聘方面，该酒店用人部门给出的招聘标准比较含糊，招聘主管往往无法准确地加以理解，使得招来的人大多不尽如人意。同时，许多岗位不能做到人事匹配，员工能力不能得以充分发挥，严重挫伤了士气，并影响了工作效果。以前，酒店员工的晋升由酒店总经理直接决定。现在，酒店壮大了，总经理几乎没有时间来与基层员工和部门主管打交道，只能根据部门经理的意见来决定基层员工和部门主管的晋升。而在晋升过程中，上级和下级的私人感情成了决定性因素，有才干的人往往不能得到提升。因此，许多优秀的员工由于看不到自己未来的前途而另谋高就。在激励机制方面，该酒店缺乏科学的绩效考核和薪酬制度，考核中的主观性和随意性非常大，员工的报酬不能体现其价值与能力。该酒店人力资源部经常可以听到大家对薪酬的抱怨和不满，这也是人才流失的重要原因。

面对这样严峻的形势，该酒店人力资源部开始着手进行人力资源改革，变革首先从进行工作分析、确定职位价值开始。工作分析究竟如何开展、如何抓住工作分析过程中的关键点，为酒店本次组织变革提供有效的信息支持和基础保证，是摆在酒店面前的重要问题。

该酒店在组织内部进行了一次工作分析尝试。首先，他们开始寻找进行工作分析的工具与技术。在阅读了国内目前流行的几本有关工作分析的书后，他们决定将工作分析问卷作为收集职位信息的工具。其次，人力资源部将问卷发放到各个部门经理手中，同时他们还在公司内部网页上发了一份关于开展问卷调查的通知，要求各部门配合人力资源部的问卷调查。

据反映，问卷在下放到各部门之后，一直搁置在各部门经理手中而没有发下去。很多部门是直到人力资源部开始催收时才把问卷发放到员工手中。同时，由于大家都很忙，很多人在拿到问卷之后，没有仔细思考，就草草填写完事。还有很多人在外地出差或者任务缠身，自己无法填写，而由同事代笔。此外，据一些较为重视这次调查的员工反映，大家都不了解这次调查的意图，也不理解问卷中那些陌生的管理术语，如职责、工作目的。很多人想就疑难问题向人力资源部进行询问，也不知道该找谁。因此，在回答问卷时，很多人只能凭着自己个人的理解填写，无法把握填写的规范和标准。

一个星期之后，人力资源部收回了问卷。但他们发现，问卷填写的效果不太理想，有一部分问卷填写不全，一部分问卷答非所问，还有一部分问卷根本没有收上来。

与此同时，人力资源部也着手选取一些职位的员工进行访谈。但在试着访谈了几个员工后，人力资源部发现访谈的效果并不好。因为在人力资源部，能够对部门经理访谈的人只有人力资源部经理一人，主管和一般员工都无法与其他部门经理进行沟通。同时，由于经理们都很忙，能够把双方凑在一起实在不易。因此，两个星期过去了，只访谈了两个部门经理。

人力资源部的几位主管负责对经理级以下的人员进行访谈，但在访谈中，出现的情况出乎意料。大部分被访谈的人都在发牢骚，指责酒店的管理问题，抱怨自己的待遇不公等。而在谈到与工作分析有关的问题时，被访谈者往往闪烁其词，顾左右而言他，似乎对人力资源部这次的访谈不太信任。访谈结束之后，访谈人都反映对该职位的认识还是停留在模糊的阶段。

这样持续了两个星期，访谈了大概三分之一的职位。人力资源部经理认为不能再拖延下去了，决定开始进入项目的下一个阶段——撰写工作说明书。可这时，各职位的信息收集却还不完全。怎么办呢？人力资源部在无奈之下，不得不另觅他途。于是，他们通过各种途径从其他酒店收集了许多职位说明书，试图以此作为参考，结合问卷和访谈收集到的一些信息来撰写工作说明书。

在撰写阶段，人力资源部还成立了几个小组。每个小组专门负责起草某一部门的工作说明书，并且还要求各组在两个星期内完成。在起草工作说明书的过程中，人力资源部的员工都感到为难。一方面，他们不了解其他部门的工作，而问卷和访谈提供的信息又不准确；另一方面，他们又缺乏写工作说明书的经验，因此，写起来都觉得很费劲。规定的时间快到了，很多人为了交稿，不得不急急忙忙、东拼西凑了一些材料，再结合自己的判断，最后成稿。

最后，工作说明书终于出台了。人力资源部将工作说明书下发到各个部门，同时，还下发了一份文件，要求各部门按照新的工作说明书来界定工作范围，并按照其中规定的任职条件来进行人员的招聘、选拔和任用。但这引起了其他部门的强烈反对。很多直线部门的管理人员甚至公开指责人力资源部，说人力资源部的工作说明书是一堆垃圾文件，完全不符合实际情况。

于是，人力资源部与相关部门召开了一次会议来推动工作说明书的应用。人力资源部经理本想通过这次会议来说服各部门支持这项目，但结果恰恰相反。在会上，人力资源部遭到各部门的一致批评。同时，人力资源部由于对其他部门不了解，对其他部门所提出的很多问题也无法进行解释和反驳。因此，会议的最终结论是，让人力资源部重新编写工作说明书。后来，经过多次重写与修改，工作说明书始终无法令人满意。最后，工作分析项目不了了之。

人力资源部的员工在经历了这次失败的项目之后，对工作分析彻底丧失了信心。他们开始认为，工作分析说起来挺好，实际上却没有什么大用，而且认为工作分析只能针对西方国家那些管理先进的大公司，在中国根本行不通。原来雄心勃勃的人力资源部经理也变得灰心丧气，但他一直对这次失败耿耿于怀，对项目失败的原因也是百思不得其解。

【案例思考】

1. 试分析该酒店为什么决定从工作分析入手来实施变革？这样的决定正确吗？为什么？

2. 请分析在工作分析项目的整个组织与实施过程中，该酒店存在哪些问题？

3. 该酒店所采用的工作分析方法主要存在哪些问题？请运用所学知识进行分析。

模块三

酒店人力资源规划

多算胜，少算不胜，而况于无算乎。

行业专家箴言

HANGYE ZHUANJIA AHENYAN

如果有一个项目，首先要考虑有没有人来做。如果没有人做，就要放弃，这是一个必要条件。

——柳传志（联想集团总裁）

课前导入

KEQIAN DAORU

微课视频：

手忙脚乱的人力资源经理

扫一扫

课前思考
KEQIAN SIKAO

在20世纪90年代以前，中国市场是处于机会主义时期，企业成功往往不需要规划，抓机会、抓资源、抢速度、快节奏成为中国企业的制胜之道。随着市场的日益规范，企业日益壮大，缺少人才成为企业发展的瓶颈，但很多企业仅限于发现缺人，却不知道为什么缺人，更不了解如何解决这一问题。你觉得这个问题与本模块将要学习的人力资源规划会有什么关系？

本模块教学目标
BEN MOKUAI JIAOXUE MUBIAO

知识目标：

1. 说明为何要做人力资源规划。
2. 阐明人力资源规划三步骤。

技能目标：

1. 理解并会使用人力资源供给与需求的预测方法。
2. 掌握人力资源缺乏及过剩的方法。

本模块理论知识
BEN MOKUAI LILUN ZHISHI

◇ 项目一　酒店人力资源规划概述

◇ 项目二　人力资源盘点及预测

◇ 项目三　人力资源供求平衡管理

项目一　酒店人力资源规划概述

一、酒店人力资源规划的概念

人力资源规划，已逐步成为酒店人力资源管理的重要职能，并与酒店的人力资源政策融为一体。人力资源规划有广义和狭义之分。广义的酒店人力资源规划是指酒店根据其发展战略、目标及内外环境变化，预测未来组织的任务和环境对酒店的要求，以及为完成任务和满足要求而制定和实施相应人力资源政策和措施的过程。它是战略规划与战术计划及具体实施方案的统一。狭义的酒店人力资源规划是指酒店对未来人力资源供求情况进行预测，为保证满足未来需要而提供人力资源的过程。狭义的酒店人力资源规划以追求人力资源的供求平衡为根本目的，主要关注人力资源供求之间的数量、质量与结构的匹配。

酒店人力资源规划的概念需要从以下几个方面进行理解：

第一，酒店人力资源规划需要从酒店发展的战略高度来进行。酒店人力资源规划是酒店人力资源管理的一部分，酒店人力资源管理又是整个酒店经营管理的一部分，而酒店的经营管理又必须遵从于酒店的发展战略，因此，酒店人力资源规划必须以酒店的最高发展战略为准则，否则，人力资源规划就会偏离目标，不能满足酒店对人力资源的需求。

第二，酒店人力资源规划必须根据内外环境的变化而变化。随着经济的全球化以及酒店内部的变革，劳动力的供给与需求也在不断地变化，因此，酒店所进行的人力资源规划就需要根据内外环境的变化而做出适时的调整。

第三，酒店人力资源规划要满足酒店在不同的发展时期对人员的具体要求，具有一定的预测性。

第四，酒店人力资源规划的目的就是为酒店发展提供合适的员工，坚持能岗匹配的原则，同时从数量上和质量上满足酒店的用人要求，最终使酒店能够取得效益的最大化。

二、酒店人力资源规划的作用

酒店业属于劳动密集型行业，人在所有资源中起着重要的作用。因此，为了实现酒店的战略目标和战术目标，必须对人力资源进行规划。酒店人力资源规划具有以下作用：

1. 帮助酒店适应内外环境的变化

酒店外部环境中政治、经济、法律、文化、技术等因素处于不断变化之中，因而要求酒店在战略策略、组织结构、管理体制上做相应的调整，从而导致其对人员需求的相应变化。如果酒店事先有良好的人力资源规划，就能做到心中有数，针对不同情况，采取相应的策略来应付各种变化，而不是做出被动反应。

2. 为酒店管理提供重要依据

随着酒店规模的扩大和结构的复杂化，管理的工作量和难度都在迅速提高。无论是确定人员的需求量、供给量，还是职务、人数以及任务的调整，不通过一定的周密计划难以实现。例如，何时需要补充人员，补充哪些层次的人员，如何补充。这些管理工作在没有人力资源规划的情况下，必然陷入相互分割和混乱的状况。因此，人力资源规划是酒店管理的重要依据，它为酒店的录用、晋升、培训、考评、激励、人员调整等活动提供准确的信息和依据。

3. 有利于酒店合理利用人力资源，降低人工成本

人力资源规划可以调整人员配置不平衡的状况，进而谋求人力资源的合理化使用，使人工成本控制在合理的范围内。人力资源规划还可以通过对现有的人力资源结构进行分析，充分发挥人力资源效能，降低人工成本在总成本中的比例，达到提高酒店经济效益的目的。

4. 有助于发挥人力资源个体的能力，调动员工的积极性

面对极高的员工流失率，许多酒店管理者往往将其简单地归结为酒店未能给员工提供优厚的待遇。事实上，“要生活，也要事业”已成为当前人们的普遍需求。员工进入酒店工作，不仅是为了获得稳定的、有吸引力的报酬，更是为了谋求自身发展。许多缺乏资金、处于发展初期的中小酒店之所以能够吸引到优秀人才并迅速成长，就在于立足酒店自身的情况，营造酒店与员工共同成长的氛围，让员工对未来充满信心和希望，同酒店共同发展。因此，酒店人力资源规划要着重考虑员工的发展。人力资源部门还应在人力资源规划的基础上，引导员工进行职业生涯的设计，让员工清晰了解未来的职位空缺，看到自己的发展前景并积极争取，从而充分调动员工的积极性。一份清晰的酒店人力资源规划，引导着酒店中每一个人的行动，清楚地表达了雇员和雇主双方的期望。

三、酒店人力资源规划的内容

酒店人力资源规划的内容主要体现在以下五个方面：

（1）战略规划。战略规划是指根据酒店总体发展战略的目标，对酒店人力资源开发和利用的方针政策和策略的规定。战略规划是各种人力资源具体计划的核心，是事关全局的关键性计划。

（2）组织规划。组织规划是指对酒店整体框架的设计，主要包括组织信息的采集、处理和应用，组织结构图的绘制，组织调查，诊断和评价，组织设计与调整，以及组织机构的设置。

（3）制度规划。制度规划是人力资源总规划目标实现的重要保证，包括人力资源管理制度体系建设的程序、制度化管理等内容。

（4）人员规划。人员规划是指对酒店人员总量、构成、流动的整体规划，包括人力资源现状分析、酒店定员、人员需求、供给预测和人员供需平衡等。

（5）费用规划。费用规划是指对酒店人工成本、人力资源管理费用的整体规划，包括人力资源费用的预算、核算、结算，以及人力资源费用控制。

四、酒店人力资源规划的编制步骤

酒店人力资源规划的编制有以下几个步骤：

（1）制订职务编制计划。计划包括酒店的组织结构、职务设置、职位描述和职务资格要求等内容。制订该计划的目的是描述酒店未来的组织职能规模和模式。

（2）根据酒店发展规划，结合公司人力资源盘点报告制订人员配置计划。人员配置计划陈述了公司每个职务的人员数量、人员的职务变动、职务人员空缺数量等。制订该计划的目的是描述公司未来的人员数量和素质构成。

（3）根据职务编制计划和人员配置计划，使用预测方法来预测人员需求预测。人员需求预测应陈述需求的职务名称、人员数量、希望到岗时间等，最好形成一个标有员工数量、招聘成本、技能要求、工作类别，以及为完成组织目标所需的管理人员数量和层次的分列表。

（4）确定人员供给计划。人员供给计划主要陈述人员供给的方式、人员内外部流动政策、人员获取途径和获取实施计划等。人力资源部通过分析过去的人数、组织结构

和构成，以及人员流动、年龄变化和录用等资料，就可以预测出未来某个特定时刻的供给情况。预测结果勾画出组织现有人力资源状况及未来的发展变化情况。

（5）制订培训计划。为了提升公司现有员工的素质，适应公司发展的需要，公司应重视对员工的培训。培训计划包括培训政策、培训需求、培训内容、培训形式、培训考核等内容。

（6）制订人力资源管理政策调整计划。该计划包括计划内的人力资源政策的调整原因、调整步骤和调整范围等。

（7）编写人力资源部费用预算。它主要包括招聘费用、培训费用、福利费用等预算情况。

（8）关键任务的风险分析及对策。每个公司在人力资源管理中都可能遇到风险，如招聘失败、新政策引起员工不满等。这些事件很可能会影响公司的正常运转，甚至会对公司造成致命的打击。风险分析就是通过风险识别、风险估计、风险驾驭、风险控制等一系列活动来防范风险的发生。

拓展阅读：

××公司人力资源规划方案

扫一扫

职场案例：

新成立的酒店如何设计人力资源规章制度？

扫一扫

课堂小练习

某通信公司的刘总最近很忙。公司的人员紧缺问题让他很伤脑。话务中心的人少，排班很难排，可是去年年底公司才增加了一批新的话务中心人员，本应该足够了的，可是谁知去年招聘的人员，今年上半年就有近20人在家怀孕生孩子，人手怎么够呢？

除了上述案例中所描述的情况，你能预见到在使用人力资源的过程中还会有哪些变动吗？

项目二　人力资源盘点及预测

在人力资源规划中，盘点和预测是规划过程的起点。人力资源不像公司的其他资源那样容易识别、评估和预测。比如：结合历年的数据，公司可以较容易预测未来一年的产品产出总量、增加量，进而推测出需要购入多少原材料，需要增加多少台机器设备等，但公司很难按照这种方法预计需要多少人员，因为这项工作牵涉的变动因素太多了。正因为如此，许多公司的人力资源规划都被忽视了。久而久之，人力资源规划工作演变成这样一项简单的工作：年终，人力资源部要求各职能部门申报下一年的用工需求；人力资源部汇总需求后，报公司领导审批；公司领导根据主观判断，或者说每个职能部门的影响力，批准各部门的用工数量；最后，人力资源部组织招聘。工作被人为简化了，潜在的风险也在不知不觉中埋下了。因为没有考虑到现有人员将会产生的变动以及公司业务将有的变动等因素，很多人力资源经理处于整天忙于“救火”的尴尬境地。

一、人力资源盘点

在进行未来人力资源需求和供给的预测之前，人力资源部应该先做现有人力资源的盘点。人力资源盘点主要包括数量盘点、结构盘点、质量盘点三个方面。

（一）数量盘点

数量盘点就是要弄清楚酒店里到底有多少人。这在小型企业或许不是问题，但在一些大型企业，并不是特别容易的事情。这些企业由于历史因素，有着复杂的用工关系和多层次的分支机构，但缺乏有效的人力资源管控手段。如果要把企业的每个员工盘点清楚，实在是一件困难的事情。

人力资源部在进行人力资源数量盘点时，首先根据各种标准对员工进行分类，在此基础上设计表格，或通过人力资源信息系统进行统计分析。可以采取的分类标准包括：机构类别、部门类别、用工形式等。无论采用哪种分类方法，基本的要求都是要实现全员覆盖，无漏网人员。这样不仅可以把公司的人力资源数量检查清楚，有时甚至也可以排查出相应的用工风险。

（二）结构盘点

只知道人力资源的数量还不够，还需要弄明白现有人员的结构是否合理，未来的变动可能性如何等。

结构盘点就是弄清楚各层、各类员工的比例关系。比如行政管理人员与一线生产人员的比例结构是否合理、员工的年龄结构是否合理、职称结构是否合理、机关员工与基层员工的比例是否合理等。

随着组织扁平化趋势的影响和管理手段的提高，管理层员工将被压缩，这有利于降低人工成本，更有利于提高决策效率。同时，随着生产自动化以及人工智能等先进科技的普及，直接生产人员的比例也将呈下降趋势。

（三）质量盘点

在弄清了人力资源的数量以及结构之后，还要弄明白一个关键的问题：现有人员的质量如何？毕竟，酒店的创新、优质的服务质量以及酒店的可持续发展，需依靠高素质的员工队伍。

衡量人力资源质量的指标包括：年龄、学历、工作经验、教育背景、行业知识、专业技能水平、爱好特长等一般性质量指标以及素质指标。每个公司在确定了公司的业务发展战略后，需要确保公司具有达成战略的核心能力，而人力资源是公司核心能力的重要来源。因此，人力资源部在选择质量指标时，重要的不是看指标的多少，而是看哪些质量指标对公司的业务发展影响最大。

对企业而言，人力资源盘点是一项基础性的工作，但是其涉及的数据量非常庞大。为了提高工作效率和准确度，人力资源部需要借助相关的人力资源信息系统，把有关人力资源的各项指标录入系统中，由系统进行统计分析。为了确保信息的准确，人力资源部还应该在日常工作中，及时进行维护和更新人力资源的各项信息。人力资源部还应该在日常的人力资源管理工作中，多使用信息系统，有效利用和管理系统中的数据。

二、人力资源需求预测

不少公司在员工使用上有很大的随意性，如等到任务来临的时候，一些公司才想着去市场上招聘人才。事实上，如果没有统筹规划的话，企业的临时招聘效果也不佳。

招聘来的人才，未必能马上工作，即使是比较简单的工作，也需要先对员工进行培训。员工需经过一段适应期后才能上岗。另外，如果缺乏前瞻性的思考，万一战略变化、组织调整，又有可能出现人员数量超过工作需要的情况，导致一些人员无法安置。那么，如何根据企业发展需要进行人才招聘工作呢？这就需要人力资源部在人力资源盘点的基础上，对企业未来人力资源需求进行预测。

课堂小练习

讨论：决定企业人员需求的重要因素有哪些？

企业未来需要多少人？需要什么样的人？在回答这两个问题前，我们需要对企业未来的发展有个正确的形势判断，以寻找未来发展中与人员需求相关的决定因素，并判断这些因素对人力资源需求的影响。在企业发展中，决定企业人员需求的因素很多，如企业的结构、发展战略、业务运作方式、业务增长速度等。而影响酒店人员需求的因素就更多了，包括技术、消费者偏好、经济形势、酒店的市场占有率、政府的产业政策等。

课堂小练习

请以小组为单位，讨论并列举以上因素的变动将给酒店人员需求带来什么影响。

____

____

____

预测在用来满足酒店企业的特殊需求时是一个有价值的管理工具。目前，还没有一个公认正确又有效的预测人力资源需求的方法，不同的企业所使用的方法不同，就像不同地区的人口统计因素差异很大一样。

一般而言，酒店业的人力资源预测既有定性方法，又有定量方法。在实际操作中，有以下几种方法可以选择：

（一）总量控制法

这种方法着重于对员工总量的控制，而不涉及部门。人力资源部门在使用总量控制法时，首先要评估前面介绍的战略、结构等宏观因素对人员需求的影响；然后寻找与人员相关的变量指标，如产量、销售额等，这是总量控制法最为关键的一个步骤；最后找到人员与变量指标之间的函数关系，建立函数对总量进行预测。人力资源部门可以把最近三到五年的数据收集起来，通过回归分析，建立函数关系。

案例

某酒店人员编制总量控制

近年来，由于某酒店集团人员增长率较高，该酒店决定对下属公司核定人员编制。人力资源部经过分析，发现这几年公司的战略、结构、运作方式没有变化，而影响人员编制的因素包括分公司的数量、产品的产量、产品的销售额、工资总额四个变量，然后通过对最近三年的数据进行回归分析，找到了四个变量与人员数量之间的相关度，从而较为科学地核定了下属公司的编制。

（二）趋势分析法

趋势分析法是指根据整个酒店或酒店汇总各个部门员工数量的变动趋势来对未来的人力资源需求做出预测。这实际上只将时间因素作为解释变量，比较简单。

$$N=a\cdot[1+(b-c)\cdot T]$$

其中：N——期末人力资源需求量。

a——目前已有的人力资源量。

b——平均每年发展的人力资源的百分比。

c——企业计划发展的人力资源与企业实际发展的人力资源的百分比的差异。

T——年限。

趋势分析能够提供一个对酒店的未来人员需求的初步和粗略估计，但是雇佣水平并不仅随着时间的流逝而变化，其他一些因素（如生产率、员工队伍结构、退休）以及技能需求方面的变化都会对员工队伍需求产生影响。

课堂小练习

某企业目前有500人，计划每年以15%的速度发展人力资源，计划发展的人力资源与实际发展的人力资源的差异控制在10%。三年后，该企业需要多少人？

（三）劳动定额法

劳动定额是对劳动者在单位时间内应完成的工作量的规定。人力资源部可利用劳动定额法对未来的人力资源需求做出预测。计算公式为：

$$N=W\div q\ (1+R)$$

其中：N——人力资源需求量。

W——酒店计划期任务总量。

Q——酒店定额标准。

R——计划期劳动生产率变动系数。

$$R=R_1+R_2+R_3$$

其中：R_1 表示酒店技术进步引起的劳动生产率提高的系数。

R_2 表示经验积累导致的生产率提高的系数。

R_3 表示由于劳动者及某些因素引起的生产率降低的系数。

（四）回归分析法

酒店人力资源需求会受到诸多因素的影响，比如生产量、营业额等。回归分析法是指通过确定那些和酒店人力资源需求关系密切的因素，并分析它们与酒店人员水平之间的数量关系来预测酒店未来人员需求的方法。所以，运用回归分析法的关键是找出那些与酒店人力资源需求高度相关的因素，这样建立起来的回归分析模型预测的效果和准确性才会更好。

根据回归分析模型中变量的数目，我们可以将回归分析法分为一元回归分析和多元回归分析两种模型。因为多元回归分析模型涉及的变量较多，所以建立模型的复杂性和难度性就比较高，但预测的准确性也就相对高于一元回归分析模型。事实上，在具体的实践工作中，为了便于操作，很多企业常常采用一元回归分析模型进行预测。

回归分析法不是单纯地建立回归分析模型，还必须进行相关分析，因为自变量与因变量之间有着相关的关系。进行相关分析后，我们可得出自变量之间的相关程度和某一变量对其他变量的影响。下面我们来看两个一元回归分析的例子。

某酒店要预测明年所需要的服务员数量。如果采用回归分析法，首先就需要找出服务员的需求量与哪些因素相关。经过分析，该酒店人力资源部发现酒店的营业额与服务员的需求量之间的相关性最高，并且收集了本酒店过去八年的相关历史数据，见表3-1。

表 3-1　某酒店营业额和服务员数的数据

营业额（万元）	100	160	200	280	350	400	500	550
服务员数（人）	40	60	100	120	150	180	220	250

将营业额设为自变量 x，服务员数设为因变量 y，那么两者之间的关系就可以表示为 $y=a+bx$，经过计算可以得出 $a=-5.415$，$b=0.458$。回归模型就是 $y=-5.415+0.458x$。

假如明年的营业额为 700 万元，那么所需要的服务员数是：

$y=-5.415+0.458x=315.185\approx315$（人）

即在现有人员数不变的情况下，明年需要新增 65 人。

再比如，假定一个拥有 500 张床位的医院计划在今后的 5 年中将床位数量增加到 1 200 张。该医院的人力资源总监想预测自己将来需要雇用的注册护士人数。于是，他意识到，首先需要确定医院规模（以床位数量为依据）和所需的护士人数之间存在何种关系。他通过向 8 家规模不同的医院打电话询问，得到了两组数据（见表 3-2）。

表 3-2　同类医院床位数和注册护士人数数据

床位数（张）	注册护士人数（人）
200	240
300	260
400	470
500	500
600	620
700	660
800	820
900	860

在图 3-1 中，横轴表示医院规模，纵轴表示注册护士人数。如果这两个因素是相关的，那么这些点通常会分布在一条直线的附近。

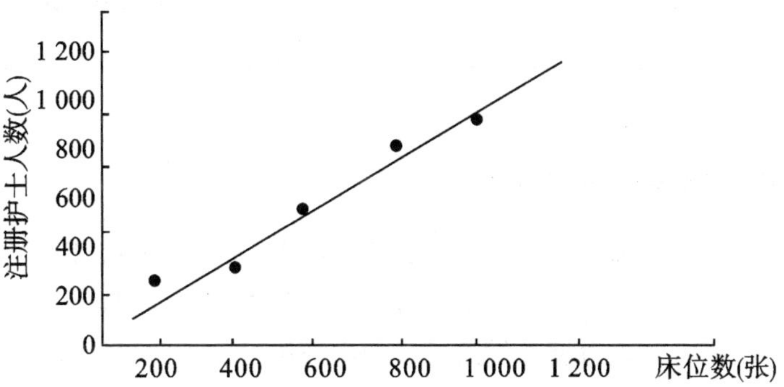

图 3-1　医院规模与护士人数之间的关系

如果仔细地画一条线，使这条线与每个散点之间的距离最短，就能估计出每一种规模的医院需要的护士人数。对拥有 1 200 张床位的自家医院来说，这位人力资源总监就可以确定自己大约需要 1 160 名护士。

（五）转化比率法

转换比率法是指首先估计组织所需要的具有关键技能的员工数量，然后再根据这一数量估计其他人员数量的方法。转换比率法的目的是将企业的业务量转换为对人力的需求，它适合于短期需求预测。

$$N=（当前销售额+计划期业务的增长额）/YX$$

其中：N——计划期人力资源需求量。

Y——当前人均业务量。

X——生产率的增长率。

课堂小练习

某酒店今年的销售额为 6 000 万元，有 60 名员工。预计该酒店 5 年后的销售额为 8 000 万元，预计每年生产效率提高 1%，即 5 年共提高 5%，请预测 5 年后需要用多少人？若管理人员、销售人员、后勤服务人员的比例是 1∶5∶1，预测各类人员的需求量。

以上方法只是用来预测人力资源数量的需求。事实上，人力资源需求预测还应包括质量预测，即预测员工未来应该具有的知识、技能、素质。

拓展阅读：

计算机化的人员预测

扫一扫

三、人力资源供给预测分析

酒店在预测了人力资源需求之后，就要考虑需求是否有供给，以及要在何时何地获得供给。所以人力资源部在分析时，必须考虑内在和外在两项因素。

一般情况下，酒店的人力资源供给可分为内部供给、外部供给以及离职供给。内部供给是指从酒店内部现有的员工中获得供给，可通过岗位调换、晋级晋职等手段获得；外部供给是指从酒店以外获得人员，可通过对外招聘的手段获得；而离职供给是指从已经离职的人员中挑选合适的人员来满足当前供给需要。那么，哪种供给才是预测的重点呢？通常来说，外部供给的可控性较差，而内部供给的可控性较强。因此，对关键岗位来说，内部供给是预测的重点。

在进行内部供给预测之前，人力资源部需要从以下几个方面进行内部供给分析：

（1）现有员工情况分析。人力资源的供给在外部条件保持不变的情况下，也会因为内部的变化而受到影响，比如退休、死亡等。所以，人力资源部在预测酒店人力资源的供给时，就需要对现有的人员情况进行分析。通常，对现有人员情况进行分析主要是对现有员工的年龄结构、性别结构、身体状况等要素做出的分析。比如，酒店现有 59 岁的男性员工 10 人和 54 岁的女性员工 5 人，那么在其他条件不变的情况下，酒店明年就会自然减员 15 人，酒店内部人力资源的供给也会相应减少 15 人。

（2）员工变动分析。人员的变动受到诸多因素的影响，如辞职、辞退、内部调动等。只是内部调动应针对具体的部门、职位层次或职位类别来进行。比如，酒店现有员工 100 人，预计明年的辞职率为 2%，辞退率为 1%，那么明年的酒店人力资源供给就会减少 3 人。人力资源部在分析酒店内部人员变动时，不仅要分析实际发生的变动，还要分析隐性的变动，也就是说现有员工在酒店内部变动岗位的可能性。这样可以预测出潜在的内部供给。

（3）员工质量分析。员工质量的变化会影响到内部的供给，而质量的变化主要表现为劳动生产率的变化。在其他条件不变的情况下，劳动生产率提高，内部的人力资源供给就会相应增加；劳动生产率降低，内部的人力资源供给就会相应减少。此外，工资的增加、技能的培训也会影响到员工的质量；同时，加班加点虽然没有提高劳动生产率，但由于延长了工作时间，实际上增加了完成的工作量，同样也就增加了内部供给。

上述这些分析都是在假定其他条件不变的情况下进行的，如果多个因素同时发生作用，产生的结果可能就会不同。比如，酒店员工的退休人数和调出人数之和正好满足酒店员工的劳动生产率提高所造成的工作量增加，那么酒店内部人力资源的供给就会保持不变。

（一）内部供给预测的方法

1. 技能档案法

技能档案法就是指通过调查并记录与酒店人力资源有关的资料，正确地分析和了解不同的岗位，为酒店及时地提供所需要的人员的方法。如果酒店的高层管理者能够很快地了解员工的技能，那么将有利于酒店内部人力资源的合理调整和规划，有利于酒店选择优秀的人才。一般来讲，技能档案应包括以下信息：

①基本信息：姓名、性别、年龄、职务、婚姻状况等。

②技能信息：教育背景、工作经历、接受过何种培训等。

③个性特征：心理素质、性格倾向、道德品质、体质状况等。

④爱好特长：人际关系、知识层次、爱好表现等显著特征。

⑤职业管理：喜欢的工作类型、愿意服务的部门、需培训的能力等。

技能档案法主要有两个优点：第一，可以建立完善的酒店人力资源管理信息系统，使员工能够了解到自己在酒店中的发展机会，有利于激发员工的工作积极性，增强员工的凝聚力和向心力；第二，如果员工获得升迁，将有助于个人欲望的满足和酒店战略目标的达成。

2. 人员替换法

人员替换法是指对酒店现有的人员进行考核评价，然后对其晋升或调动的可能性做出判断，从而对酒店人力资源流动情况进行控制和调整的一种方法。某部门的人员替换情况如图 3-2 所示。

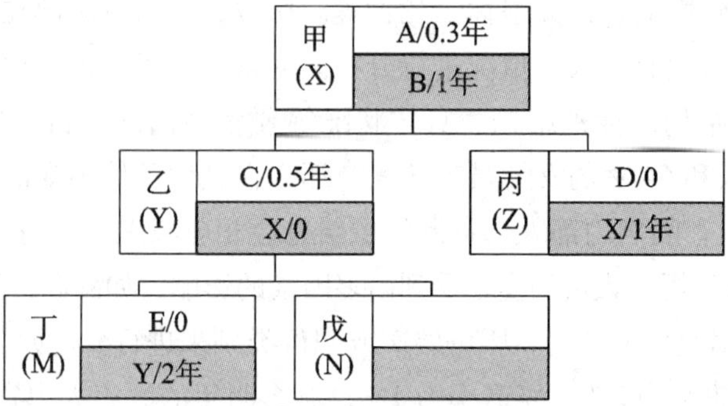

图 3-2　某部门的人员替换图

我们对图 3-2 做简单的解释。假设这是酒店某个部门的组织结构图，该部门有 X、Y、Z、M、N 五个岗位，分别有甲、乙、丙、丁、戊五个员工。在每个岗位的两个方框中，上面空白的方框中记录了目前从事该岗位的员工能够调动的职位以及适应新职位的时间，下面阴影的方框中记录了该员工可以晋升的职位以及晋升所需要的时间。例如：对于甲来说，他还可以从事 A 职位的工作，完全适应新职位需要 0.3 年，也就是大约需要三个半月时间；此外，他还可以晋升到 B 职位上去，晋升到这一职位需要 1 年时间。此外，由于该图显示的是潜在的供给，因此对于甲来说，他 1 年后并非一定可以晋升到 B 职位。由图 3-2 还可以看出，戊不能调动，也不能晋升。

为了保证预测的准确性，需要对人员的替换信息进行及时更新，例如戊经过培训后，具有了相应的技能，能够调动到别的职位上工作，那么在下一年的替换图中，就要把这一信息添加进去。

3. 马尔可夫预测法

马尔可夫预测法是一种定量预测方法，其基本思想是：找出过去人事变动的规律，以此来推测未来的人事变动趋势。以“企业中员工流动的方向与概率基本保持不变”的假设为基础，通过收集具体数据，找出企业内部过去人员流动的规律，由此推测未来的人员变动趋势。

该方法的基本步骤：①根据企业的历史资料，计算出每一类岗位的每一名员工流向另一类或另一级别岗位的平均概率；②根据每一类岗位员工的每一级别流向其他类或级别岗位的概率，并建立一个人员变动矩阵表；③根据组织年底的各类岗位员工人数和步骤二中人员变动矩阵表预测第二年组织可供给的人数。

4. 继任卡法

继任卡法是指在对现有人力资源潜力评估的基础上，指出公司中每个关键职位的内部供应源，从而达到关键职位的供给预测的方法。通常而言，企业中关键职位、骨干员工的突然离职最容易造成企业工作的被动，而继任卡法则可以有效缓解这个问题。具体而言，就是根据现有人员分布状况及绩效评估的资料，在未来理想人员分布和流失率已知的条件下，对各个职位尤其是管理阶层的接班人进行预先安排，并且记录各职位的接班人预计可以晋升的时间，作为内部人力供给的参考。经过这一规划，由待补充职位空缺所要求的晋升人员数量和人员补充量便可知道人力资源供给量。继任卡法示例见表 3-3。

表 3-3　继任卡示例

职位：前厅部经理				
当前任职者	37 岁	吴朝勇		在现职位工作 5 年
继任者 1	35 岁	周心	大堂经理	随时可以晋升
继任者 2	30 岁	黎明	大堂副理	1~3 年内可晋升
继任者 3	26 岁	陈小东	前台主管	3~5 年可晋升
该职位的紧急继任者		周心		

继任卡的作用在于：首先，酒店不会由于某人的离去而使工作受到太大的影响；其次，有利于调动员工的积极性；最后，有利于保持晋升员工的高水准。

拓展阅读：

高层管理职位规划的先进工具

——继任规划系统

扫一扫

（二）外部供给预测分析

首先，人力资源部要分析影响外部人力资源供给的地域性因素，具体包括：①公司所在地的人力资源整体现状；②公司所在地的有效人力资源的供求现状；③公司所在地对人才的吸引程度；④公司薪酬对所在地人才的吸引程度；⑤公司能够提供的各种福利对当地人才的吸引程度；⑥公司本身对人才的吸引程度。

其次，人力资源部要分析影响外部人力资源供给的全国性因素，包括：①全国相关专业的大学生毕业人数及分配情况；②国家在就业方面的法规和政策；③该行业全国范围的人才供需状况；④全国范围内从业人员的薪酬水平和差异。

外部供给很难被酒店直接控制或掌握，所以对外部供给的分析主要是通过对影响外部供给的因素进行判断，从而对外部供给的有效性及变化趋势做出预测。而影响外部供给的因素主要有经济发展状况、酒店的吸引力、就业观念等。在经济发展迅速、失业率很低的情况下，外部劳动力市场供给数量就会减少；而当经济比较萧条、失业率比较高的情况下，外部劳动力市场供给的数量就会增加。就业观念也会影响到外部供给，如果酒店不属于人们就业时的选择范围，那么外部供给就会减少，反之则会增加。此外，酒店的吸引力也会影响到外部供给状况。如果酒店对人们的吸引力很强，那么人们就愿意来这里工作，供给量就会增加；相反，如果酒店的吸引力不强，外部供给量将会减少。

项目三 人力资源供求平衡管理

酒店人力资源规划的最终目标是实现酒店人力资源供给与需求的平衡，因此，在预测出酒店人员需求与供给的量时，需要对两者进行比较，并根据比较的结果采取相应的措施进行综合平衡。

对酒店人力资源供给与需求预测的结果进行比较，通常有以下几种情况：第一，供给等于需求，并且在数量上、质量上、能岗匹配上都基本相等；第二，供给大于需求；第三，供给小于需求；第四，供给等于需求，但能岗不匹配。如果出现第一种情况，说明酒店的人力资源供给与需求基本达到平衡，是一种非常理想的状态，但现实工作很难达到。即使达到了，酒店也需要采取一定的措施，因为对酒店人员需求与供给的预测是在很多假设条件下进行的。正常情况下，通常会出现后三种情况，这就需要酒店采取不同的措施进行相应的平衡。

一、供给大于需求

当供给大于需求时，酒店可采用以下措施予以平衡：

（1）裁减或辞退部分员工。这是解决酒店员工过剩的最直接方法，可以永久性辞退那些工作态度差、服务意识不强的员工。这种方法尽管可以降低成本，但可能会给社会带来不安定的因素，因此也常常受到限制。

（2）停止招聘。该方法主要通过自然减员来减少人力资源的供给；合并或关闭某些臃肿的部门，以减少人力资源的供给，提高人力资源的使用效率。

（3）通过降低工资和缩短工作时间的方法来减少供给。

（4）制定一些优惠措施鼓励员工提前退休。如提前退休仍按正常退休年龄计算养老保险工龄，给予涨一级工资的奖励等，以吸引那些接近退休年龄而还未达到退休年龄的员工提前退休。

（5）扩大酒店的经营范围，开拓新的业务增长点，通过提高酒店经营业绩等方式增加新职位来吸收过剩的人力资源。

（6）加强员工培训。一方面，该方法可以提高员工素质和技能，增强他们的再就业能力；另一方面，该方法为酒店的发展储备人才。

二、供给小于需求

当供给小于需求时，酒店可采用以下措施予以平衡：

（1）进行全面招聘，可通过网络、报纸、电视、广播、广告、招聘会、中介机构、人才交流中心、猎头公司等多种形式进行招聘。根据需要，酒店可雇用全职的，也可雇用兼职的；可雇用有工作经历的，也可雇佣没有工作经历的。

（2）在不违背《中华人民共和国劳动法》有关规定的条件下，可以适当延长员工的工作时间，让员工进行加班加点，并给予相应报酬，以应付员工的短期不足。

（3）对现有员工进行培训，提高工作效率，使之不仅能适应当前工作，还能适应更高层次的工作，并为职位的升迁做准备。

（4）将酒店的部分业务进行外包，缩小酒店的经营范围，从而提高效率，减少成本，减少酒店内部人力资源的需求。

（5）应在酒店内部进行调节，对一些高级管理性岗位的空缺，可以采取酒店内部员工晋升的方式，选拔优秀员工进行补充。

拓展阅读：

如何做好酒店人力资源平衡策略？

扫一扫

三、供给等于需求，但能岗不匹配

酒店人力资源供给与需求很难达到平衡，即使总量达到了平衡，能岗也往往会不匹配。促使能岗匹配的方法一般有下列几种：

（1）通过多种方式对酒店内部员工进行重新配置，包括晋升、降级、调动、平移等，最终使员工的能力和岗位相匹配。

（2）对酒店员工进行置换，辞去那些酒店发展不需要的员工，吸收那些酒店需要的员工，来调整人员结构。

（3）对部分员工进行培训，使之能够适应相应的岗位。

根据上述分析，酒店在进行人力资源供求平衡时，应当从实际出发，综合运用多种方法，使酒店的人力资源供给与需求不仅在数量上达到平衡，更在质量上达到平衡。因此，酒店应通过员工培训、绩效激励等方式，最大限度地开发人力资源的潜力，实现酒店人力资源的最佳配置，使酒店和员工的需求在互动中得到充分满足。

在企业的运营过程中，企业始终处于人力资源的供需失衡状态。在企业扩张时期，企业人力资源需求旺盛，人力资源供给不足，人力资源部门用大部分时间进行人员的招聘和选拔；在企业稳定时期，企业人力资源在表面上可能会达到稳定，但企业局部仍然同时存在着退休、离职、晋升、降职、补充空缺、不胜任岗位、职务调整等情况，企业处于结构性失衡状态；在企业衰败时期，企业人力资源总量过剩，人力资源需求不足，人力资源部门需要制定裁员、下岗等政策。

总之，在整个企业的发展过程中，企业的人力资源状况不可能始终自然地处于平衡状态。人力资源部门的重要工作就是不断地调整人力资源结构，使之尽量供需平衡。

案例

人口红利与刘易斯拐点对我国第三产业中的劳动力供给的影响

人口红利，是指一个国家的劳动年龄人口占总人口比重较大，抚养率比较低，为经济发展创造了有利的人口条件。整个国家的经济呈高储蓄、高投资和高增长的局面。在统计学上，人口红利期是指“总抚养比”（少儿和老人人口之和除以15~64岁的劳动年龄人口）小于50%的时期。在该时期内，总人口呈“中间大，两头小”结构，劳动力供给充足社会负担较轻。

刘易斯拐点，即劳动力从过剩到短缺的转折点，是指在工业化过程中，随着农村富余劳动力向非农产业的逐步转移，农村富余劳动力逐渐减少，最终枯竭。刘易斯拐点的到来，预示着剩余劳动力无限供给时代结束，人口红利正在逐渐消失。根据联合国的《世界人口展望（2015年修订版）》，我国2030年以后劳动者将大幅度减少；总人口将在2030年前后达到峰值，随后绝对数量减少。同时，根据中国社科院“全面建设小康社会人口与发展研究”课题的结论，2009年，我国的劳动年龄人口比例达到72.35%的峰值，而后总量开始下降。

【案例思考】

人口红利的消失、刘易斯拐点的出现，对作为第三产业的酒店业中的劳动力供给造成什么深远影响？

课后练习

一、单选题

1. 企业外部环境和条件不包括（　　）。
   A. 劳动力市场的完善程度
   B. 政府法律法规的健全程度
   C. 工会组织的作用
   D. 主管部门的控制程度
2. 组织结构变化的外在因素不包括（　　）。
   A. 反垄断法　　B. 市场竞争
   C. 产业战略制度　　D. 产业组织政策
3. （　　）是现代人力资源管理发展的必然结果。
   A. 人事管理　　B. 薪酬管理
   C. 战略性人力资源管理　　D. 绩效管理
4. 3~5年的人力资源规划为（　　）。
   A. 长期规划　　B. 中期规划　　C. 短期规划　　D. 都不属于
5. 关于人力资源供需平衡管理的方法，不恰当的是（　　）。
   A. 供给大于需求时，应该裁员
   B. 供给小于需求时，可以适当缩减业务

C. 供给大于需求时，可以适当增加业务

D. 人力资源除了数量上需要供需平衡，质量上也需要平衡

二、问答题

1. 在人力资源供给预测中，外部供给预测和内部供给预测哪个是预测的重点？为什么？

2. 有哪些内部供给预测的方法？

3. 在进行预测前，为什么要开展人力资源盘点？需要盘点什么？

三、案例分析题

某酒店集团由于发展迅速，先后在四个旅游景点附近收购了四家三星级酒店。对于新收购的酒店，集团只是派出了总经理和财务部全班人马，其他人员都采取本地招聘的政策。因为集团认为服务员容易招到，而且简单培训后就可以上岗，所以只是进行简单的面试，只要应聘者长相顺眼就可以，而且为了降低成本，服务员的工资也较低。

杨林是酒店新委派的一家下属酒店的总经理，刚上任就遇到酒店西餐厅经理带着几名熟手跳槽的事情。他急忙叫来人事部经理商谈此事，人事部经理答应立即解决此事。第二天，杨林去西餐厅视察，发现有的西餐厅服务员摆台时经常把刀叉摆错，有的不知道如何开启酒瓶，领班除了长得顺眼和会傻笑以外，根本不知道如何处理顾客投诉。紧接着，仓库管理员跑来告诉杨林说发现丢失了银质的餐具，怀疑是服务员小张偷的，但现在已经找不到小张了。杨林一查仓库的账本，发现很多东西都写着丢失。杨林很生气，要求人事部经理解释此事。人事部经理辩解说因为员工流动率太高，多数员工是才来不到10天的新手，餐厅经理、领班、保安也是如此，所以做事不熟练，丢东西比较多。杨林忍不住问："难道顾客不投诉吗？"人事部经理答："当然投诉了，但没关系，因为现在是旅游旺季，不会影响生意的。"杨林对于人事部经理的回答非常不满意，又问了一些员工后发现，人事部经理随意指使员工做各种事情，例如接送自己的儿子上下学、给自己的妻子送饭等。如果员工不服从，立即开除。杨林考虑再三，决定重新招聘一批骨干人员，于是给集团写了一份人力资源规划的报告，申请高薪从外地招聘一批骨干人员，并增加培训投入。

【案例思考】

1. 杨林应当采取哪些措施解决目前的问题？

2. 该酒店当前问题的根源是什么？

3. 杨林应当与什么人共同完成人力资源规划？在进行规划过程中，他们会遇到哪些问题？

4. 请以小组为单位帮助杨林制订酒店的人力资源规划方案。

模块四

酒店员工招聘管理

我们所能做的是把赌注押在我们所选择的人身上，因此我的全部工作就是选择适当的人。

行业专家箴言

HANGYE ZHUANJIA AHENYAN

“支持雅高发展的要素主要有三个：首先，是我们的同事，也就是全体员工，他们是第一位的；其次，是顾客；最后，是出资人。这个顺序是不能倒过来的。”

——保罗·杜布吕（雅高集团共同创始人）

课前导入

KEQIAN DAORU

酒店张贴的招募告示到处都能看到，人们很少会特别注意这些广告。招募并不容易，然而要估算正确需求的人力数字更是困难。

现在的顾客要求越来越高，他们了解自己的需要，而且希望这些需要得到满足。如果员工提供的是劣质服务，客人得到的也是劣质服务，这又应了那句话“无用输入，无用输出”。

不是所有酒店都有“得过且过”的心态。事实上，已经有不少酒店认识到招募和聘用合适员工的重要性。这样的酒店很快在竞争中占据领先地位。例如丽兹卡尔顿公司（Ritz-Carlton）设计出4个计划来提高顾客满意度，这4个计划对员工招募、甄选和降低流动率也很有帮助。它们是：①雇用对的人；②提供新进员工训练；③传授必要技术；④培养适当的行为。

普华永道公司的一项研究也显示了类似的结果，能在公司成长期迅速补充员工的企业都是重视招募、员工职业生涯发展、内部文化养成和沟通的企业，这份研究的对象亦包括餐旅业。该研究提出人力资源策略管理中的重要内容有领导技巧、公司内部文化、价值观、奖励制度、认同感、形象塑造、沟通和员工参与感。

优秀的酒店业者已经认识到征集人才过程的重要性，包括物色合格员工及鼓励他们参加应征，目的就是要以充分的人力供给来匹配企业对员工人数的需求量。①

课前思考
KEQIAN SIKAO

1. 为什么酒店行业的员工需求增长率那么高？
2. 为什么酒店行业不容易招到合适的员工？

案例

某酒店总经理李某从国内某知名高校招聘了高才生小王担任其秘书，由于这个年轻小伙子亲和力强、反应敏捷、口齿伶俐，且文字功底好，文秘工作做得十分出色，深得李某喜爱。两年后，李某认为该给小王一个发展的机会，于是把他任命为酒店人力资源部经理，属下有十多位员工。谁知在半年内，先后有三个下属离职，部门工作一片混乱，业务部门对人力资源部也抱怨颇多。原来，小王从学校毕业后直接到酒店担任高管秘书，并不熟悉基层业务。从未从事过管理工作的他与同级、下属的沟通方式很不到位，决策理想化，让下属都觉得非常难受。同时，他个人认为工作只需向总经理汇报，推行人力资源政策时没有必要征求业务部门的意见。于是，他开展的一系列工作增加了业务部门的工作负担却收效甚微。在各种内部压力下，小王也引咎辞职。

【点评】

由此案例可见，总经理任用小王担任人力资源部经理前，未全面、客观地对小王进行评估，其决策的基础是建立在对小王的个人感情而非岗位要求上。这是风险极高的事情。酒店在开展内部招聘活动时，不能念及私情，坚持人岗匹配是最重要的原则。如果让员工就职于一个与其才能不相适宜的岗位，不仅让被任用者身心疲惫，抑制其才能的发挥，而且还会影响其职业生涯的发展。

本模块教学目标
BEN MOKUAI JIAOXUE MUBIAO

知识目标：

1. 解释酒店招聘的含义。
2. 准确描述酒店招聘工作的一般流程。
3. 阐述酒店员工内部招聘和外部招聘的优势和劣势。
4. 掌握酒店招聘选拔的方式。

① WOODS R H. 餐旅人力资源管理［M］. 何珮芸，黄培文，译. 台湾：鼎茂出版社，2008.

技能目标：

1. 能够撰写一份招聘计划。
2. 能够拟订面试提纲，合理运用面试技巧。
3. 能够根据招聘职位的特点，选拔和筛选合格人员。

本模块理论知识

BEN MOKUAI LILUN ZHISHI

◇ 项目一　酒店招聘概述与流程
◇ 项目二　酒店招聘的方法
◇ 项目三　酒店员工的甄选
◇ 项目四　酒店员工的录用

酒店招聘工作是酒店人力资源部门的常规性工作，也是酒店战略人力资源管理的一个基础性环节。目前以及未来若干年酒店人力资源面临的挑战是：如何招募、甄选、录用和留住高素质的优秀员工。招聘工作会影响到企业的生存与发展。

项目一　酒店招聘概述与流程

一、酒店招聘概述

（一）招聘的概念

招聘是指组织根据工作需要，为了事业的发展，通过一系列程序和方法，将符合岗位任职条件的申请者吸引和录用到组织内工作的过程。

招聘是组织持续发展的保证，可以加速人才的合理流动，还可以扩大组织的社会影响力。

（二）酒店招聘的特殊性

1. 员工流动率高

酒店员工流动率较高，根据《2017 中国旅游服务业人力资源白皮书——酒店业篇》的数据，离职最频繁的部门是餐饮部，其次是前厅部、客房部。造成中国酒店业员工流动率高的原因有很多：有酒店方面的原因，如员工工资福利待遇问题、酒店内部管理制度问题、不畅通的沟通渠道、不和谐的工作环境、人才成长规划的缺乏、酒店形象欠佳等；也有员工方面的原因，如对酒店期望过高、受传统观念影响、企业与自己的价值取向不同等；还有市场方面的原因以及影响员工跳槽动机产生的社会原因。

2. 员工需求量波动性大

一般而言，大多数酒店具有季节性特点，尤其是依托于当地旅游资源而存在。这一特点使酒店对人员的需求量存在较大的波动性，经营旺季时人员需求量大，淡季时人员需求量急剧减少。这一特点要求企业不但要具备一支高水平的骨干队伍，还要求企业在旺季时可以保证招聘到大量的人员。这一特点也给企业的招聘工作带来了难度，如何制订符合企业要求的招聘计划变得异常重要。

3. 对员工素质依赖性强

酒店业存在生产与消费即时性的特点，无法事先控制服务和产品质量，对员工的服务水平和服务态度依赖性较高。由于服务业的快速发展，消费者对酒店业提供的服务产品的内容越来越了解，对其质量的要求越来越高；同时企业经营方式的发展、新技术的应用等，也导致酒店对员工服务水平、工作技能的要求越来越高。如何确保员工队伍具备较高的服务水平和个人素质，提高通过招聘进入企业的新员工的质量变得尤为重要。然而，酒店业在工资待遇、职业声望等方面存在的问题，致使其招聘高素质人才的难度越来越大。

4. 人员需求量大

大多数酒店企业是劳动密集型企业，对劳动力的需求量较大，而且目前我国酒店业发展迅速，酒店企业人员需求率的增长远远高于劳动力供给的增长。目前，酒店业对劳动力的吸引力在下降，应聘人员到酒店工作的意愿也在下降，加之人口增长率的下降，致使部分酒店业在招聘人员时遇到困难。

二、酒店招聘工作的流程

酒店招聘工作的流程见图 4-1。

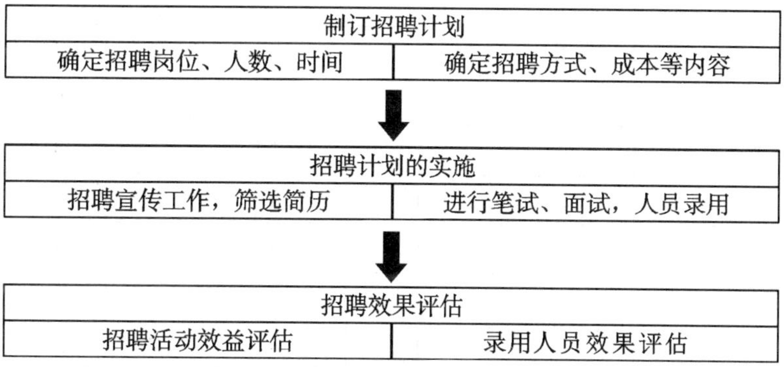

图 4-1　酒店招聘工作的流程

（一）制订招聘计划

企业应根据企业的人力资源规划（人员编制）与职位说明书制订员工招聘计划。企业招聘计划书的主要内容包括招聘团队组建、拟聘用的岗位、应聘人员的条件、招聘组织、招聘时间安排、招聘的程序、招聘渠道的选择、招聘方式的选择、招聘费用预算等。

某五星级酒店开业筹备期招聘计划

一、招聘渠道

(1) 刊登招聘广告，向社会公开招聘，并举办公开招聘会。

(2) 参加现场招聘会。

(3) 在酒店专业网站上进行招聘，如：中国旅游人才网、最佳东方等。

(4) 省内外大专院校、旅游学校、技校等应届毕业生及实习生。

(5) 公司内部员工推荐。

(6) 在酒店设立招聘处，每周一至周六向社会公开招聘，择优录取。

(7) 同行挖角。

二、辅助宣传

(1) 公司网站、专业招聘网站。

(2) 制作室外大型横幅、招聘广告、海报、图片等。

(3) 在报纸上刊登招聘信息。

(4) 电视广告招聘，在当地电视台黄金时段播放招聘广告。

(5) 在人才市场发布招聘信息。

(6) 在当地客流量密集地段派发招聘宣传单。

三、暂定编制人数

本酒店暂定编制人数为 380 人。具体情况见表 1。

表 1　某酒店员工编制表　　单位：人

部门/级别	E 级	A 级总监	B 级经理	C 级主管	D 级	G 级	小计
行政办	2			1			3
人力资源部		1	1	2	2	2	8
保安部			1		2	21	24
采购部			1	1		3	5
财务部		1	1	4	10	14	30
工程部			1	2	1	16	20
市场销售部			1	2	7		10
前厅部			1	4	7	26	38
管家部			1	1	10	55	67
餐饮部		1	7	19	54	94	175
合计	2	3	15	36	93	231	380

四、酒店到职人数

截至 2018 年 8 月 18 日，酒店人数为 29 人，具体情况如下：

行政办：总经理 1 人、秘书 1 人。

房务部：总监 1 人、文员 1 人、大堂副经理 1 人。

销售部：销售主任 1 人。

人力资源部：经理1人、人事主任1人、招聘专员1人、员工餐厅主管1人、厨师1人、清洁工1人、宿舍领班1人、宿管员1人。

财务部：经理1人、采购主管1人、采购员1人、仓库主管1人、电脑房主管1人、会计员1人。

餐饮部：经理1人。

保安部：副经理1人。

工程部：副经理1人、值班工程师1人、弱电主管1人、万能工3人。

按预计2019年1月1日试营业，根据酒店编制制订招聘计划及员工入职时间安排表，具体如下：

（1）2018年8月20日—8月30日，各部门计划到职人数：13人。

行政办：司机1人。

房务部：助理管家1人、前厅经理1人、公共区域主管1人。

工程部：机电主管1人、万能工2人、空调工2人、弱电工1人。

财务部：收银主管1人、收货员1人。

人力资源部：培训主管1人

（2）2018年9月1日—9月15日，各部门到职人数：29人。

行政办：车队主管1人。

财务部：电脑管理员2人。

餐饮部：秘书1人、西餐经理1人、餐厅主管1人、酒吧主管1人、管事领班1人。

销售部：销售总监1人、秘书1人、销售主任3人、美工主管1人。

房务部：前台主管1人、总机领班1人、客房主管1人、房务中心文员3人、公共区域技工3人。

保安部：保安主管1人、消防主管1人。

工程部：文员1人。

人力资源部：宿舍清洁工2人。

（3）2018年9月16日—9月31日，各部门计划到职人数：86人。

餐饮部：餐厅领班2人、酒吧领班1人、咨客4人、服务员17人、洗碗5人。

销售部：高级销售经理1人、销售主任2人、美工1人。

财务部：成本控制主管1人、会计主管1人、出纳1人、收银领班1人、仓管员1人、审计员2人、收银员8人。

房务部：大堂副理1人、宾客关系主任2人、礼宾主管1人、前台领班2人、前台接待6人、客房领班4人、公共区域领班3人、公共区域保洁员10人、绿化工2人、接线员3人。

人力资源部：员工餐厅厨师3人、洗碗工1人。

（4）2018年10月1日—10月15日，各部门计划到职人数：72人。

行政办：司机1人。

餐饮部：调酒员3人、大堂服务员2人。

房务部：礼宾领班1人、行李生10人、房务员20人、商务中心文员2人、预订员

2人、制服管理员2人。

保安部：领班3人、保安员22人、监控员4人。

（5）2018年10月16日—10月31日，各部门计划到职人数：8人。

房务部：救生员2人、裁缝1人。

财务部：成本会计1人、会计员1人。

工程部：木工1人、维修工2人。

（6）2018年11月10日起，完成培训课程的员工均投入酒店开荒工作。

注：以上不含副总经理、工程总监、餐饮部厨房员工（30人）的入职时间安排。

以上是按预计2019年1月1日试营业所做的员工入职时间安排方案，实际操作则根据酒店工程进度的调整，如果工程提前1个月完成，员工入职时间相应提前，如工程推后，员工入职时间相应推后。

酒店人力资源部

××年××月××日

职场案例：

××酒店开业招聘工作计划表

扫一扫

（二）招聘计划的实施

招聘计划的实施包括招聘宣传、筛选简历、笔试、面试、人员录用。

1. 招聘宣传

招聘宣传工作的重要内容就是书写合适的招聘广告，并根据招聘预算选择合适的渠道发布聘信息。内部招聘的宣传常常在单位内部网络、布告栏或者内部会议发布，外部招聘的宣传主要采用报纸杂志、电视、网络、人才招聘会、校园招聘会或借助猎头公司等招募形式。微博、微信招聘是近年出现的招聘宣传新媒体载体。具体采用哪种宣传形式要视招聘的岗位、招聘成本等而定。

2. 筛选简历，确定考核人选

企业对收到的简历根据岗位任职要求进行初步筛选，筛除不符合岗位任职要求的简历，将符合基本条件的简历送交相关部门负责人，选出考核候选人。

行业数据

HR在每份简历上所花费的平均时间为15秒。

每245份简历中只有1份会获得面试机会。

某些大公司一年大约会收到10万份简历。

企业发布一个招聘岗位，平均可以收到200份简历。

所有简历中约有85%最后被扔进了垃圾桶。

课堂小练习

打开58同城、赶集网、中华英才网、智联招聘等网站，搜索一个你感兴趣并且有资格的应聘职位，写出你欲应聘该职位的个人标签及内容（可以从性格、特长、过去所创造过的成绩等多方面来展开联想）。

____

____

____

3. 笔试与面试

为了保证招聘工作效果，一般采取笔试与面试相结合的方法。笔试可以在面试之前进行，企业可通过笔试挑选面试的人选。笔试也可以在面试之后进行，企业对通过面试的人员进行笔试，从而决定拟录用的人选。面试人员的数量与实际录用人员数量的比例不能过低。

现在除了传统的笔试和面试以外，还有心理测试、笔迹分析等许多新的形式。不同的岗位可根据实际情况选择合适的笔试与面试方式。

4. 人员录用

经过笔试、面试等考核后，企业需要对通过甄选的合适人员进行录用及初步安置等工作。录用阶段的主要工作内容包括体检、背景调查（拟录人员考核）、录用决策、录用手续的办理、签订劳动合同等。

（三）招聘效果评估

招聘效果评估是指采用科学的方法，对招聘目标的完成情况，以及招聘成本、招聘方法、招聘渠道等进行评价，确定招聘效果好坏的一种方式。招聘效果评估可以为以后的招聘工作提供经验或教训，是改进招聘工作、提高招聘工作效果的重要手段，也是组织人力资源管理部门及主管部门进行工作绩效评估的重要依据。

招聘效果评估主要包括以下内容：

1. 招聘成本效益评估

招聘成本效益评估包括实际招聘成本与成本预算的比值、录用员工创造的效益与实际招聘成本的比值。招聘成本是平均招聘到一名员工所需要的费用。如果招聘成本低，招聘人员质量高或者招聘人数多，就意味着效率高，反之则效率低。录用员工创造的效益与实际招聘成本的比值大，意味着效率高，反之则效率低。

2. 招聘人员质量评估

招聘人员质量评估是指将录用人员的各项素质与职位说明书中的要求进行对比，评定其优劣。质量评估通常采用定性评估的方式。招聘人员的数量可以用定量评估的方法，相关的几个公式如下：

$$聘用比=聘用人数/应聘人数\times100\%$$

$$招聘完成比=聘用人数/计划招聘人数\times100\%$$

$$应聘比=应聘人数/计划招聘人数\times100\%$$

3. 招聘方法效果评估

招聘方法效果评估是指对招聘方法的信度与效度的评估。它是改进人员招聘方法的重要依据。招聘方法的信度和效度高，用人单位招聘工作的效果就好。招聘方法效果评估是建立在招聘成本效益评估和录用人员数量与质量评估基础之上的，可以通过对新员工的绩效考核来判断。

4. 招聘渠道评估

招聘有多种渠道，究竟哪种渠道更适合招聘单位？企业可以对费用、每一名不适合的申请人的成本、每一名合适的申请人的成本等要素进行评估后选择合适的招聘渠道。

课后实作任务

任务名称	制订酒店人员招聘计划书		
组名		小组成员	
任务描述	近期酒店某个部门出现了用人短缺的情况。假如你是该酒店人力资源部的招聘主管，请根据部门员工空缺现状，制订酒店招聘计划书		
任务要求	1. 以小组为单位，模拟员工使用部门和招聘部门，对接用工需求 2. 小组成员共同讨论、分析，发挥团队优势，了解如何制订招聘计划		
任务准备	掌握酒店人员招聘步骤，熟悉酒店招聘渠道和制定招聘广告和信息；让小组成员分别扮演员工使用部门人员、人力资源部人员两个角色；通过沟通收集用工需求		
实施建议	小组讨论： 如何制订招聘计划书		
实施计划	计划包括以下三个方面： 人员分配、模拟操作、方案制订		
实施过程记录	从以下三个方面记录： 模拟用工需求操作、过程记录、实施中遇到的问题及解决办法		
任务成果	招聘计划书一份		
评价标准	1. 收集酒店用工需求，准确、恰当（20%） 2. 小组成员全员参与，团队协作（20%） 3. 过程记录完整，演示全面，无误（20%） 4. 招聘计划书设计完整、全面，具有实用性（40%）		
考核成绩	互评（60%）+教师评价（40%）		

项目二 酒店招聘的方法

招聘是指组织确定人力资源需求，吸引候选人来填补岗位空缺的活动。根据应聘者的来源，酒店招聘渠道可被划分为内部招聘、外部招聘两类。内部招聘是指组织从内部选拔和录用所需人才的过程，外部招聘是指组织从外部招募和录用人才的过程。招聘方法既有内部招聘、外部招聘，还有网络招聘、社交化招聘。

一、内部招聘

（一）内部招聘的来源

内部招聘的主要来源有：内部提拔、岗位轮换、横向调动、重新聘用或召回以前的雇员。

（二）内部招聘的方法

1. 通过酒店人才数据库选用

随着人力资源信息系统（HRIS）的日渐普及，现在人力资源部门的人员可通过人力资源信息系统记录和保持现有员工的背景资料，以及知识、技术能力信息。当出现职位空缺时，人力资源部门的专家将工作需求输入数据库，就可以获得一份符合要求的现有员工名册。许多员工管理软件可根据员工的职业领域、受教育程度、职业兴趣、工作经历及其他因素，对员工进行分类。

阅读材料

人力资源信息系统①

人力资源信息系统是指收集、保存、组织、分析人员和工作情况的方法。它也是一种招聘工具。这套系统有助于企业更快捷有效地储存和查找信息，并进行信息分析。当然使用人力资源信息系统的关键是找到你真正需要的东西。

十几年前，大部分人力资源信息系统需要大型电脑和专业操作人员，现在的系统能同时和企业内部网络（区域网）与全球网络招聘网站相兼容、相连接。有远见的公司早已建立起该系统，以提高招聘、人才选拔、职务继任等工作的效率。

人力资源信息系统储存的信息包括：

（1）个人资料：姓名、性别、出生日期、父母的姓名、年龄、性别、婚姻状况、住址及电话号码等。

（2）招聘资料：聘用日期、招聘人、应征者来源、推荐的经理或主管的姓名、面试日期、雇佣通知日期、雇佣的主要条件、加入公司名单的日期；如果未被聘用，拒绝的理由；测试成绩等。

（3）工作经验资料：主管的姓名和职位、工作经历、工作技能、受过的培训、课程时间及类型。

---

① WOODS R H. 餐旅人力资源管理［M］. 何珮芸，黄培文，译. 台湾：鼎茂出版社，2008.

(4) 津贴/工作分配的资料：工资和薪金历史、下一次发工资的日期、下一次工资数、职称、每周/月工作时数、评估报告及下次评估日期。

(5) 公司福利计划的资料：医疗/意外伤害保险计划（个人和家庭)、养老金计划、休假及其他福利计划。

(6) 离职面谈资料：登出工资表日期、自称离职理由、转选地址、新雇主姓名地址、是否能被重新雇佣、离职原因等。

人力资源信息系统的资料有多种用途，如用于准备营运报告、制度报告、分析报告等。酒店营运报告中包含工作职缺信息、工资报告、招聘报告的内容。制度报告也可以使用系统所收集储存的现成资料。很多人认为使用人力资源信息系统的最大好处在于编写分析报告，如酒店要写一份关于某种招聘方法与营运表现相关性的分析报告，有人力资源信息系统的帮助就非常容易分析，减少工作时间。

2. 工作岗位布告

酒店可通过工作岗位布告向员工公布职位空缺的情况，以便员工申请特定的职位。企业可以通过多种途径向员工通报职位空缺情况，比如在公告牌上张贴布告、向经理和员工发电子邮件、通过企业 QQ 群和微信群发布招聘信息。现在，越来越多的企业会在内部网和互联网上公布人才需求信息。

3. 内部提拔和岗位轮换

只要情况许可，许多酒店可通过内部提拔和岗位轮换来填补职位空缺。如果员工通过轮换或提拔到了其他岗位，就需要招聘新员工来接替他们原来的工作。酒店应在老员工离开岗位之前而不是之后，做好填补这些职位空缺的计划工作。

4. 重新招聘以前的员工和应聘者

新员工的另一个招聘来源是以前的员工和应聘者。由于以前的员工已经与酒店建立了联系，因此，酒店可把他们视为内部招聘的来源。

案例

万豪集团的内部晋升机会①

万豪还有一项长期传统，那就是承诺为员工提供内部的晋升机会。30 年前，万豪所有的新晋经理中有大约 1/3 的人之前是小时工。今天，这个比例增长到了 1/2。万豪的一位前任管理高层几年前曾说过，他认为公司的“高明之处”在于能将所有雇员都当成经理来对待。万豪相信，只要有想法，任何员工都具备获得晋升的能力。相比纸文凭，万豪从来都更看重天赋、苦干和奉献精神。

每当要举出受益于万豪这一长期传统的员工的例子时，首先想到的人就是万豪的首席运营官鲍勃·麦卡锡（Bob Mccarthy)。麦卡锡还在念大学的时候就开始在酒店里担任侍者。加入公司全职工作后，他得到了多次晋升，直至 2012 年走到了现在的位置。

艾丽卡·奎尔斯（Erica Qualls）于 1994 年加入万豪做小时工，最开始是在万豪的一家酒店做夜间轮班电话接线员。现在，她是万豪最大酒店之一的亚特兰大马奎斯万豪

---

① 马里奥特，布朗. 毫无保留　一句承诺成就万豪传奇［M］. 陈磊，译. 杭州：浙江人民出版社，2016.

酒店总经理。奎尔斯将自己的成功部分归因于领导的鼓励。还有一个成功的例子是利亚姆·布朗（Liam Brown），他在万豪工作了23年。1989年，布朗和妻子从爱尔兰移民到美国时，全身一共只有几百美元。他在马萨诸塞州的一家酒店找了一份管理工作。一年后，布朗加入万豪，在管理数家万怡酒店后，开始管理一家提供全方位服务的酒店，后来负责万豪公寓式酒店及精选服务酒店品牌的管理工作。

二、外部招聘

（一）外部招聘的来源

外部招聘的主要来源有：员工举荐、主动上门的求职者、竞争者与其他公司、就业机构（职业介绍机构）、学校、人才市场。

（二）外部招聘的主要方法

1. 员工举荐

员工举荐，又叫熟人介绍，是常见的招聘方式，很有效。员工对应聘者与所空缺职位都比较了解，再加上举荐会涉及他的声望，所以，员工总是举荐高质量的求职者。

2. 招聘广告

招聘广告是指酒店利用各种宣传媒介发布组织招募信息的一种方法，也是宣传酒店形象的常用方法。

一般情况下，招聘广告应包括以下内容：组织的基本情况，政府与劳动部门的审批情况，招聘的职位、数量与基本条件，招聘的范围，薪资与待遇，报名的时间、地点、方式及所需的资料，其他有关注意事项。企业在发布招聘广告时不能有虚假宣传，招聘特殊对象时（如16周岁以下人员、退休老人以及外国人），应该注意规避法律风险。

常用于发布招募信息的广告媒介有：报纸、杂志、广播电视、招聘现场的宣传资料、互联网等，它们各有其优缺点。一般来说，选择媒介的时候要考虑下列因素：传播面、容易接受性、专业性、可靠性、时效性、成本等。

3. 校园招聘

校园招聘主要是指酒店直接到高校、中等职业学校的校园里招聘员工的活动形式。根据《2016年中国旅游业统计公报》，截至2016年年末，全国共有高等旅游院校及开设旅游系（专业）的普通高等院校1 690所，在校生44.04万人；中等职业学校924所，在校学生23.2万人。两项合计，旅游院校总数2 614所，在校学生为67.24万人。

校园招聘方式有开招聘会、学校就业办公室推荐等。校园招聘一定要准备充分，尊重学生，不论是否录用都应该有反馈等。酒店应加强和校方的联系，比如接触大学的就业辅导单位、到大学做讲座、接触教师、接触校园内的社交或专业团体等。

校园招聘的步骤如下：[1]

第一步，进行调查分析，确定目标学校。调查的内容包括各校专业设置、学生特点等。

第二步，进行前期宣传（根据实际选择）。例如，参与、赞助学校活动等。

① 刘善仕，王雁飞．人力资源管理［M］．北京：机械工业出版社，2015.

第三步，临近招聘的准备。准备内容包括：①确定具体学校；②准备宣传材料（宣传海报、音像材料、宣传设备等）；③确定具体招聘载体；④成立招聘小组并明确分工。

第四步，进入学校或其他招聘地点。

第五步，接收报名和简历。

第六步，组织实施招聘考试（如果是在多个院校统一进行招聘考试，最好请专业考试服务机构实施）。

第七步，根据考试成绩进行筛选，实施面试。

第八步，根据面试结果进行录用，签协议。

4. 职业介绍机构

职业介绍机构分为非营利性职业介绍机构和营利性职业介绍机构。从中国的国情来看，这些机构可以分为三大类：一是劳动保障行政部门开办的职业介绍机构，一般为公益性的事业单位；二是经县级以上劳动保障部门批准的其他政府部门、社会团队和企事业单位开办的职业介绍机构；三是经县级以上部门批准的公民个人开办的职业介绍机构。

内部招聘和外部招聘各有优劣，表 4-1 为内部招聘和外部招聘的比较。

表 4-1　内部招聘和外部招聘的比较

招聘来源	优点	缺点
内部	1. 鼓舞晋升者的士气，激励员工提高工作业绩 2. 了解全面，更好地评估应聘者的能力，选人准确性高 3. 对某些职位而言，内部招聘的成本较低 4. 使组织培训投资得到回报 5. 使晋升工作具有连续性 6. 只需对外招募初级职位 7. 晋升者可更快适应工作	1. 近亲繁殖 2. 可能会打击未获晋升者的士气 3. 增加派系斗争 4. 需要有人专门管理员工的发展计划 5. 容易出现思维定式，缺乏创新性 6. 来源有局限
外部	1. “新鲜血液”带来新的观念、思想和方法 2. 与企业自己培训专业人士相比，外部招聘成本更低、速度更快 3. 不会在企业内引起派系斗争，可平息或缓和内部竞争者之间的矛盾，激励员工进取 4. 可以以新的视角审视行业 5. 来源广、选择余地大，有利于招聘到一流人才	1. 可能找不到与工作和企业相匹配的人选 2. 可能会降低企业内部未获得晋升机会的员工的士气 3. 新员工要花较长的时间来适应工作 4. 对晋升者了解少 5. 有不为工作群体接受的危险

职场案例：

内部招聘和外部招聘的困惑

扫一扫

三、网络招聘

网络招聘有几种不同的途径，最常用的有用人单位网站、求职网站和专业网站。

（一）用人单位网站

酒店利用自己的网站或应用软件，在网站中设立专门的招聘网页或专区，发布招聘信息。为了吸引人才，招聘网页本身应该制作精美，吸引眼球，并且内容专业翔实，还可以将公司的网站链接在一些知名的招聘站点或者行业专业人士经常浏览的网站上。

用人单位应把网站中的招聘和雇用信息视为营销工作的一个组成部分。因此，用人单位网站中的招聘信息栏必须能够有效地“推销”企业的职位和职业，还应概括地介绍企业的情况、企业的产品和服务、企业和行业的增长潜力以及企业的运营理念。例如万豪酒店集团（图 4-2）、洲际酒店集团（图 4-3）等都善于利用公司自己的网站做好招聘工作。但不少用人单位并没有很好地把职业和雇用信息编到网站中去。例如，一项对世界 500 强企业的研究结果发现，有 21%的企业网站很难找到关于招聘的内容，另外 40%的网站中，图标和链接不一致。

图 4-2　万豪酒店集团招聘网页

图 4-3　洲际酒店集团招聘网页

（二）求职网站和专业网站

酒店利用第三方专业招聘网站，使用简历数据库或搜索引擎等工具来完成招聘。近年来，我国出现了如智联招聘网、前程无忧、中华英才网、卓博人才网等知名综合招聘网站。另外，还有专门针对某类人群而设立的网站，例如按地域划分的北京人才热线、广东人才网等，按职位性质划分的旅游服务业专业的招聘平台最佳东方、中国旅游人才网等，以及专门针对大学生人群的应届生求职网等。招聘者可以在这些专业网站上发布招聘信息，利用网上数据库系统自动管理简历，也可以不发布招聘广告而直接搜索网上的简历库，寻找合适的人才。

网络招聘为企业和求职者均提供了非常便利的条件，使招聘不受地点和时间的限制，对双方来说都可以节省时间和成本，并且拥有更广泛的选择范围。其优点是：广告制作效果好；信息容量大，传递速度快；可统计浏览人数；可单独发布招募信息，也可以集中发布招募信息。其缺点是：地域传播广，信息过多容易被忽略；有一些人不具备上网条件或没有计算机使用能力。

阅读材料

服务旅游业专业的招聘平台——最佳东方

最佳东方成立于2003年，是旅游服务业（酒店、餐饮、休闲娱乐、康养）的招聘求职平台，隶属于杭州东方网升科技股份有限公司。

最佳东方为求职者提供酒店、餐饮、民宿、公寓、海外、邮轮、物业、航空、景区、高尔夫、养老、地产等招聘信息，目前注册用户超497万，日招聘职位超29万。

针对困扰企业的人力资源短缺、招聘成本增加、员工离职率高等问题，最佳东方独立开发招聘通系统，提供包括网络求职招聘、专场定制招聘会、人才测评等在内的多元化服务，帮助企业控制招聘成本、简化招聘流程、提高招聘效率。

微课视频：

社交化招聘

扫一扫

四、社交化招聘

随着互联网社交媒体的普及及推广，很多企业的人力资源经理已涉足社交化招聘领域。社交化招聘指的是，人力资源经理通过在自己的社交圈子、特定渠道去发布招聘信息，从而达到招到合适候选人的效果。

（一）社交化招聘的优势

1. 强大的人脉资源

你不会知道，你朋友拥有你想象不到的人脉资源。你的朋友也许可以帮助你找到合适的候选人。也许在你的朋友圈中恰好就有合适的人选或者是行业“大牛”，行业“大牛”总会有一堆行业精英跟着走，有时候找到行业“大牛”就等于找到了无穷无尽的资源。

2. 增加了一个宣传雇主品牌的渠道

招聘信息会表露出公司很多的信息，如公司成长经历、发展前景、薪酬高低等。如果信息写得好，就是在侧面为公司做宣传。所以社交化招聘，其实就是变相在帮你宣传雇主品牌。只有雇主品牌越来越好，才会使员工未来的发展越来越好，使人事专员的招聘工作占据一定的优势。

3. 找准候选人聚集地，招聘更高质高效

人事专员还应找准候选人聚集地的平台，因为里面全都是企业需要招聘的候选人。在多候选人、少岗位的时候，招聘就会供大于求，使招聘更加高效。

（二）如何做好社交化招聘

社交化招聘包括在朋友圈发布招聘信息、找相熟的行业“大牛”询问资源、同岗位人事专员相互推荐、同行业人员互补等方式。

1. 在关键性的社交平台发布招聘信息

首先，你需要找到你所需人才的聚集平台，如领英、微博、微信群等，然后在上面发布最具有说服力的招聘信息。招聘信息的文字风格可以是多样的，但是建议不要只发文字，还可以配图和感谢的话语。

2. 找相熟的行业“大牛”询问资源

行业“大牛”总能找到行业里的精英，所以你需要跟行业的“大牛”打好关系，做到多沟通、多询问、多关心。即使是不熟的行业“大牛”，你长期这样做，也会让他对你有一个好印象。等到你有招聘需求的时候，向其请教，他可能就给你推荐好几个合适的人选。

3. 同岗位人事专员相互推荐

每个公司的同一岗位所侧重的工作内容都有差异，人事专员应多跟招聘同岗位的人事专员沟通，也许其他人事专员面试的那个不太合适的候选人，恰巧就适合放在你所招聘的那个位置呢。

项目三　酒店员工的甄选

员工甄选是指企业综合运用心理学、管理学和人才学等多学科的理论、方法和技术，对候选人的任职资格和对工作的胜任程度进行系统的、客观的测量、评价和判断，从而做出录用决策。

一、员工甄选的内容

（一）知识

知识是系统化的信息，可分为普通知识和专业知识。普通知识也就是我们所说的常识，而专业知识是指特定职位所要求的特定的知识。在员工甄选过程中，专业知识通常占主要地位。应聘者所拥有的文凭和一些专业证书可以证明他所掌握的专业知识的广度和深度。知识的掌握可分为记忆、理解和应用三个不同的层次，会应用所学的知识的人才才是企业真正需要的。所以，人员甄选时不能仅以文凭为依据判断候选者掌握知识的程度，还应通过笔试、面试等多种方式对应聘者进行评估。

（二）能力

能力是引起个体绩效差异的持久性的个人心理特征。通常，将能力分为一般能力与特殊能力。一般能力是指在不同活动中表现出来的一些共同能力。特殊能力是指在某些特殊工作中所表现出来的能力，也就是人们常说的专业技能。例如，酒吧员需要掌握正确调制各款饮料或鸡尾酒的能力。

企业对应聘者一般能力的测试可以使用一些专门设计的量表，如智商测试量表等；对专业技能的测试通常采用实际操作的方法。此外，企业也可采用评价中心的方法测试应聘者的专业技能。

（三）个性

每个人为人处世总有自己独特的风格，这就是个性的体现。个性是指个人相对稳定的特征。这些特征决定着特定的个人在各种不同情况下的行为表现。个性与工作绩效密切相关。例如：性格急躁的人不适合做需要耐心的精细工作，而性格内向、不擅长与人们打交道的人不适合做公关工作。而对于酒店业，员工是否具备服务意识显得尤其重要。服务和物品不同，物品可以被储存，而服务是生产的同时就被消费了。也就是说，如果员工不能弄清楚顾客想要什么、需要什么、期望什么，或是对顾客的需求没有做出适当的反应，而其他的员工或经理也没有意识及时补救，那么这个酒店的服务质量毫无疑问是低劣的。企业通常采用自陈式量表或投射测量方式来衡量个性特征。

（四）职业动力因素

员工要取得良好的工作绩效，不仅取决于他的知识、能力水平，还取决于他做好这项工作的意愿是否强烈，即是否有足够的动力去努力工作。员工的工作动力来自企业的激励系统，但这套系统是否起作用，最终取决于员工的需求结构。不同的个体，需求结构是不相同的。在动力因素中，最重要的是价值观，即人们关于目标和信仰的观念。具有不同价值观的员工对不同企业文化的相融程度不一样，企业的激励系统对他们的作用效果也不一样。所以，企业在招聘员工时，有必要对应聘者的价值观等动力因素进行鉴别测试。这类测试通常采用问卷测量的方法。

二、员工甄选方法

（一）筛选简历和求职申请书

对求职者进行的最初筛选是通过简历或让求职者填写一份申请表来完成的。由于不同求职者制作的简历存在差异，不利于筛选和比较，因此，越来越多的酒店都会制作申请表，让求职者填写。这样不仅能够得到酒店所需要的信息，还可以提高筛选效率。

人力资源部门筛选简历和求职申请书的过程中要注意以下几个问题：①判断应聘者的态度；②关注与职业相关的问题；③分析其求职动机。

微课视频：

HR 是如何筛选简历的？

扫一扫

（二）笔试

笔试主要用于测量应聘者的基本知识、专业知识、管理知识、相关知识，以及综合分析能力、文字表达能力等素质及能力要素。它是一种最古老而又最基本的员工甄选方法，至今仍然是企业或组织经常采用的选拔人才的重要方法。

课堂小练习

某公司在北京有一个营业网点，专门销售某品牌自行车，销量一直比较好。一年前，公司换了营销经理，销售额却出现了下降，同时造成营销部人心浮动、情绪低落。这时候，公司委派你作为营销部门经理，你如何开展工作？

班级要组织一次春游活动，老师让你负责，请大致写出你的组织过程。

某公司总经理应邀参加某高校五十年校庆，并发表演讲，请你写一篇5分钟的讲话稿。

（三）心理测试

1. 智商测试

智商就是智力商数。智力通常叫智慧，也叫智能，是指人们认识客观事物并运用知识解决实际问题的能力。智力包括多个方面，如观察力、记忆力、想象力、分析判断能力、思维能力、应变能力等。智力水平通常用智力商数来表示。国外有许多成熟的智商量表，用于测量人的智商，如比奈量表、瑞文图形推理测验等。

2. 能力测试

能力测试是用于测评从事某项特殊工作所具备的某种潜在能力的心理测试。这种测试可以有效地测量人的某种潜能，从而预测他在某职业领域中成功和适应的可能性，或判断哪项工作适合他。这种预测功能体现在什么样的职业适合某人，什么样的人胜任某职位。因此，它对人员招聘与配置具有重要意义。

3. 人格测试

人格主要包括以下几个方面：个性倾向，如需要、动机、价值观、态度等；个性心理特征，如气质、能力、性格等；体格与生理特质。人格对工作成就的影响是极为重要的，不同气质、性格的人适合不同种类的工作。对于一些重要的工作岗位（如主要领导岗位），为选择合适的人才，需进行人格测试。因为领导者失败的原因往往不在于智力、能力和经验不足，而在于人格的不成熟。

一种有效的测试是“个性特征测试”。这种测试要求被测试者指出他们与行为描述的一致程度。设计用来测量个性的其他测试包括五大人格量表和霍根人格测试等。

4. 职业兴趣测试

职业兴趣测试的目的在于揭示人们想做什么和他们喜欢做什么，从中可以发现应聘者最感兴趣并从中得到最大满足的是什么。霍兰德的职业兴趣测试把人的兴趣分为六种类型：实际型、研究型、社交型、传统型、企业型及艺术型。

（四）工作技能和实践操作测试

1. 工作样本测试

工作样本测试也称绩效测试，它测量的是被测试者做某件事情的能力，而不是被测试者了解某件事情的能力。这种测试可以测量被测试者的运动技能或语言技能。运动技能是指实际操作与工作相关的各种设备的能力，语言技能包括处理问题的技巧和说话的技巧。工作样本测试应该测试工作中的重要方面，因为求职者要实际完成工作的小部分内容，所以要在这种测试中“造假”是很困难的。

2. 可塑性测试

对于那些对求职者的技术水平要求容易变化，从而必须进行培训的工作，可塑性测试非常有用。具体来说，它测试的目标是确定候选人的可塑性。在这个过程中，首先由培训者示范如何完成一项特定的任务，然后要求求职者来完成。这一阶段，培训者会对他们进行几次指导以帮助他们完成。最后，候选人要独立完成任务。培训者仔细观察候选人的完成情况，记录其发生的错误，从而确定求职者的整体可塑性状况。

（五）面试

面试兴起于20世纪50年代的美国，是指测试者通过与被测试者面对面的观察和交谈，收集有关信息，从而了解被测试者的素质状况、能力特征及动机的一种人事测量方法。可以说，面试是人事管理领域应用最普遍的一种测量形式，企业或组织在招聘中一般都会用到面试。

1. 结构化面试与非结构化面试

结构化面试是指测试者按照事先设计好的结构化面试表格中问题的顺序对被测试者进行提问。非结构化面试不需要面试人员按照预先确定好的问题顺序向被测试者提问，可以在面试过程中随机地发问，也可以任意地展开谈话内容。

2. 情境化面试和工作相关化面试

情境化面试所提问题主要集中于某一给定情境下候选人可能采取的行动计划。测试者通过分析被测试者的回答来评估其工作能力。情境化面试中的问题可以是事先确定好的结构化问题，让被测试者选择可能采取行动的方案。工作相关化面试主要用于评估被测试者与工作有关的过去的行为，比如被测试者所学习过的与工作有关的知识内容等。但大多数问题并不一定是情境化的，即不是设想的有关工作的情境。

3. 压力面试

压力面试是考核被测试者对工作中压力的承受能力的一种特殊面试方法。它主要应用于某些经常要承受较大压力的工作的人员选聘中。在压力面试中，测试者故意设计一系列令人难以接受的问题，将被测试者置于尴尬的境地，甚至激怒被测试者，观察被测试者面对这一切的反应，以考核被测试者的应变能力、心理承受能力以及人际处理能力等。

4. 系列化面试与小组化面试

系列化面试，即多位测试者分别对一个被测试者进行面试，然后综合各个测试者对被测试者的看法，再进行下一个被测试者的面试过程。小组化面试则是由测试者与所有的被测试者同时在一起进行面试，每个测试者均可向几个被测试者提问，一个被测试者也同时接受几个测试者的发问。

☞ 阅读材料

招募者在面试时所提供的问题①

一、相关工作背景

· 以前的工资总收入和净收入如何？
· 你是否通常一周工作 40 个小时？经常加班吗？
· 以前公司提供多少福利？这些福利要支付多少额外的费用？
· 你希望的待遇是什么？最低工资要求是什么？
· 你以前在周末上班过吗？在哪里？多频繁？
· 你最希望哪一种排班时间？
· 工作时间之外，你有经常需要去的地方吗？
· 你希望一周工作几小时？
· 你是早起的鸟儿还是夜猫子？
· 你如何保证按时上班？
· 你有合适的交通工具吗？
· 一年内有几次迟到缺勤对你来说是正常的？
· 你在上一个工作担任哪种职务？何时离职？
· 前一份工作起薪是多少？离职时的薪水是多少？曾经获得加薪的原因？
· 前一份工作多少人是你上司？
· 你前一份工作最重要的职责是什么？
· 哪三件事是你开始下一份工作要注意的？
· 你希望有什么样的主管？
· 你为何选择这一类工作？

二、教育及智能

· 你最擅长和最弱的科目是什么？
· 你认为成绩可以代表你的整体能力吗？
· 你取得好成绩的原因是什么？
· 你想过要继续深造吗？

---

① WOODS R H. 餐旅人力资源管理［M］. 何珮芸，黄培文，译. 台湾：鼎茂出版社，2008.

· 你为何选择这个科系和这个学校？

· 你认为这是一所好学校吗？为什么？

· 如果可以重来，你会做同一个决定吗？为什么？

· 过去六个月来你学到最宝贵的经验是什么？

· 你喜欢看书吗？哪一类？

三、体能条件

· 闲暇时，你的兴趣是什么？

· 上一份工作你曾经缺勤几次？你认为这些缺勤正常吗？理由是什么？

· 上一份工作对缺勤或迟到的行为管理严格吗？你认为这样公平吗？他们跟你讨论过你的行为吗？

· 你认为怎样的睡眠品质才算好？

四、个人特质

以下各点适合问没有太多工作经验的年轻人。

· 你家人对你当厨师有何看法？

· 你取得第一个工作时几岁？

· 你的第一份工作是什么？

· 你的第一个老板如何？

· 你怎么找到第一份工作的？你最近的工作是什么？

以下各点是常问的问题，可根据招募职位换问题。

· 前台接待和订房员哪一个责任比较重要？

· 你认为正职服务员之间的竞争是否太激烈？

· 你是否发现近来顾客给的小费比较少？

· 你如何对待从不给小费的顾客？

· 你处理过顾客抱怨吗？你如何让他冷静下来？

· 你是否曾被冤枉过？

· 你认为厨师离职的主因是什么？

· 你认为柜台接待最重要的工作是什么？为什么？

· 为什么房务员的工作很重要？

· 当你的主管要求你以特定的做事方法完成工作，而你明知有更好的完成方式，该怎么办？

· 你的主管有亲信吗？你会怎么做？

· 你最喜欢/最不喜欢在哪种公司上班？为什么？

· 如果你是这个部门的经理，你会做哪些改变？你会试着改变吗？

· 你在上个工作中最大的成就或贡献是什么？

· 有机会你会再回去工作吗？为什么？

· 你遇过最好/最差的主管是哪一种？

· 你认为跟其他申请者比，有什么是你能提供而他们没办法达到的？

· 什么原因让你在上一份工作待了这么久？

· 你认为上一个工作的公司产品很好吗？

· 你离职前多久通知该公司？为什么？

· 你曾经独立做过哪些工作上的决策？你花多长时间做出决定？你在决定前考虑过哪些因素？

· 你认为你前一份工作的上司跟同事会如何形容你？

· 前一份工作的绩效评估中认为你最需要改进的地方是什么？

· 在前一份工作中你学到最重要的东西是什么？

· 你最重要的三个财富是什么？

· 你认为你最需要改进的三个地方是什么？

· 你对目前的职称和薪资满意吗？跟同侪相比你认为这与你的能力相匹配吗？

· 你曾经做过让你最骄傲的是什么？

· 五年后，你希望成为什么样的人？十年后呢？该怎么达到这个目标？

· 你认为最有趣的事是什么？

五、对应征经理的求职者发问的问题

· 你离职后谁代理你的工作？

· 你曾经给员工哪些训练课程？

· 过去12个月你做过改进你的部门或改善顾客满意度的工作是什么？

· 你认为经理人员最重要的工作是什么？

· 谁是你的头号竞争对手？他的优缺点是什么？

· 你是否曾经必须站在一个不受欢迎的立场？

· 你认为你的下属们会如何形容你？

· 为什么你认为现在的人很难被激励？

· 在前一份工作中，你曾经开除多少人？开除他们的理由是什么？

阅读材料

教你如何回答面试十大常见问题[①]

1. 最能概括自己的三个词

考查内容：考查求职者对自己的了解程度。

思路：介绍内容要与个人简历一致，表述上尽量口语化；切中要害，不谈无关、无用的内容；条理清晰，层次分明；事先最好以文字形式写好背熟。

2. 谈谈家庭情况

考查内容：了解应聘者所受的教育，以及未来对工作和生活的态度。

思路：简单罗列家庭成员；强调温馨和睦的家庭氛围，父母对自己教育的重视，家庭成员的良好状况及其对自己工作的支持，以及自己对家庭的责任感。

3. 有什么业余爱好

考查内容：业余爱好能在一定程度上反映应聘者的性格、观念、心态。

思路：最好不要说自己没有业余爱好；不要说那些庸俗、令人感觉不好的爱好；最

① 伊万切维奇，赵曙明，程德俊. 人力资源管理（原书第11版）[M]. 北京：机械工业出版社，2011.

好不要说爱好仅限于读书、听音乐、上网，否则可能令面试官怀疑应聘者性格孤僻；最好能有一些户外业余爱好来点缀形象。

4. 最崇拜谁

考查内容：应聘者未来的发展方向。

思路：不宜说自己谁都不崇拜或崇拜自己，也不宜说崇拜一个虚幻或不知名的人；不宜说崇拜一个明显具有负面形象的人；崇拜的人最好与自己所应聘的工作能搭上关系；最好说出所崇拜的人的哪些品质、思想感染、鼓舞着自己。

5. 最喜欢和最不喜欢哪些大学课程

考查内容：应聘者的知识结构与个性偏好。

思路：一般而言，应实事求是。

6. 谈缺点

考查内容：应聘者的诚信度和自信心。

思路：不宜说自己没缺点；不宜把那些明显的优点说成缺点；不宜说出那些令人不放心、不舒服的缺点。

7. 为什么选择我们公司

考查内容：应聘者的求职动机、愿望及对此项工作的态度。

思路：宜从行业、企业和岗位三个角度来回答，如“我十分看好贵公司所在的行业，我认为贵公司十分重视人才，而且这项工作很适合我，相信自己一定能做好”。

8. 如果录用你，你将怎样开展工作

考查内容：应聘者处理事情的基本能力。

思路：如对应聘职位缺乏足够了解，最好不要直接说出自己开展工作的具体方法；可尝试采用迂回战术来回答，如“首先听领导的指示和要求，然后了解和熟悉有关情况，接下来制订一份近期工作计划并报领导批准，最后根据计划开展工作”。

9. 我们为什么要录用你

考查内容：应聘者对个人和对单位的认识。

思路：最好站在招聘单位的角度来回答。招聘单位一般会录用这样的应聘者，即基本符合条件、对这份工作感兴趣、有足够的信心。

10. 作为应届毕业生，缺乏经验，如何能胜任这项工作

考查内容：招聘单位并不真正在乎“经验”，关键看应聘者怎样回答。

思路：回答最好要体现出应聘者的诚恳、机智、果敢及敬业。

拓展阅读：

酒店面试的 11 个经典问题①

扫一扫

① 陈琦，李玲. 酒店人力资源管理［M］. 上海：上海交通大学出版社，2018.

（六）评价中心法

评价中心法（assessment center）是西方企业中较为流行的一种选拔和评价高级人才的综合性人才测评技术。评价中心法自20世纪80年代初开始介绍到我国，并在我国企业和国家机关人员招聘与选拔中有一定程度的应用。

评价中心法涉及的范围主要有个人的背景调查、心理测评、管理能力和行为评价。评价中心法是以评价管理者素质为中心的测评活动，其表现形式多种多样。从测评的主要方式来看，它包括投射测验、面谈、情景模拟、能力测验等形式。从评价中心法活动的内容来看，它包括公文筐测试、无领导小组讨论、角色扮演、演讲、案例分析、事实判断等形式。本收主要介绍以下几种形式：

1. 公文筐测试

公文筐测试，也称为公文处理，是评价中心技术中使用最多的，也被认为是最有效的一种形式。该方法将被测试者置于一个特定的职位或管理岗位的模拟情境中，由测试者提供一批该岗位经常需要处理的文件，文件是随机排列的，包括电话记录、请示报告、上级主管的指示、待审批的文件、各种函件、建议等，它们分别来自上级和下级、组织内部与外部，包括日常琐事和重要大事。这些文件都要求在一定的时间和规定的条件下处理完毕。被测试者还要以口头或书面的形式解释说明处理的原因。测试者根据被测试者处理公文的质量、效率，以及处理公文中被测试者表现出来的分析判断能力、组织与统筹能力、决策能力、心理承受能力和自控能力等进行评价。

2. 无领导小组讨论

无领导小组讨论是指运用松散群体讨论的形式，快速诱发人们的特定行为，并通过对这些行为的定性描述、定量分析及人际比较来判断被评价者素质特征的人事测评方法。所谓“无领导”，就是说参加讨论的这一组被评价者，他们在讨论问题的情境中的地位是平等的，而且也没有指定哪一个人充当小组的领导者。无领导小组一般考查两方面的能力。一是组织能力，指标包括发言的次数，是否敢于发表不同意见；是否善于消除紧张气氛，说服别人，调解争议问题；能否创造一个使不大说话的人也想发言的气氛，把大家的意见引向一致；能否尊重别人，听取别人的意见等。二是专业和技术能力，考查的内容包括对问题的诊断、策略的制定、资源的分配等。

3. 角色扮演

在角色扮演的情景模拟中，测试者设置了一系列尖锐的人际矛盾与人际冲突，要求几个被测试者分别扮演不同的角色，去处理各种问题和矛盾。测试者通过对被测试者在扮演不同角色时表现出来的行为进行观察和记录，测试被测试者的素质或潜能。一般来说，对角色扮演的评价主要放在角色把握能力、人际关系技能和对突发事件的应变能力等方面。

课后实作任务

任务名称	校园仿真招聘会		
组名		小组成员	
任务描述	你们是一个酒店人力资源部的招聘团队，代表酒店参加一个高校举办的招聘会，需要招聘前厅部接待员、餐饮部服务员、客房部文员等		
任务要求	1. 提前一周开展准备活动，分为两组：一组扮演招聘企业，一组扮演求职者 2. 小组成员共同讨论、分析，发挥团队优势，了解如何进行面试		
任务准备	1. 掌握酒店人员招聘会流程，熟悉酒店招聘面试方法与技巧 2. 招聘企业队的准备工作如下：编写招聘广告，设计招聘海报和宣传资料、面试流程及人员分工、面试提纲、各种招聘表格等 3. 求职队的准备工作如下：应聘职务前厅部接待员、餐饮部服务员、客房部文员等职位，准备求职简历，参加模拟面试		
实施建议	小组讨论： 1. 如何制订并实施招聘会计划 2. 如何准备简历并参加招聘会		
实施计划	计划包括以下三个方面： 人员分配、方案制订、模拟操作		
实施过程记录	从以下两个方面记录： 模拟招聘会操作过程记录、实施中遇到的问题及解决办法		
任务成果	一场校园仿真招聘会		
评价标准	酒店队评价标准： 1. 招聘计划准确、恰当（20%） 2. 招聘广告简洁明了、内容完整（20%） 3. 面试提纲符合招聘职位要求（20%） 4. 面试过程内容完整、技巧运用得体（40%） 求职队评价标准： 1. 简历格式正确、内容得当（20%） 2. 外表符合职业需求（20%） 3. 反应敏锐、应答自如（30%） 4. 问题回答符合现实要求、专业性强（30%）		
考核成绩	互评（60%）+教师评价（40%）		

项目四　酒店员工的录用

员工录用是酒店人员招聘的最后一个环节，是指对应聘者一系列考核测评之后，对应聘者的情况得出一个全面、客观的考核结果，并根据考核结果做出录用决策的过程。简单地说，员工录用就是组织根据工作需要招用新人的一系列管理活动。这种活动使组织保持活力，使人员得到补充。

一、员工录用的原则

（一）人岗匹配原则

人岗匹配原则就是按照“岗得其人”“人适其岗”的原则，强调人员与岗位的匹配程度。如果把一个人放在一个不适合他的岗位，将会给组织造成巨大的损失。因此，在人员录用过程中，企业应坚持以岗位需求为出发点，根据岗位对任职者的要求来选择人员。

（二）平等竞争原则

企业在录用员工过程中应坚持平等竞争原则，公平、公正、公开选拔人员，对所有求职人员一视同仁，避免血缘、地缘等因素的影响，应严格按照考核标准进行招聘考核。

（三）德才兼备原则

企业选择录用的人员，应是德才兼备的人才。“德”是指人的品行，它除了包含最基本的忠厚、诚实外，还包含着义、信、勇、谋等。“才”是指人的知识水平、专业技术水平以及具有分析、解决问题的能力等。有德无才是庸人，有才无德是小人。企业在人员录用时要全面衡量，不可只顾其一不顾其二。

二、员工录用的程序

（一）做出录用决策

企业根据岗位的要求，运用面试、心理测验和情境测评等多种方法对岗位候选人进行甄选评价之后，就得到了关于他们的岗位胜任表现的信息，根据这些信息，便可以做出初步的录用决策。在做出录用决策时，企业要系统地对候选人的胜任能力进行评估和比较。

企业在录用决策中应注意：招聘的指导思想应该是招聘最合适的而不是最优秀、最全面的员工；录用标准应根据岗位的要求有所侧重，不同的岗位应有不同的侧重，突出重点；初步录用的人数要多于实际录用的人数（因为在随后的背景调查、体格检查、人员试用过程中，可能会有一些候选者不能满足企业的要求，或是有些人有了更理想的选择而放弃这次就业机会）。

（二）背景调查

背景调查的主要内容包括：学历学位、工作经验、过去的不良记录。

（三）体格检查

体格检查，也称体检，一般委托当地的医院进行。体检的主要目的是确定应聘者的身体状况能否适应工作的要求，特别是能否满足工作对应聘者身体素质的特殊要求，还可以降低缺勤率和事故，发现员工可能不知道的传染病。体检通常放在所有选择方法使用之后进行，主要是节约费用。

对应聘者的体检一定不要等到入职时才进行，应先让应聘者参加入职体检，在体检合格以后再发出录用通知书。这样，企业既可以根据体检结果来决定是否录用员工，又可以避免涉嫌就业歧视，引发劳动争议。

（四）拟录用人选的审批

经过笔试与面试、背景调查、体检确定的拟录用人选，需经过企业的逐级审批程序。企业应填写“人员录用审批表”，由人力资源部门留存备查审批表。审批程序根据各个单位的具体情况而定。

（五）人员录用与辞谢

在履行完成以上程序后，人力资源部通知人员录用，办理入职手续，签订聘用或者劳动合同。对于没有被录用的人员，发函或者电话致谢。需要注意的是，在致谢函中没有必要说明未被录取的原因。

劳动合同是企业与员工建立劳动关系的保障。企业在签订劳动合同时，不仅要考虑企业及相关职位的具体情况，还要符合《中华人民共和国劳动法》及《中华人民共和国劳动合同法》的规定。

三、员工录用时的常见问题

（一）录用前工作不规范

录用前的工作，包括笔试、面试等环节，是录用工作的基础，如果上述环节的质量不佳将直接影响录用工作。因此，要想保证录用工作顺利实施，必须有规范的招聘流程作为保证，从而为录用提供真实、全面、可靠的决策依据，还要规范录用前的各项招聘工作。

（二）评价标准不清晰

录用标准的确定是录用决策实施的前提。如果决策者的主观性太强，并根据自己的用人风格来衡量、评价应聘者，那么招到的人员就可能与岗位不匹配。为避免这一现象，企业应严格按照职位说明书制定录用标准，并将录用标准明确、清晰地传达给决策者，从而让决策者形成一致的评定标准。

（三）录用程序不合理

执行有效的人员录用程序不仅能为组织提供新生力量，实现人力资源的合理配置，还能较好地激发人员的潜能，实现优胜劣汰，减少培训费用等。员工录用过程中可能存在某些环节的缺失或不到位，比如忽视背景调查，体检过程中缺少心理素质检查，录用结果告知不及时等。总之，企业要根据自己的实际情况建立规范公平的录用程序。

网络视频：《杨澜访谈录——人才相对论：跳槽的秘密武器，有需必应》（建议课后自行观看）

视频网址：https://v.qq.com/x/cover/1krdmlsuszpeh4w.html.

☞ 案例

酒店机器人会取代人力服务吗？①

现今世界，以人工智能技术为代表的新技术革命方兴未艾，以机器人产业为核心的智能经济蓬勃发展，从工业机械到贴近日常生活的服务，服务机器人已经慢慢渗透人类生活领域的方方面面，它早已不是科幻电影的产物。当人工智能的光束照进现实，迎来的是机器人行业发展蓝图和投资热潮。

在过去，一次住宿就意味着酒店和客户有20个以上的服务接触点，涉及前台等多个部门，然而多重的人力和烦琐的手续并不能真正满足客户的需求，也无法提升客户的住宿体验。

近年来，科技的发展使机器人逐渐取代服务行业中烦琐、重复的人力劳动，如地面清洁可以交给扫地机器人，物流行业的分拣可以由搬运机器人和送货机器人来完成。机器代替人力已经成为服务业常态，人类的发展也将愈发智能化。

洲际酒店集团的副总裁朱明生曾表示："不久的将来，酒店机器人一定是大势所趋。"的确，现在有不少酒店都在业务运营当中使用机器人。但更多情况下，酒店机器人是品牌营销策略的一部分，尽管为品牌带来了不少的目光和收益，但其实用价值并不高。

2017年，云迹科技旗下服务机器人"润"引发行业内外高度关注。据悉，服务机器人"润"在300多家酒店与机构中担任"酒店机器人"的工作，服务超过190 000人次。云迹科技旗下产品覆盖酒店数量远远超过国内外酒店机器人公司。

酒店机器人"润"实现了中国第一个批量投入使用且在全球酒店市场占有率第一名的成绩。正是借助酒店机器人产品的落地和规模化发展，云迹科技完成了从技术积累到应用探索的重要过程。也正是因为在实际场景里面的商业化应用，云迹科技得以提炼和推出得到大家认可的智能机器人底盘产品"水滴"。依托"水滴"技术的酒店机器人"润"，目前已经在复杂的商业生活场景中累积服务35 000多千米。"润"所涵盖的"酒店机器人服务生系统"，助力酒店每间可销售收入（RevPAR）提高数十元，拉动了酒店行业智能化服务提升，这对服务机器人行业实现落地应用，并推动行业发展都是一个突破。

此外，携程推出了"EASY住"这一全套酒店解决方案。"EASY住"是一个酒店前台机器人，其功能包括了虚拟现实技术（VR）全景展示、在线选房、智能客控、行李寄送等服务。

消费者在入住或离开酒店时，只需在酒店自助的入离机上刷身份证，就能自动查验身份信息，同步匹配订单信息，获得房卡。消费者就可以自助办理入住、离店等。这一自助流程将消费者入离酒店的手续办理效率提高了30%。"EASY住"独立并服务于多个在线旅游平台。"EASY住"已经与各大酒店品牌工程生产管理系统全面打通，消费者们完全可以通过自助终端办理入离手续。

---

① 佚名. 全球领先落地应用酒店机器人行走间的秘密——走访云迹科技机器人公司［EB/OL］.（2018-03-10）［2018-12-20］. http://dy.163.com/v2/article/detail/DCH8UOK10518DD7D.html.

"EASY住"住宿空间中服务机器人的典型代表，取代了酒店前台的人力服务，提高了酒店运行效率，同时也使消费者对隐私的保障多了一份放心。

尽管酒店机器人的运用给消费者和酒店品牌本身带来了不少的好处，机器人取代人力的呼声也不绝于耳，但酒店的服务人员真的要下岗了吗？想象一下，未来的某个时刻，你踏入酒店，没有酒店员工，也没有微笑和热情周围都是冰冷的机器人，它们为你提供机械性的重复服务。人力与机器服务的巨大差异，没有人情味的住宿体验，你还会满意吗？

互联网思维和新科技席卷而来，各行各业无不被裹挟其中。新科技的变革为行业内各品牌带来了明显的品牌效益。乍看之下，品牌的格调上升了几个档次，但穿越时空的惊喜感之后更应是关于整个行业生态的思考。

拓展阅读：

如何做一名合格的招聘专员？

扫一扫

课后实作任务

任务名称	酒店前台人员的录用		
组名		小组成员	
任务描述	你是一名酒店人力资源部的人事专员，近段时间，酒店收到一批应聘酒店前台服务人员的求职信。人事经理让你负责完成该批人员的录用和选拔。请根据所学知识，成立招聘小组讨论前厅服务人员应聘的选拔筛选方式		
任务要求	1. 以小组为单位，收集酒店行业对前台服务人员的应聘要求，可通过网络、招聘信息等形式查阅 2. 小组成员共同讨论、分析，充分发挥团队协作能力 3. 形成招聘人员录用选拔方案报告		
任务准备	掌握酒店人力资源部对员工录用的选拔方式，掌握招聘用人部门对新入职员工的需求，小组讨论，协作分工完成		
实施建议	小组讨论： 1. 酒店前台服务人员入职要求 2. 如何选拔和筛选合格人员		
实施计划	计划包括以下四个方面： 人员分配、时间安排、实施步骤、注意事项		

实施过程记录	从以下三个方面记录： 收集用人信息、过程记录、实施中遇到的问题及解决办法
任务成果	前台服务人员录用选拔方案一份
评价标准	1. 前台人员招聘要求全面、得当（40%） 2. 小组成员全员参与，体现团队合作精神，协作好（20%） 3. 过程记录完整（20%） 4. 方案报告格式正确，文字描述清晰，结构完整，观点正确（20%）
考核成绩	互评（60%）+教师评价（40%）

课后练习

一、单选题

1. 属于酒店人力资源缺乏的调整方法是（　　）。

A. 外部招聘　B. 提前退休

C. 增加无薪假期　D. 减少人员补充

2. 某些酒店在招聘员工时，对招聘者的籍贯、性别进行限制，违反了招聘的（　　）原则。

A. 竞争　B. 平等　C. 量才　D. 全面

3. 招聘是指通过发布信息，把符合（　　）的申请人吸引到酒店的过程。

A. 技巧要求　B. 任职条件　C. 其他特性　D. 学历需求

4. 员工录用的原则包括人岗匹配、平等竞争和（　　）

A. 学历至上　B. 德才兼备　C. 经验至上　D. 经济适用

5. 内部员工推荐属于（　　）。

A. 外部招聘　B. 媒体招聘　C. 内部招聘　D. 内部晋升

6.（　　）是酒店招聘的最后一个环节。

A. 录用　B. 招聘评估　C. 选择　D. 签订合同

7. 以下不属于招聘计划书的主要内容的是（　　）。

A. 招聘团队组建　B. 招聘费用预算

C. 招聘时间安排　D. 招聘活动效益评估

8. 招聘费用低、覆盖面广、联系快的方法为（　　）。

A. 人才交流中心　B. 招聘洽谈会　C. 传统媒体　D. 网上招聘

9. 在面试过程中，对整个面试的实施、提问内容、方式、时间、评分标准等过程因素严加规定，测试人不能随意变更的面试是（　　）。

A. 半结构面试　B. 结构面试　C. 非结构面试　D. 随意面试

10. 评价中心技术中最常用的方法是（　　）。

A. 角色扮演　　B. 管理游戏

C. 公文处理　　D. 无领导小组讨论

二、判断题

1. 笔试是酒店人才测评中最古老而又最基本的员工甄选方法。（　　）

2. 当酒店的关键职位和高级职位出现空缺时，往往采用内部招募的方式。（　　）

3. 人岗匹配原则是任何酒店在人力资源招募与录用过程中必须遵循的黄金法则。（　　）

4. 内部招聘的主要优点在于来源广，选择余地大，有利于招聘到一流人才。（　　）

5. 在压力面试中，面试人员故意设计一系列令人难以接受的问题，但要注意不能将候选人置于尴尬的境地。（　　）

三、问答题

1. 什么是招聘，它在酒店人力资源管理中的地位如何？

2. 招聘的基本流程是什么？

3. 招募的渠道有哪些？

4. 人员甄选和录用的常用方法有哪些？

四、案例分析题

杭州开元名都大酒店的招聘创新①

在招聘人才时，为了避免录取不适合的应聘者，酒店一般会在聘用前进行测试。若招聘失误，让不适合的人进入酒店，他不但无法发挥自己的能力，还会影响酒店整体的员工绩效，间接或直接地打击酒店的对外形象。因此，有效地挑选人才，已成为酒店管理者的一个重要课题。根据所招聘岗位的特点，在面试中有选择地应用一些科学的测评工具，如心理测试、气质和性格测评、案例分析、情景模拟、团队讨论等。这些测评得到的结果不能作为最后录用与否的绝对依据，但可作为录用决策的参考信息。

杭州开元名都大酒店（以下简称开元名都）举行的数场别开生面的招聘会显示了其创新招聘策略。该酒店通过这些创新的评量式、游戏式的招聘方式，吸引了更多优秀人才的参与，让应聘人员感受到了酒店招聘方浓郁的企业文化和深厚的文化底蕴。

一、让招聘成为互动性的活动

互动性的活动会使求职者和招聘者之间的直接沟通机会大为增加。以下是开元名都在招聘销售人员时的实地活动：招聘人员让数十名应聘者排成一排，每人拿出1~20元的任意零钱，并拿在手上，在接下来的3分钟（视人数多少，一般50人），见人就换（用强劲的背景音乐，如《命运》等），在音乐停止时请应聘者坐下来。招聘人员提问：请问有多少人赚了？赚了多少？有多少人赔了？赔了多少？在这个活动中，应聘者需要阐明的是：你有什么样的想法就会有什么样的结果。因为在这个活动中，一定会有人赚到了钱，也一定会有人亏钱。应聘者在参与之前一般不会多想，完全是凭潜意识在玩游戏，从中可以看出应聘者对人生的各异心态。

① 严伟，戴欣佚. 旅游企业人力资源管理［M］. 上海：上海交通大学出版社，2011.

二、模拟管理与创新策划

应聘者均有机会以一个公关部经理的身份来运作一家豪华五星级酒店的开业策划，要设计一套崭新的营销策略，来吸引众人眼球。许多精彩的创新思路脱颖而出，有多名优秀选手通过该活动最终加入开元名都，走向公关部管理人员的岗位。这就是开元名都的策略竞赛，主要测试各应聘人员对酒店运作、战略制定与实施、市场开拓和培育、服务创新及市场变化的综合分析和随机应变能力。这些虚拟的策划活动不仅为应聘者提供了全方位运作一家酒店营销的经历，也为招聘经理提供了一个发现和招募优秀人才的渠道。

三、环境和氛围的营造

在面试应聘者时，开元名都的招聘人员都与应聘者握手和微笑，这可以帮助应聘者放松心情，让其在面试中充分发挥。毕竟，酒店大多数岗位都与现场表现无关，也并不要求所有的员工都在陌生人面前表现自如。接下来，对应聘职位的介绍和对招聘目的的重申，可以在选择应聘者的同时，帮助应聘者判断这家酒店是否适合自己的发展。

在面试房间的布置方面，开元名都尽可能地营造一种平等、融洽的氛围，如用圆桌代替方桌；在位置的安排上，招聘人员与应聘者保持一定的角度，而不是面对面。这些都可以减少应聘者的压力。同时，开元名都的招聘方针是让应聘者也参与面试工作。招聘方的工作方式和态度，对应聘者做出是否加入酒店的决定产生了重大的影响。

四、建立必要的人才储备库

在招聘实践中，招聘人员常会发现一些条件不错且适合酒店需要的人才，但因为岗位编制、酒店阶段发展计划等因素限制无法现时录用。人力资源部门，应及时将这类人才的信息纳入酒店的人才储备库（包括个人资料、面试小组意见、评价等），不定期地与之保持联系，一旦出现岗位空缺或酒店发展需要，即可招入麾下，既提高了招聘速度也降低了招聘成本。

众所周知，“选人”是人力资源管理“选人、育人、用人、待人、留人”的五大职能之首，是人力资源管理的第一步。如果起点的质量不高，那么不仅后续的人力资源管理工作会事倍功半，更会影响到酒店决策的执行。作为承担着“选人”职能的招聘部门，人力资源部门在埋头于招聘的同时，也要抬头看看别人是怎么做的，借鉴国内外企业的成功经验，吸收精华为我所用，探索出适合本企业的有效的招聘方法，提高招聘的效用。

【案例思考】

1. 杭州开元名都酒店的招聘工作有什么创新？

2. 开元名都酒店员工招聘的创新手段是出于怎样的目的？

3. 在员工招聘中，还有没有其他的创新方法？

模块五

酒店员工培训管理

工欲善其身，必先利其器。

行业专家箴言

HANGYE ZHUANJIA AHENYAN

培训的任务是创造员工与顾客之间的默契。

——霍斯特·舒尔茨（里兹卡尔顿集团前首席执行官）

课前导入

KEQIAN DAORU

酒店业在员工培训方面一直处于进退两难的境地已是一个历史问题。一方面，每个人都认为培训是有意义的，是保持企业竞争力的工具。高层管理人员对培训高谈阔论，郑重声明它的重要性，但没有持之以恒、坚决彻底地实施员工培训计划。人人都认同培训能提高员工的技能水平，继而提高顾客服务质量和顾客满意度。另一方面，由于员工流失率高，酒店花费的巨大培训投资带来的却是为竞争对手输送人才，加上没有建立健全的培训管理系统，培训投资收益没有保障，这使得高层管理者们对培训变得尤为谨慎，进而引发“担心培训投资收益→减少培训投资→服务质量下降、员工满意度下降→顾客流失、员工流失→减少培训投资”的恶性循环。

行业数据

在2015年组织的中国企业人力资源管理调查问卷中，企业认为培训对改善员工绩效作用“非常大”的比例只占3%，认为“较大”的比例为23.9%，认为“一般”的比例为59.4%。

许多公司培训投入很大却看不到效果。这些公司的共同点是把培训工作的重点花在了两个方面：①有形的、看得见的层面，比如加大培训预算、建立培训中心、成立教育培训部；②培训只用来解决局部问题，而不是进行整体设计。

职场案例：

人才培养与人才留用的矛盾

扫一扫

课前思考

KEQIAN SIKAO

为什么很多酒店都承认培训的重要性，但还是不重视培训？

本模块教学目标

BEN MOKUAI JIAOXUE MUBIAO

知识目标：

1. 解释什么是培训系统，培训系统建设包含哪些内容。
2. 解释培训与教育的区别。
3. 准确描述员工培训的系统运作流程。
4. 阐述一项成功的培训计划所应具备的要素。
5. 定义培训评估与成果转化。
6. 说明如何进行培训效果评估。

技能目标：

1. 识别酒店中何时需要培训以及需要何种培训。
2. 根据企业情况进行培训需求调查，并确定培训主题。
3. 根据培训课题进行培训计划的制订。

本模块理论知识

BEN MOKUAI LILUN ZHISHI

项目一　酒店员工培训概述

一、员工培训的含义

员工培训是指通过一定的科学方法，促使员工在知识、技能和态度三个方面得到提高，以保证员工能够按照预期的标准或水平完成所承担或将要承担的工作或任务。

其中，知识培训，是员工获取持续提高和发展的基础；技能培训，是企业产生效益、获得发展的根本源泉；态度培训，是企业进行培训的核心和重点。

二、为什么要培训

对于“为什么要培训”这个问题，从不同的角度来看，就有不同的答案。

（1）对于老板，这个问题意味着：

①我为什么要掏钱让员工培训？

②培训可以给我的企业带来哪些好处？

③如何保证培训投资是有产出的？

（2）对于人力资源管理者，这个问题意味着：

①我要通过培训来解决哪些问题？

②该给员工安排些什么类型的培训？

③我该如何设计培训？

（3）对于员工本人，这个问题意味着：

①学什么对我做好现在的工作是有用的？

②学什么对我将来的发展来说是最有意义的？

课堂小练习

请从以上三个不同的角度，列出你对“为什么要培训”这个问题的思考答案。

____

____

____

事实上，不论是对企业管理者还是对员工本人，培训的目的都是实现最佳绩效。具体来说，企业可以从培训中得到的利益。企业和员工可以从培训中得到的利益分别见图 5-1、图 5-2。

※ 引导新员工
※ 降低损耗和成本
※ 改进服务质量
※ 提高工作效率
※ 减少工作冲突
※ 降低离职率
※ 减少意外事故
※ 提高员工满意度
※ 提升所有人员的士气
※ 促进团队建设
……

培训可以减少73%左右的浪费

未经培训员工的事故发生率是受过培训员工的事故发生率的3倍

图 5-1　企业可以从培训中得到的利益

※ 学会认知
※ 学会做事
※ 增强自信及安全感
※ 促进个人发展

图 5-2　员工可以从培训中得到的利益

一般的企业在员工培训上所投入的资金只相当于员工工资总额的 1.5%，而优秀企业在这方面的投入却要高得多。例如，里兹卡尔顿酒店公司每年要对每个员工进行至少 120 个小时的培训。

根据一般的经验，企业花 1 美元对员工进行投资，可以在接下来的 3 年中创收 30 美元。美国联邦快递公司每年投入占员工工资总额的 4.5%的资金来对员工进行培训。该公司花了将近 4 万美元建设了一个全自动化的教育培训系统，从而可以对 700 个特定区域的 4 万名快递人员和代理进行培训。假日酒店公司每年的员工培训费是其他酒店公司的 2 倍。这一投入的回报是：某些假日酒店的投诉次数从每月的 200 起减少到 2~3 起，与此同时，公司的收入则增加了 15%。里兹卡尔顿酒店公司将培训与开发作为人力资源战略的一项重要内容，每年投入营业收入的 3.5%用于年度培训经费；每个进入管理层的人员一年之内要接受 250~310 个小时的培训。拥有训练有素的员工是企业经营成功的关键因素，也是打造酒店核心竞争力的重要手段。

世尊国际酒店集团亚太区副总裁罗兰德·杰格（Roland Jegge）认为，中国酒店业在前台服务、订房服务、礼宾服务等方面还有很大的提升空间。加强员工培训，是中国酒店人力资源管理的一项重要内容。

上海波特曼酒店的总经理容志博先生曾说过“你可以剥夺我的一切，包括衣服，但你不能剥夺我的知识、经验与才能。”对于员工本人来说，在企业工作期间，通过培训而积累的知识、经验与才能在以后的职业生涯中获得的回报率要远高于自己获得的其他物质。

行业数据

在为美国劳动力提供培训的情况下，12%的员工会跳槽；如果不提供培训，41%的员工会离职。如果一个企业拥有1 000名员工，意味着每年的员工流动成本为1 450万美元。

三、培训的类型

按照培训对象不同，培训可分为新员工培训和在职员工培训；按培训形式不同，培训可分为在岗培训和脱产培训；按培训性质不同，培训可分为传授性培训和改变性培训；按培训内容不同，培训可分为知识性培训、技能性培训和态度性培训。

四、培训的特点和原则

（一）酒店培训的特点

培训与教育的目的、对象、形式等都有所区别，而酒店业的培训与其他行业相比，有其自身的特点。

1. 针对性

酒店员工培训的针对性主要体现在以下两个方面。

（1）根据员工需要和岗位需要进行培训。如酒店前台接待人员、餐厅服务员、客房服务员，他们的岗位不同、职能不同、工作内容不同，其培训需求也不同。

（2）员工的培训过程与内容要与其实际工作相互渗透，有机地结合。员工参加培训的目的是增加知识、提高技能，学习以后能立即将所学用于工作实践。比如，岗前培训是为了培训对象能适应本职工作，而在岗培训是为了提高培训对象的本职工作能力。

因此，酒店员工培训要使员工通过培训确实能将所学的知识、技能及时运用于工作，转化为生产力。

2. 多样性

培训活动不是一个封闭的系统，而是动态开放性的系统，这就决定了培训工作多样性的特点。多样性主要体现在以下三个方面：

（1）多层次。酒店员工培训是全方位、全员性培训。员工的不同的职务、年龄构成、知识结构和专业技术等级决定了不同的工作内容和要求，因此，要划分不同层次和采取不同的方法进行培训。对于基层员工，主要应侧重于培训其业务技能、技巧，改善其服务态度，增强其能力。对层次较低的管理人员，由于他们长期工作在组织业务活动的第一线，经验丰富，但缺乏较为系统的管理知识和综合管理能力，因此，对其进行培训时，应考虑适当设置理论知识方面的课程。对较高层次的管理人员的培训，课程设置要以提高他们的理论知识和管理能力为重点。

（2）多形式。多样性的培训内容决定了不可能采用单一的培训形式，培训可以按不同标准划分为不同形式。根据培训时间来划分，有中长期培训、短期培训和速成培训。根据培训方式来划分，有全脱产培训、半脱产培训、业余学习。根据培训性质来划分，有岗前培训、在岗培训、转岗培训、技术等级培训、晋升培训。培训方法包括讲授、讨论、示范、案例分析、操作演练、管理游戏等。

（3）多渠道。多渠道培训是指酒店不应局限于自身力量，要广开门路和渠道，进行形式多样化的培训，如内部培训、参加讲座培训班、到有关院校进修、委托旅游院校进行骨干强化培训和出国培训等。

3. 速成性

酒店培训的对象大多是在岗员工。一方面，由于工作需要，不可能采取全员脱产培训，培训与工作往往一体化，即以在职培训为主。另一方面，酒店工作的季节性的特性也对员工培训提出了客观要求。针对这一现状，酒店应尽量选择在酒店工作不忙时进行培训，充分利用工作间隔、经营淡季等开展培训。

4. 持续性

市场是不断变化的，宾客的需求也呈现出多样化的特点，酒店必须不断强化服务规范，不断发现问题、改进服务。同时，为满足员工多样化的培训需求和长期的职业生涯发展要求，企业的培训工作应该是长期的、持续性的。这其实就意味着，酒店服务质量的提高是无止境的。

5. 强化外语培训

酒店业的服务对象主要是各国宾客。我国星级酒店有大量的外国宾客，而语言是员工与宾客沟通的桥梁，因此员工的外语水平的高低直接影响到其能否为宾客提供满意的服务。酒店也会在培训中安排大量的外语培训，尤其是国际化通用语言——英语的培训。许多酒店都有自己的外语教师，负责酒店各部门的外语会话训练，并经常性地举办各种比赛和沙龙来强化外语学习效果。

（二）酒店培训的原则

企业培训与学校教育是两件截然不同的事情。学校教育的对象多为未成年人，即使是已经成年的大学生，由于其不是真正的职场人，没有工作经验，也还难以对自己的学习结果负责。而企业培训的对象是真正的职场人，是能对自己的学习结果负责的人，是对自己的成长发展有要求的人。

企业培训的成人性特点决定了其培训对象的需求与学校教育的不同。表 5-1 和表 5-2 分别从学习特质和学习活动两个方面对未成年学习者与成年学习者进行比较。

表 5-1　未成年学习者与成年学习者的比较（学习特质的差异）

特质	未成年学习者	成人学习者
学习需求	不了解，多为考试、升级、毕业	了解，为解决工作和生活问题
自我概念	模糊，学习依赖心理强烈	明确，独立自主的学习心理
经验	经验少，层面窄，同质高，对学习较无帮助	经验多，层面广，异质高，个别差异大，为学习的重要资源
学习准备	被动心理准备	自发心理准备
学习重心	以学科为主，静态	解决实际问题
学习动机	外因	内因

表 5-2　未成年学习者与成年学习者的比较（学习活动的差异）

活动	未成年学习者	成人学习者
规划学习活动	教师	共同规划，激起参与热情
分析学习需求	教师	共同分析，调动学习动力
设定学习目标	教师	共同协商拟定，提供学习方向与标准
活动设计	以教材内容为主	以学员能力和需求为主
教学活动	知识灌输	实际体验、自我发现，充分利用学员经验
评鉴	教师	根据学员能力和需求共同拟定，兼顾期望与水平

课堂小练习

成人性特点对培训提出了什么要求？

____

____

____

微课视频：

“WIFM”（What’s in it for me）概念

以及“Learn”教学法

扫一扫

阅读材料

中国酒店培训市场初探①

在酒店培训市场中，担当主角的酒店培训机构有哪些，它们又都有什么特色呢？培训需求方可能曾经或者正在提出这个疑问。目前，国内市场上各类提供酒店培训的机构及类型大致如下：

①酒店管理公司。酒店管理公司的名头中虽然没有培训二字，但它们是最大的一个酒店培训供给群体。几乎每一家酒店管理公司都可以提供培训服务，一方面向所管理的酒店输出培训人员或培训资料，或是向其管理人员或骨干服务人员提供实习机会，另一方面则可以提供培训服务，并将其作为公司顾问咨询服务的一部分。但酒店管理公司往往不将培训业务作为主要业务进行推广，因为绝大部分的国内酒店管理公司都是瞄准委托管理、顾问管理、品牌输出等大业务，而培训服务几乎是在有新店加盟之后提供给业主的。

②独立的酒店教育机构。这一类培训机构旗下没有自有酒店，也没有依照酒店管理

① 佚名. 廉华：中国酒店培训市场初探［EB/OL］.（2011-10-13）［2018-12-10］. http://www.meadian.com/173117.html.

合同对外输出管理，而是通过网罗酒店行业资深人士组成专家团队和讲师团队，开设一定的酒店内训课程、公开课和认证培训课程。有些培训机构还开办了网络学校。这类培训机构的目标客户主要是酒店及酒店从业人员，以及一部分有志于从事酒店行业的潜在人士。其优势在于可以集中大量的职业经理人和相关专家，就某一方面的技能进行专业的培训，能够为酒店业者带来点睛式的提升，突破酒店自我培训的局限并在理论方面达到行业标准。除此之外，其补充功能是比较明显的，比如对劳动法规的解读、对培训师的培训等，而酒店往往缺乏这一类培训资源，或是在短时间内难以完成培训。

这类培训机构的发展面临着诸多机会，比如行业人员自我提升的需求日益增长，三四线城市新开酒店对培训资源的需求增加等。但我们也看到，酒店内部培训力量的增强，而行业中经验第一的意识形态阻碍了人们通过培训和学习实现自我提升的脚步。与此同时，酒店企业整体培训意识还不够强，培训经费有限，这些因素制约了独立的酒店教育机构的发展。

③酒店管理学院。这一类酒店教育培训机构是指面向高中、大专或本科生招生的以酒店管理教育为主的全日制高等教育机构，锦江国际理诺士酒店管理专修学院、北京第二外国语学院中瑞酒店管理学院、澳大利亚蓝山酒店管理学院中国校区等院校属于此类。其培养模式采用校内授课和校外实习相结合的形式，且更加注重实习环节。实习酒店包括诸多国际知名品牌酒店。这些学校具备海外师资力量，并有英文授课，学生毕业后还可以对接选择国外相关学校继续深造。在酒店管理教育方面，这类学校显然比综合类大学中类似的院系更有竞争力，当然，学费也不菲，三年期少则三四万人，多则八九万人，不能不说是高等院校里的贵族学校了。这类学校也常常开设高级研修班、酒店内训课程等，但并不将其作为主要业务。

专业酒店管理学院的兴起应该说是酒店管理高等教育与国际接轨的重要一环，其办学模式或许可以为许多综合类大学的酒店管理或旅游管理专业教育提供参考。

④大学研修课程。除了上述酒店管理学院开设的研修班以外，一些知名大学常常会开设面向酒店集团和酒店高管的研修班，比如说清华大学旅游与酒店管理国际化总裁班、北京大学旅游与酒店管理高级研修班等。这种课程的学时一般为 1 年，采用在职学习的方式，学费 3 万至 5 万元，但不包括国外考察的费用。这种相对高端的短期教育一方面帮助学员提升专业素养，另一方面则帮助高管们拓展人脉。而综合类大学开设的这种研修班的优势在于可以更加方便地汇聚各个专业的专家，比如说人力资源方面的、财务方面的，有利于拓展学员的视野，提高学员的领导技能。

除了上述几种培训机构以外，市场上还提供了一些相对零散的培训形式，比如说一些行业会议和论坛。嘉宾的演讲、发言等对外界来说也是一种培训形式。除此以外，在网络发达的今天，还有一些酒店行业人员通过网络展示和推介自己，并愿意在合适的机会与他人分享自己的经验和见解。

酒店培训市场是非常丰富的，对于国内的酒店培训市场，尚无法穷尽其形式。随着信息技术的发展，会有越来越多的培训形式和知识获取方式供学习爱好者选择。但无论如何，对于酒店行业从业人员来说，没有比酒店内部健全的培训体系更高效便捷的培训形式，所以对于酒店及其员工来讲，加强酒店内部培训才是根本。

项目二 员工培训系统构建

培训不是一次活动，而是一个系统构建的过程。用系统去代替个人，这样企业才不会依赖于某一个人，才能让组织内的资源得到充分挖掘，才能确保培训的投资效果。

课堂小练习

在某集团下属的两家酒店中，其中一家的业绩一直在集团内名列前茅，当地市场占有率稳居第一。另一家酒店则正好相反，业绩排名在系统内基本定格在倒数，换了五六任总经理也一直毫无起色。

尤其令人称奇的是，比较好的那家酒店向集团内其他分酒店、分公司输送了大量的领导干部、销售经理等人才，从最近几年看，数量就超过了十几人，但该酒店的业务丝毫未受骨干人才输出的影响。而比较差的那家酒店，许多领导、销售经理都是从集团内其他公司过去帮助其提升业绩的，但即使是这样，该酒店的业务发展也一直见效不大。

是什么原因导致了同一集团旗下的两家酒店业绩有这么大的差异呢？

一、构建培训系统的原因

众所周知，中国乒乓球一直统治着世界乒坛，这么多年极少发生偶然性，极少给世界战胜中国乒乓球的机会。那么，中国乒乓球队为什么这么优秀呢？这个答案，从1983就开始代表瑞典国家队与中国乒乓球队进行较量的瓦尔德内尔最有发言权。他认为中国乒乓球队的强大，不是哪个运动员优秀，而是源于完善的训练机制和后备人才培养机制。瓦尔德内尔从来都不是输给中国乒乓球队的某一个人，而是输给了整个中国乒乓球队体制。

从训练机制看，中国顶尖乒乓球运动员每天要训练 7 个小时，每年只有 12 天假期。在人才方面，中国乒乓球队拥有专门的技术、战术和心理团队以及众多的陪练队员；在人才传承方面，教练员的传承工作出色，训练氛围良好，球队基础就变得越来越雄厚。

从人才储备来看，乒乓球运动在中国有雄厚的群众基础。只有最好的球员才能进入国家队，他们在魔鬼般的训练和残酷的竞争中脱颖而出。

中国乒乓球的强大，源于其强大的培训和人才培养机制，胜在体制。这个与人力资源管理中的培训管理体系有异曲同工之妙。

回到上面的那个案例，行业专家调查发现，业绩差异巨大的这两个酒店的起点是差不多的，后来逐渐拉开差距，原因就在于培训体系的差异。那家业绩很优秀的酒店，很早就建立了一整套业务技能培训、精英育成机制。通过这种机制，该酒店可以很快地把业务经验传承下去，更可以不断培养精英。所以，哪怕哪个骨干人员流失了，对该酒店的业务也不会造成特别大的影响，因为整个酒店靠的不是哪一个人，而是这套成熟的人才培养机制。

其实，这种现象放到整个酒店行业也能找到大量类似的案例。比如单体酒店与品牌连锁酒店之间的差距很大程度上也是在于双方人才培养与储备的机制存在巨大的差异。相较于品牌连锁酒店，单体酒店的运营维系更多的是靠人，而品牌连锁酒店则更多的是靠系统、靠机制。

微课视频：

平远公司的培训沟通与人员选派

扫一扫

二、构建培训系统的步骤

著名的人力资源管理专家赵洪臣曾提出一个构建企业培训系统的“一二三五法”。一，即一种学习型企业文化；二，即两个核心；三，即三个层面；五，即五个阶段。企业在构建培训系统时，要从以上几个方面展开，进行全面的整合，最后才能形成一套健全的培训体系。

课堂小练习

如果公司给员工提供培训，可是发现员工们并没有学习积极性，都只是应付差事地到培训教室去打卡。你觉得是哪些原因造成的？

____

____

____

（一）建立一种学习型企业文化

学习型企业文化就好比企业培训体系建设的土壤，没有学习的氛围，很难有好的培训和学习效。

案例

某大型公司的市场占有率曾稳居第一位，后来行业内新成立了多家公司，该公司的市场占有率节节下滑，公司领导很着急，认为要加强培训和学习，增强员工知识和技能。为此，该公司要求每天早上上班后前三十分钟，全体员工集中一起学习文件、听讲座，而且要求各部门每周组织不少于两个小时的学习。但在学习的过程中，员工根本没把精力放在学习上。公司领导在现场的时候，员工们还能装装学习的样子，一旦领导离开，他们要么玩手机，要么打闹。

按道理说，员工都是成年人了，当然知道学习的好处和重要性，那为什么不能主动学习呢？事实上，员工都很明白：这种学习有什么用呢？对自己又有什么好处呢？公司用人机制僵化、论资排辈，搞好领导关系成为最主要的用人法则，真正能力强的员工被晾在一边，在这种情况下，又有哪个员工愿意学习呢？

当企业发现员工学习的意愿不高、参加培训的积极性不强时，首先要做的不是埋怨或处罚，而要反思自己的企业文化：是否具备让员工主动学习的企业文化？创建一种学习型企业文化，是构建公司培训体系的首要环节。

课堂小练习

如果你是一个酒店的总经理，你会如何在你的公司建立学习型企业？你会如何让你的员工主动、自愿地学习，并且将培训学习的效果最大化？

职场案例：

如何让员工自愿参加培训？

扫一扫

职场案例：

如何提升员工培训的积极性？

扫一扫

（二）围绕“两个核心”设计企业培训体系

企业的培训体系要围绕“两个核心”进行设计。第一个核心是企业发展的需要，第二个核心是员工职业生涯规划的需要。这两个“核心”为企业培训指明了方向，因此成为培训体系的核心。

1. 企业发展的需要

许多企业一谈到培训，经常局限于请专家到公司办个讲座，或者是把员工派出去参加个培训班，这种“为培训而培训”的方式所取得的效果差，导致培训在许多人眼里成了可有可无的事情。究其原因，就在于培训没有围绕企业发展的需要而设计，没有在企业发展中找到培训的位置。

在不同的阶段，企业都有自己的经营战略和发展目标，而要达成战略和目标，就需要相关的核心能力作为支撑，但企业目前的能力和达成未来目标的能力总是存在差距。通过培训提升员工素质，是缩小差距的重要选择，因此，许多企业在确定好了新的战略后，就将员工培训提上议事日程了。

2. 员工职业生涯规划的需要

员工在企业中发展和成长，会经历不同的岗位、职位。不同的岗位对员工的技能要求也有差别。经过一两年的实践，员工熟悉了本岗位的工作，然后调整到一个新的岗位，如果没有跟进的培训计划帮助员工掌握新岗位的知识和技能，任由员工在新岗位上摸索的话，时间会比较长，在摸索期间也难免会影响工作的效率和效果。“培训合格后才能上岗”，这既是对职工个人负责，更是对产品质量负责。

员工由于职务晋升或者岗位轮换调整到一个新的岗位后，后续的培训也要及时跟进。企业不但要根据岗位类别，建立起分层分类的职位晋升体系，为员工做好职业生涯规划，同时还要在每一个阶段创建起配套的培训方案，为员工的快速成长助力。

微课视频：

做培训，要坚决杜绝的三种怪现象

扫一扫

（三）从“三个层面”创建培训体系

所谓“三个层面”，指的是酒店的培训体系可以划分成三个不同的部分，即制度层、资源层和运作层。创建酒店培训体系，主要从这三个层面着手。

1. 制度层面

制度层面涉及与公司培训相关的各项制度、规定等，如讲师管理制度、讲师选拔制度、课程开发制度、培训经费使用与管理制度、员工岗位培训制度等。培训制度是指导公司培训活动的法律基础。企业的培训要想走上良性发展之路，也要将其培训制度作为支撑。许多酒店已经意识到了培训的重要性，但培训工作始终没有取得实质性的进展，很大原因在于培训制度的不健全；而一些酒店在建立了完善的培训制度之后，很快就富有成效地将培训开展起来。所以，要想做好培训工作，要先制定培训制度。评价一个酒店是否重视培训工作，其中一个简单方法就是看其有无规范的培训制度。

那么，培训制度包括哪些内容呢？它至少应该包括：培训的责任主管部门、培训组织架构设置、岗位职责设计、培训的内容和形式、培训人员的选拔、培训经费的预算与审批、培训师资队伍的建设与管理办法、培训的考核与评估办法等。

2. 资源层面

资源层面涉及构成企业培训体系的各种要素，包括人的因素，如培训管理者、讲师等；物的因素，如教材、培训场地、培训器材、培训经费等。如果说制度层面为培训奠定了法律基础的话，那么资源层面则为培训体系奠定了人力和物质基础。“巧妇难为无米之炊”，无论干什么工作，都离不开人力和物力的支持，培训工作更是如此。

3. 运作层面

运作层面主要涉及企业培训的工作内容和工作流程。这是从组织培训活动的角度对企业培训过程进行描述，也是落实培训工作的步骤以及教育培训部门的主要任务。

总之，这三个层面是构成公司培训体系的主要组成部分。其中，制度层面为培训体系建设确立了法律基础；资源层面提供了人力和物力支持；运作层面是对培训工作的具体落实。

（四）分五个阶段实施运作

图 5-3 为员工培训系统构建的五个阶段。

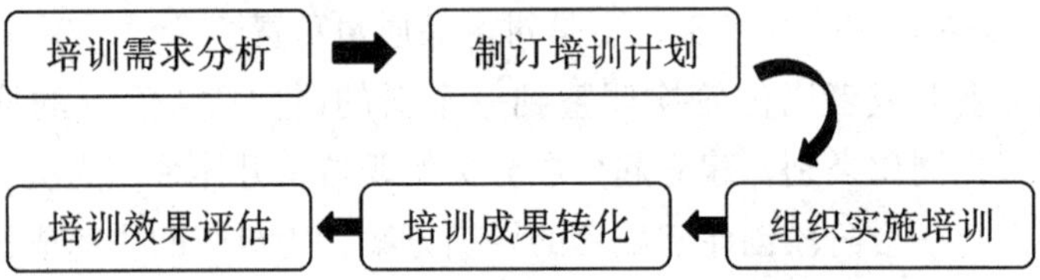

图 5-3　员工培训系统构建的五个阶段

拓展阅读：

世界知名企业如何培训员工？

扫一扫

项目三　员工培训运作流程

员工培训运作流程即前文所提的“五个阶段”。围绕着五个阶段中应该做的工作内容来开展员工培训，才能确保培训系统的落地生效。

一、培训需求分析

（一）培训需求分析的概念

企业培训始于培训需求分析。培训需求分析是确定酒店理想的工作表现与现实工作表现之间存在差距的一个系统过程，这个过程包括：收集数据以确定酒店存在的差距，分析所存在问题是否可以通过培训解决。在规划与设计每一项培训活动之前，培训部门、工作人员采用各种方法与技术，对各种组织及其成员的目标、知识、技能等方面进行系统的评估与分析，以确定差距，进而确定培训内容。

（二）为什么要进行培训需求分析

培训需求分析可以帮助企业识别工作表现问题，确定培训能否解决该问题，找出问题的起因，确定培训对象，确定培训内容，确定最有针对性的培训方式，找出与酒店目标之间存在的差距。

案例

培训效果始于培训需求分析

一个制造业公司的副经理A不满足于公司当前的绩效水平，他组成三个调查小组开展调研。这三个小组分别独立开展调查，然后提出改进绩效的方案。经过一段时间调研后，三个小组分别提交了各自的改进方案。令副经理A不解的是：他们发现的问题十分相似，即生产一线的班组长应对绩效低下负主要责任。生产一线的工人因老龄化已大量退休，顶替他们的是些年轻女工，班组长没有能力管好这些新工人。这三份改进方案的建议几乎一样。他们都建议，要开展新领导方式与人际关系培训班，培训班组长。培训班可由一家咨询公司主持，费用为7.8万元。

副经理A固然满意于三个小组都发现了问题的症结，但对于一下子拨出近8万元去搞培训感到拿不定主意。于是，他请来了咨询专家B，费用是每天750元。大家对B看法不一致。有的认为他不过是个“庸医”，有人认为，尽管B的工作方式不正统，但他总能出些成果。A决定先试聘B，直接观察他究竟是怎么干的，再做决定。

B的工作方式果然有自己的特点：他早晨到厂后在制造分厂现场转了一圈，然后访谈了公司的会计师、分厂负责生产的厂长、质量部主任。临近下班，B到A的办公室邀他到就近的餐饮部一边喝些什么一边讨论一下他的计划。

在近一小时的讨论中，B成功地打消了A的疑虑，并说服了A，使A相信：培训班组长不能解决根本问题，只是白白浪费公司的钱，事实上这些班组长具有很高的才能（A甚至没有和这些班组长中的任何人交谈过）。B提出了自己对解决问题的看法、程序和预期的效果。谈话结束时，A同意向上级申请15万元以开展B的改革方案。

B的改革方案持续了年半，结果受到公司上下的一致认可，提高了劳动生产率，减少了浪费，降低了转职率，提高了员工士气，并获益数百万元。这些结果大大出乎A的意料之外，在聘请B之前也没有想到会有如此好的结果。更让他不明白的是，为什么一个外人只是到公司中待了一天就会得出和公司内部人完全不一样的建议方案。

（三）如何发现培训需求

正确地发现培训需求，是提供正确实用的培训的前提。如何去发现培训需求呢？发现培训需求的流程见图 5-4。

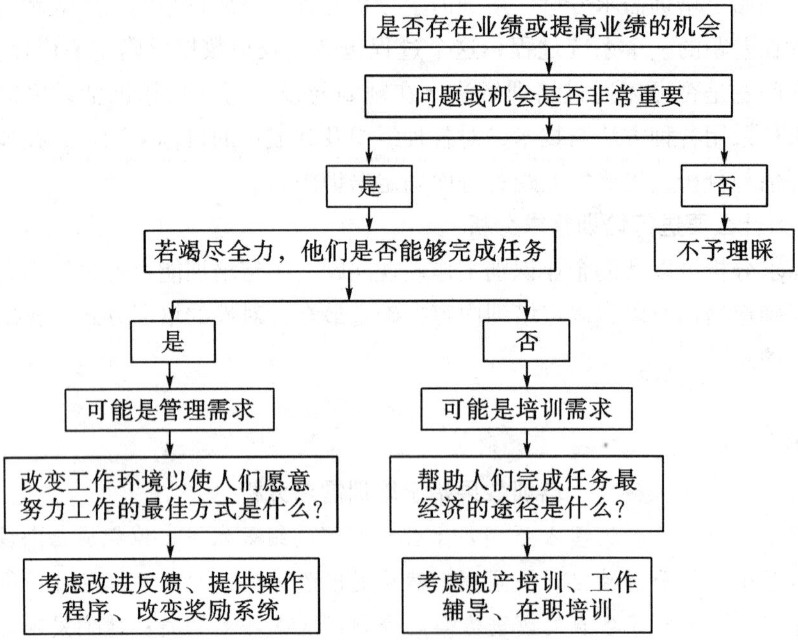

图 5-4　发现培训需求流程图

培训需求可能存在于三个层面：组织层面、工作任务层面以及个人层面。因此，培训需求分析需要分别从这三个层面来进行。通常，组织层面的培训需求分析是第一步。企业通过分析酒店的组织目标和经营目标，来确定完整的、有针对性的培训需求。在此过程中，企业要通盘考虑哪些技能和体系能最有效地促成组织目标的实现，如处理顾客投诉的技巧、成本控制、企业文化强化培训等。这个层面的分析，决定了组织中哪些领域需要培训。不同企业战略下的培训开发重点如表 5-3 所示。

表 5-3　不同企业战略下的培训开发重点

企业战略	经营重点	培训开发重点
集中战略	• 开发新客户 • 降低运营成本 • 维护市场地位	• 团队建设培训 • 成本控制培训 • 人际关系培训
成长战略	• 创新服务方式 • 拓展酒店营销渠道 • 兼并其他酒店	• 创新服务培训 • 管理者沟通培训 • 企业文化培训 • 团队培训
收缩战略	• 精简规模 • 调整经营方向	• 压力管理培训 • 重新求职培训

工作任务层面的培训需求分析，则是分析确定完成该岗位工作对员工知识、技能等的要求，从而确定培训内容的基本范围，比如该工作的复杂程度、工作的饱和程度、工

作内容和形式的变化等。这个层面的分析，决定了各个模块、各个领域的培训内容应该如何设置才能满足工作任务的需要。

员工个人层面的培训需求分析，则是对员工的能力、态度、业绩等进行比较分析，以确定企业组织成员是否能胜任所承担的工作，着重于分析员工个人素质能力与岗位的匹配程度。这个层面的分析，决定了谁应该接受培训、培训什么内容合适。

注意：员工个人层面的问题只需进行特殊性培训，如果个人层面的问题具有共同性，就变成了组织层面的问题。

培训需求分析流程如图 5-5 所示。

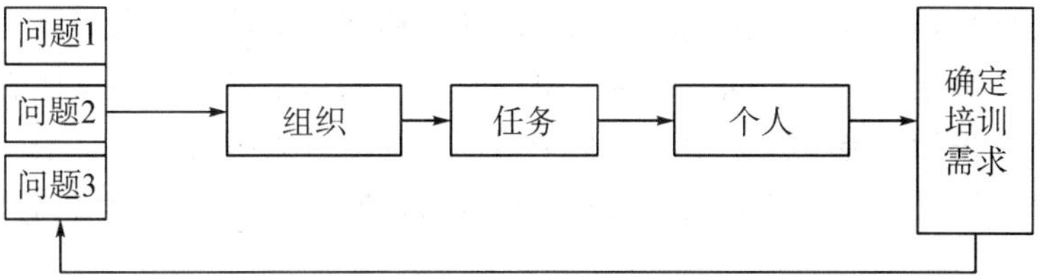

图 5-5　培训需求分析流程

课堂小练习

讨论：如何从问题中找到培训的需求点？

案例

客人赵先生向大堂副经理投诉说，两天前他在 922 房间遗留了手机充电器，今天过来询问总台，总台答复说没有。大堂副经理立刻协助他寻找，在房务中心找到了客人遗留的手机充电器。事后，经过对当班员工的调查以及对楼层服务员、领班、房务中心员工等的了解，这位副经理发现造成投诉的原因有以下几点：

(1) 总台员工责任心不强，业务知识欠缺，对遗留物品处理与控制的程序不了解。客人询问其是否有遗留物品时，该员工仅从总台的交接班日志中查找，而不知道遗留物品是由房务中心统一保管的。

(2) 客房服务员和领班对遗留物品处理得当，但查房不仔细。在客人退房时，查房员工未能及时发现遗留物品，失去了第一时间将其归还给客人的机会。直到做完客房打扫，查房员工才发现充电器，并将其上交给房务中心。

(3) 房务中心员工没有及时地通过总台查找客人并将此情况电话告之，也没有将遗留物品情况记入客史档案，以便在客人下次入住时归还，而是将物品登记好存入遗留物品保管柜了事。经检查，柜中物品也未分类保管，贵重物品和一般遗留物品混杂，存在隐患。

综合以上案例信息，该酒店培训需求有哪些？

> **拓展阅读：**
>
> 员工培训需求调查表
>
> 扫一扫

二、制订培训计划

良好的培训总是给人留下深刻的印象，同样，糟糕的培训也让人难以忘怀。参训学员放弃日常工作甚至是休息时间，花费大量的时间和精力来参加培训，他们希望通过培训获得更多的知识和技能，还希望看到整个培训活动能够组织得井井有条。那么，如何才能确保培训能够进行得井井有条，而不是错误百出呢？制订完善的培训计划，是必不可少的。

（一）培训计划的分类

培训计划按照不同的划分标准，有不同的分类方式。常见的培训计划类型如图 5-6 所示。

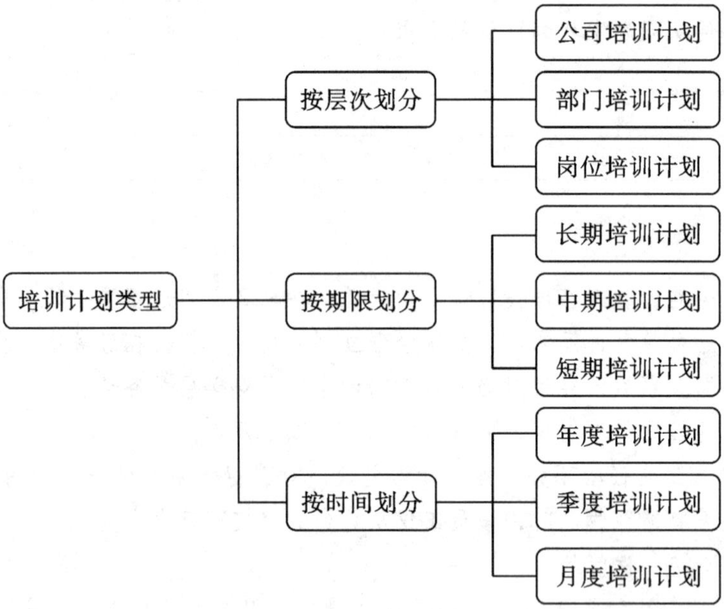

图 5-6　培训计划类型

> **拓展阅读：**
>
> ××酒店部门培训计划表
>
> 扫一扫

拓展阅读：

昆明七彩云南温德姆至尊豪庭大酒店
月度员工培训计划表

扫一扫

（二）培训计划的内容

1. 培训目标

每个培训项目都要有明确的目标。为什么培训？是基于什么来进行培训的？培训是要解决企业战略问题、提升绩效、突破瓶颈、提升管理等吗？培训要达到什么样的效果？这些是要明确的。培训目标要简洁，具有可操作性、可评估性和可衡量性。

2. 培训对象

培训对象可根据员工的不同状态、不同职位工种、不同层级、不同类别等进行划分。具体分类如下：

①按员工的状态不同，培训对象可分为在职全员培训和新入职培训。企业对在职员工定期或不定期地进行文化、价值观类的培训，以保持文化价值观的高度统一性，对新入职员工要进行入职上岗的系统性培训。

②按职能系统的不同，培训对象可分为专业技术培训和特殊工种培训。

③根据员工的层级不同，培训对象可分为分层次理论技能培训和晋升培训。

企业只有把培训对象划分清楚，才能有针对性地进行培训。这样不会造成资源的浪费。

3. 培训内容

培训内容包括拓宽员工的思维视野，提高员工技能，改变员工的工作态度，改善员工工作意愿的文化价值观等。培训的内容可依照培训对象的不同而分别确定。在确定培训内容以前，人力资源部应先进行培训需求的分析调查，了解企业及员工的培训需要，然后研究员工所任的职位，明确每个职位所应达到的任职标准，最后再将员工个人的工作业绩、能力、态度等与任职标准进行比较。

酒店培训的内容十分丰富。酒店培训以各种形式对员工进行服务知识、服务技巧、语言及管理等各个方面的培训，以不断提高员工的素质。培训内容可以分为四个方面：职业态度、职业知识、职业技术与职业习惯。职业态度与职业习惯是每一位员工都需要具备和养成的，而职业知识与职业技术对不同的员工有不同的要求。例如：对员工和领班来说，关键是要掌握作业的知识与技术；对主管和部门经理来说，关键是要掌握组织督导的知识与技术；对总经理和董事长来说，关键是要掌握经营管理的知识与技术。具体来说，酒店的培训内容主要有以下几类：①职业素质培训；②企业文化培训；③酒店服务及管理技巧专题培训；④部门专业实务培训；⑤外语培训。

拓展阅读：

××酒店 BLD 部门知识与技能培训手册

扫一扫

4. 培训课程

一般课程分为通用、专业、特殊三类课程。通用类课程的内容主要是全公司的企业文化、战略愿景、职业素质、通用素质模型等内容，主要针对公司全员进行。专业类课程是根据职位任职资格、员工发展计划等设计的专业能力提升课程，主要针对企业各层级的专业技术人员。专业课程培训对象的层次可以分为高级、中级、初级三类，主要课程目标是提升员工的专业技能水平，通过培训推动员工个人能力及绩效目标达成。特殊类课程是指针对企业的关键核心人才、后备人才、特殊工种等设计的培训课程，主要围绕胜任力评价、能力测评结果、企业重大业务课题等设计培训内容，旨在帮助学员提升管理水平，发展业务能力，从而推动公司战略发展。

职场案例：

如何设计新员工入职培训课程?

扫一扫

拓展阅读：

昆明七彩云南温德姆至尊豪庭大酒店员工入职培训日程安排表

扫一扫

职场案例：

如何培养中低层管理干部?

扫一扫

5. 培训类别

培训类别大体可以分为内训和外培两大类。内训是指企业利用自己的资源在企业内部组织的培训，以及从外部聘请老师来企业组织的培训。外培主要是指员工参加外部培训机构组织的取证培训，如特殊工种培训、学历教育等。

6. 培训讲师

讲师在培训中起到了举足轻重的作用。讲师分为外部讲师和内部讲师。内部讲师主要负责讲授企业文化、产品知识、规章制度、方法流程等，外部讲师主要负责讲授内部讲师无法讲授的新技术、新方法、能力提升等课程。在制订年度培训计划时，人力资源部门要进行课程讲师资源评估统筹规划。

职场案例：

如何选择外部的培训机构？

扫一扫

7. 培训方法

培训方法有很多种，各有优缺点。企业应根据培训类型与培训对象、培训目的、自身实际情况等因素，选择合适的培训方法。有时，企业需要将多种培训方法相结合使用。

8. 培训安排

培训安排里应该明确培训的时间、地点、培训组织者等内容。培训安排应具有周密性和可行性，要根据培训对象及内容的轻重缓急来科学安排。培训时间安排要得当，要以尽量不与生产任务相冲突为最基本的原则，同时也要兼顾学员的时间。一般来说，培训安排在生产经营淡季。

人力资源部应该事先确定培训地点，并根据培训内容及培训方式的需要进行相应的布置。

课堂小练习

某酒店是一家五星级酒店，经营业绩在当地一直名列前茅。可提到培训计划的制订与实施，培训经理小王却并不感到轻松。

上次，小王花了几个通宵加班加点写了十几张纸的年度培训计划，内容很周详，受到了老总的表扬。但一年下来，计划中的内容只实现了60%，主要原因是培训时间无法保证，相关部门也不配合。最近，前台部门经常出现差错，导致客人投诉。其问题恰恰出在员工缺乏有效的培训上。这下，小王及相关部门经理成了“救火队员”，整天忙于处理这些突发事件。小王也不知道到底怎样才能扭转这种被动的局面。

该酒店应如何处理好经营与培训的关系？

9. 培训经费

培训经费应该定多少，是由企业的行业特点、业绩情况与员工工资收入水平等因素决定的。它分为两个部分：一部分是整体计划的执行费用，另一部分是每一个培训项目的执行或者实施费用。

行业数据

国际大公司的培训总预算一般占上一年总销售额的1%～3%，最高的达7%，平均达1.5%。而我国的许多企业都低于0.5%，甚至不少企业在0.1%以下。酒店培训总预算是这样使用的：50%的资金用于企业内部培训，40%的资金用于派遣员工培训，10%的资金作为机动费用。

10. 培训评估与考核

为了验证培训效果，督促受训人员学习，每一次培训后，人力资源部都必须进行相应的考评与培训效果评估跟踪。

三、组织实施培训

培训计划一经确定，人力资源部就要按照计划开始组织实施培训。培训的组织实施过程包括诸多环节，如培训设备的准备、人员的通知、培训纪律的规范管理、培训资料工具的准备等。每一个环节都可能影响培训的效果。

（一）培训准备

培训前的准备工作主要有：培训通知下发、讲师确认、课件确认、时间地点协调、设施设备检查调试、所需表格及资料准备、学员基本情况、培训前后交通工具及食宿确认等。良好的开始等于成功的一半，在培训组织中应不打无准备之仗。

（二）培训实施

培训实施过程需要培训组织者有良好的控场能力，一个良好的培训组织者一定是一位优秀的管理者。

培训的组织实施是教学活动的实施过程。培训实施流程包括培训签到、培训前介绍、培训过程管理以及培训结束几个环节。

微课视频：

筹备期的单体酒店入职培训这样做

扫一扫

四、培训成果转化

许多职场人都有这样的感受：在培训课上听课，觉得收获满满，有时候甚至热血沸腾，但培训结束一两天后，基本上就将所学还给老师了。

学而能用是真学。这个“学而能用”指的就是培训成果转化的问题。

行业数据

有关企业培训的研究表明，一般的企业培训只有10%～20%的转化率，即80%～90%的培训资源和成果都被浪费了。这就意味着，对绝大多数企业而言，投入大量的人力、物力，最后却打了水漂。这也是造成目前不少企业的领导对培训不感兴趣的原因所在，毕竟企业是讲究投入产出比的。

影响培训成果转化的因素很多，包括工作氛围、管理者的支持、同事的支持、技术的支持以及自我管理能力等。

（一）工作氛围

工作氛围是指参训学员培训完毕回到工作环境中，影响他们把所学知识应用到工作中去的观念、态度和习惯性做法等。如果公司的氛围是不爱学习的，缺乏促进培训成果转化的氛围，或者领导本身对培训是不重视的，那么，再好的培训也不会有好的成果转化。

（二）管理者的支持

上级管理人员的支持程度越高，培训成果越有可能得到转化。因此，管理者可以在培训前用实际行动告诉员工公司对培训的重视，他对参加本次培训的期许；并在培训中为员工参训提供各种方便；在培训后主动向员工了解培训的收获以及如何改善工作，甚至鼓励员工在部门内分享培训内容等。这些都将很好地激励员工进行培训成果的转化。

（三）同事的支持

“独学而无友，则孤陋而寡闻”，企业通过在学员之间建立起一种支持网络，让他们相互交流、切磋，会有助于强化培训成果的转化。建立支持网络的方式有很多，比如成立互助学习小组、提供交流平台、定期面对面讨论等，都是不错的方式。

（四）技术的支持

技术的支持指的是企业通过信息技术的应用促进学习成果的转化。有的企业，专门针对员工的业绩表现开发了相应的反馈跟踪系统。系统技术，可以直观地帮助员工看到培训前后自身业绩的改变、工作方法和技能的改变。这将促进培训成果的转化。

（五）自我管理能力

学员的自我管理能力是影响培训成果转化的关键内因。因此，人力资源部在拟订培训方案时，要帮助学员做好在工作中运用新知识和新技能的准备。比如，在每个小的培训模块完成后，人力资源部要求学员制订在工作中运用新技术和采取新行为的计划，并设定合理的目标，协助学员探讨在何种条件下才能实现目标，并持续跟踪其行动计划的实施效果，及时给予指导和帮助。

五、培训效果评估

培训计划完成了，时间和钱都花了，学员对本次培训的满意度如何？酒店员工在培训中收获了什么？这些都属于培训效果的评估检验范畴。只有被证明是有效的培训项目，培训才能获得支持，获得后续的推广，人力资源部的培训组织工作才能有成效显现，从而才能获得更多的培训资源和支持。

职场案例：

如何做出一份优秀的培训效果评估？

扫一扫

拓展阅读：

××酒店培训课程评估表

扫一扫

拓展阅读：

昆明七彩云南温德姆至尊豪庭大酒店员工培训及发展记录表

扫一扫

（一）评估的目的

培训评估的目的如下：

（1）检验培训目标是否可行，是否可被学员接受，是否能够实现；

（2）提高和改善培训人员的授课水平、质量和条件；

（3）确定培训的实际效果与既定目标间的差距，并加以调整；

（4）完善对培训需求的估计；

（5）更有效地分配和利用现有的和潜在的资源。

（二）评估的方法

培训效果的评估模型有很多，如柯氏四级评估、考夫曼五层次评估、菲利普斯五级投资回报率模型等。本书主要讲最常用的柯氏四级评估。

柯氏四级评估模型是由国际著名学者唐纳德·柯克帕特里克于1959年提出的，是目前应用最广泛的培训效果评估模型。该模型不仅简单、全面，而且有很强的系统性和可操作性。柯氏四级评估模型如图5-7所示。

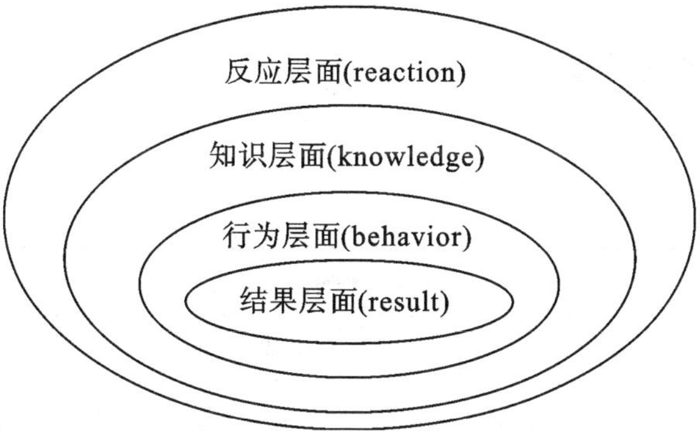

图 5-7 柯氏四级评估模型

第一级，反应评估：评估受训者的满意程度。

受训者作为培训的参加者，在培训中和培训后必然会对培训活动产生一些感受。他们的反应可以作为评价培训效果的依据。这一级的评估是在培训刚刚结束后，立即对受训者进行调查，及时掌握他们对培训内容、培训方法、培训讲师和培训地点以及时间等方面的反应，完成关于受训者对具体培训科目综合看法的分析。反应评估可采用的方法是，培训结束之前就所需要了解的问题进行问卷调查。

第二级，学习评估：测定受训者的学习获得程度。

这一级评估的目的是确定受训者学到了哪些知识？提高了哪些技能？改进了哪些态度？学习评估的方法有观察受训者按工作角色进行的演练、个人技能表演，笔试和讨论，应变能力测试，演讲等。

第三级，行为评估：评估受训者的知识运用程度。

受训者在培训中获得的知识和技能能否应用于实际工作，能否实现由学习成果向工作能力的转化，是评价培训效果的重要标准。经过培训后，员工的实际工作表现是对培训效果最客观的反映。行为评估就是核查受训者在参加培训后对所学内容的吸收程度，特别是在工作中对所学内容的自觉运用水平。因为很难预测行为变化的实际发生时间，建议行为评估通常在受训者回到岗位 1~3 个月后进行。评估的行为变量包括工作的积极性、服务的规范性、操作的熟练性、分析解决问题的有效性等。在评估中，评估者首先对受训者的工作行为是否发生了变化做出判断，然后分析这种变化是否由培训引起，并分析受训者行为变化的程度。

行为评估的方法有：受训者行为观察、受训者的谈话和调查、培训后对受培训者上级主管的问卷调查。

第四级，结果评估：计算培训创造的经济效益。

评估者利用一系列数字化指标，比较研究员工培训对酒店经济效益、服务水平和顾客满意度等方面的影响。培训结果评价的另一个重要内容是，评估培训的使用效果，即评估培训对实现酒店目标的影响程度，如对提高劳动生产率、改进服务质量、提高员工士气、降低缺勤率、降低员工流动率、降低成本、降低事故率、利润增长等方面的影响。

结果评估主要是采取对比的方法，即培训前后有关经营数据的比较、培训成本和收益比较分析、顾客满意度调查。其中，培训收益分为短期收益与长期收益。短期收益体现为通过培训提高的员工工作效率；长期收益体现为员工能力和素质的改善对酒店发展的作用。

课后实作任务

【任务一】

任务名称	酒店培训管理状况调查		
组名		小组成员	
任务描述	调查当地一家酒店的培训管理实施状况，针对酒店中可能存在的某一问题，准确地找出问题的根源，进行培训需求分析，判断该问题是否能由培训解决，拟写一份解决该问题的培训计划		
任务要求	1. 查阅相关资料，收集该酒店服务及管理问题相关资料 2. 以小组为单位联系在酒店从事人力资源管理工作的工作人员获得相关资料或上网搜索相关资料 3. 调研后，小组成员共同讨论、分析，形成讨论总结		
任务准备	熟悉培训需求分析相关流程及方法，查询酒店培训需求分析案例，小组成员分工		
实施建议	与校企合作酒店取得联系，并取得对方的支持，然后小组讨论： 1. 什么是培训需求分析？ 2. 培训需求分析的具体内容、流程及结果是什么？ 3. 什么时候需要进行培训需求分析？		
实施计划	计划包括以下四个方面： 人员分配、时间安排、解决步骤、设备和工具		
实施过程记录	从以下三个方面记录： 收集的资料、过程记录、实施中遇到的问题及解决办法		
任务成果	形成一份培训计划		

【任务二】

任务名称	酒店培训情景模拟		
组名		小组成员	
任务描述	选择酒店某一类常用培训内容，如职业态度、职业技能、职业知识、职业习惯等，讨论确定培训主题，并设计15分钟的培训教案；以小组为单位，自备道具，组员分别扮演培训师与受训者进行情景模拟培训		
任务要求	1. 分工合作，每个人都要参与任务 2. 至少使用两种培训方法 3. 培训时间控制在10~15分钟		

任务准备	熟悉培训运作相关流程及培训方法，小组成员分工
实施建议	1. 查阅培训方法、培训内容等相关资料，讨论出一个合适的培训主题 2. 以小组为单位围绕培训主题展开培训准备 3. 根据培训主题综合运用合适的培训方法
实施计划	计划包括以下四个方面： 人员分配、时间安排、解决步骤、设备和工具
实施过程记录	从以下三个方面记录： 收集的资料、过程记录、实施中遇到的问题及解决办法
任务成果	形成一份培训计划

课后练习

一、单选题

1. 师傅带徒弟这种培训方式的开发主体是（　　）。

A. 师傅　　B. 徒弟

C. 学校　　D. 企业或单位

2. 在欧美、日本等国家盛行的，不经培训或培训不合格不得进入岗位的培训形式是（　　）。

A. 在职培训　　B. 非在职培训　　C. 岗前培训　　D. 脱产培训

3.（　　）不是在培训过程中教室布置的决定因素。

A. 参训人员人数　　B. 培训活动形式

C. 课堂控制程度　　D. 学员参与程度

4. 不是培训的"Learn"教育方法的内容的是（　　）。

A. 多讨论　　B. 重视经历　　C. 积极参与　　D. 游戏

5. 培训目标是对学员接受培训后所表现出来的工作能力水平的描述。培训目标的要求不包括（　　）。

A. 清楚　　B. 简单　　C. 具体　　D. 可衡量

6. 培训过程中最复杂最费时的阶段是（　　）。

A. 培训评估　　B. 培训需求分析　　C. 培训设计　　D. 制作培训资料

7."你喜欢这样的培训吗?""你对培训师的表现是否满意?"这些属于培训评估方面的（　　）层面。

A. 反应　　B. 学习　　C. 行为　　D. 结果

8. OJT 指的是（　　）。

A. 职前培训　　B. 在职培训　　C. 脱岗培训　　D. 交叉培训

9. 提出一些工作中有代表性的问题，并假设几种解决问题的方法，让员工讨论和选择正确答案，并申明理由，并由指导教师做出综合分析的一种方法是（　　）。

A. 角色扮演　　B. 案例分析　　C. 操作示范　　D. 情景模拟

10. 以下关于培训的说法，不正确的是（　　）。

A. 培训和教育不是一回事

B. 培训就是为了实现知识、技能和态度的改变而设计的学习

C. 企业的大部分问题可以通过培训来解决

D. 培训不仅可以提高劳动效率，也可以降低事故率和损耗成本

二、判断题

1. 培训应遵循“成人学习”的原则。（　　）
2. 培训内容主要有知识类、技能类及态度类三大类。（　　）
3. 培训管理始于培训需求分析。（　　）
4. 在不同的企业战略阶段，培训工作的重点也不同，培训应围绕着企业战略来进行。（　　）
5. 工作层面的培训需求分析，决定了企业哪些地方需要培训。（　　）

三、简答题

1. 简述培训的意义。
2. 培训需求分析有哪些内容和层次？
3. 培训的方法有哪些？

四、案例分析题

某航空公司的员工培训案例①

对于服务企业，员工的职业素质和服务水平直接影响了企业的业务发展，而员工数量众多、基本素质参差不齐，这些现实问题也为企业对员工进行有效培训增加了难度。如何切实提高员工的工作能力，如何对员工进行有效培训，成为企业管理者重点关注的问题。一套健全合理的员工培训体系可以有效提高员工的工作能力，逐步建设企业优秀人才梯队，有力推动企业稳定、健康、快速发展，为企业的战略发展提供人力资源支持。由此可见，有针对性地对员工进行培训对于企业发展是至关重要的。

某航空公司自成立起就自主经营，现已发展成一家拥有 49 架波音系列飞机的中等规模航空公司。该航空公司开通了往返于日本、韩国等地的 10 余条国际航线，以及往返于北京、上海、广州、深圳、海口、三亚、沈阳、哈尔滨、香港、澳门等 80 余条国内航线。

作为典型的服务企业，员工的职业素质和服务水平直接影响了航空公司的业务发展。目前，该航空公司为保持企业的核心竞争力，实行全员培训制度，着重培养人员的岗位技能和业务素质。但是，其培训的“粗放式管理”影响了培训效果的转化，也制约了企业的进一步发展。

---

① 陈丽芬. 员工培训管理［M］. 北京：电子工业出版社，2010.

经调查，该航空公司的员工培训体系存在以下几个方面的问题：

第一，培训规划性差。目前，该航空公司的培训开发活动与企业发展战略存在一定的脱节，培训工作缺乏长远的规划，经常出现“别人培训什么就培训什么”“流行什么就培训什么”等问题。由于员工数量众多，且培训计划性差，该航空公司人力资源部门整天忙于组织培训活动等事务性工作，组织了一场又一场培训活动，但是培训效果始终得不到体现，也没有时间和精力去思考培训的长期规划。

第二，培训针对性差，导致培训效果不佳。目前，该航空公司的新员工培训仍延续传统的培训体系，其培训内容年年相同，主要是企业介绍、专业技能培训等常规的培训内容，缺乏针对性。新员工培训存在一定的形式化，严重影响了培训效果的转化。访谈中，员工也反映了一些实际工作中的问题，如“融入团队的时间比较长”“上岗之后也不知道做什么”“有些工作得两三年才能独立开展”。

第三，缺乏对特殊核心工种人员需求相匹配的软性知识培训。航空业中的特殊岗位，如飞行员和空乘人员等在飞行过程中所承担的安全风险和服务压力相对普通运输服务的员工会大很多。他们的岗位任职资格对个人的心理素质和综合素质要求高。但就目前情况来看，企业缺乏对这方面的培训，有关技能方面的课程不少，但软知识的培训，如对思维、态度、心理健康和压力疏导方面的培训很少。

【案例思考】

根据本模块所学培训管理的相关知识，你能给这家航空公司的培训管理提出改进建议吗？

模块六

酒店员工绩效管理

今天的组织需要的是由一群平凡的人，做出不平凡的事。

行业专家箴言

HANGYE ZHUANJIA AHENYAN

一个重视贡献的人，为成果负责的人，不管他职位多卑微，他仍属于高层管理者。

课前导入

KEQIAN DAORU

制度的力量①

这是历史上一个的著名例证。18 世纪末，英国政府决定把犯罪的英国人发配到澳大利亚去。

一些私人船主承包从英国往澳大利亚大规模地运送犯人的工作。英国政府实行的办法是以上船的犯人数支付船主费用。当时，那些运送犯人的船只大多是由一些很破旧的货船改装的，船上设备简陋，没有什么医疗药品，更没有医生。船主为了牟取暴利，尽可能地多装人，船上条件十分恶劣。一旦船只离开了海岸，船主按人数拿到了政府的钱，对于这些人能否活着到达澳大利亚就不管不问了。有些船主为了降低费用，甚至故意断水断食。三年以后，英国政府发现：运往澳大利亚的犯人在船上的死亡率为 12%，其中最严重的一艘船上 424 个犯人死了 158 个，死亡率约 37%。英国政府花了大笔资金，却没能达到大批移民的目的。

英国政府想了很多办法，如在每一艘船上都派一名政府官员监督，再派一名医生负

① 佚名. 制度的力量［EB/OL］.（2012-12-09）［2018-12-15］. http://www.jobmd.cn/article/45629.htm.

责，同时对犯人在船上的生活标准做了硬性的规定。但是，死亡率不仅没有降下来，有的船上的监督官员和医生竟然也不明不白地死了。原来一些船主贪图暴利，贿赂官员，如果官员不同流合污就将其扔到大海里喂鱼。

英国政府又采取新办法，把船主都召集起来进行教育培训，教育他们要珍惜生命，要理解去澳大利亚是为了英国，不要把金钱看得比生命还重要。但是情况依然没有好转，死亡率一直居高不下。

【案例思考】

问题出在哪里？可以采取什么样的方法解决？

【参考答案】

一位英国议员认为是那些私人船主钻了制度的空子。而制度的缺陷在于政府给予船主报酬是以上船人数来计算的。他提出改变制度：英国政府以到澳大利亚上岸的人数为准计算报酬。问题迎刃而解。船主主动请医生跟船，在船上准备药品，改善生活，尽可能地让每一个上船的人都健康地到达澳大利亚，因为一个人就意味着一份收入。

自从实行上岸计数的办法以后，船上的死亡率降到了1%以下。有些运载几百人的船只经过几个月的航行竟然没有一个人死亡。

这个故事告诉我们，绩效考核的导向作用很重要。企业的绩效考核导向决定了员工的行为方式。如果企业认为绩效考核是惩罚员工的工具，那么员工的行为就是避免犯错，而忽视创造性。忽视创造性，就不能给企业带来战略性增长，那么企业的目标就无法达成。如果企业的绩效考核导向是组织目标的达成，那么员工的行为就趋于与组织目标保持一致，分解组织目标，理解上级意图，并制定切实可行的计划，与经理达成绩效合作伙伴，在经理的帮助下，不断改善，最终支持组织目标的达成。

课前思考

KEQIAN SIKAO

绩效管理对于企业和员工起到了什么作用？

本模块教学目标

BEN MOKUAI JIAOXUE MUBIAO

知识目标：

1. 阐述什么是绩效管理以及为什么要进行绩效管理。
3. 描述绩效管理的过程。
4. 说明绩效计划制订的平衡计分卡的实施过程。
6. 说明KPI指标体系及其制定方法。
7. 列出绩效考核的方法。
8. 阐述360度绩效考核。

9. 列出绩效考核中的常见偏差。

技能目标：

1. 能够制定绩效指标体系。
2. 使用至少一种绩效考核方法进行考核。
3. 能够进行绩效反馈面谈。

本模块理论知识
BEN MOKUAI LILUN ZHISHI

◇ 项目一　绩效管理概述
◇ 项目二　绩效管理的过程

项目一　绩效管理概述

一、什么是绩效管理

（一）绩效的定义

绩效即工作业绩和工作表现。如何去衡量一个人的表现，对不同的人，企业可能会用不同方式去衡量，如我们主要用销售额来衡量销售人员的工作表现，主要用服务行为来衡量餐厅服务员的工作表现。个体的表现总是跟他自身的知识、能力、态度、环境、所受到的激励和机遇有很大关系，而企业去衡量个体表现好坏的标准在于个体对企业实现目标是否有帮助。因此，绩效是指组织中个人或群体在特定时间内的可描述的工作行为和可衡量的工作结果，以及组织结合个人或群体在过去工作中的素质和能力，指导其改进完善，从而预计该个人或群体在未来特定时间内所能取得的工作成效的总和。

绩效分为个人绩效和组织绩效两种。组织绩效的实现应在个人绩效实现的基础上，但是个人绩效的实现并不一定保证组织绩效的实现。如果组织的绩效按一定的逻辑关系被层层分解到每一个工作岗位以及每一个人的时候，只要每一个人达成了组织的要求，组织的绩效就可以实现。这种按照逻辑关系将组织绩效分解到每一个工作岗位的过程就是绩效管理中的一个重要环节。

（二）绩效管理的定义

微课视频：

唐僧师徒的故事

扫一扫

微课视频：

三只老鼠偷油与绩效考核

扫一扫

企业的目标是实现企业价值最大化，管理的目的就是提高效率从而实现价值最大化，包括人、财、物、事的效率。人力资源管理恰好解决的是人员效率的提高问题，所以会采取很多方法，比如对员工进行培训，保证员工知晓如何正确地做事，以及对员工的工作行为和工作业绩进行管理。这就是绩效管理。绩效管理就是管理人员保证员工的活动和产出和组织目标相一致的方法和手段。但是这个过程是复杂的，组织必须按照一定的绩效目标和标准，采用科学的方法收集与绩效相关的信息，定期对员工的绩效水平做出评价和反馈。绩效管理是一个过程，包括目标和计划的编制、实施、评估和反馈一系列的活动，通过这样一个环环相扣的管理过程，将员工的个人行为和企业的目标紧密结合在一起。因此从过程角度来阐释绩效管理，它就是组织按照一定的绩效目标和标准，采用科学的方法收集与绩效相关的信息，定期对员工的绩效水平做出评价和反馈，以确保员工的工作活动和结果与组织要求相一致，进而保证组织目标完成的管理手段和过程。人力资源管理逻辑关系如图 6-1 所示。

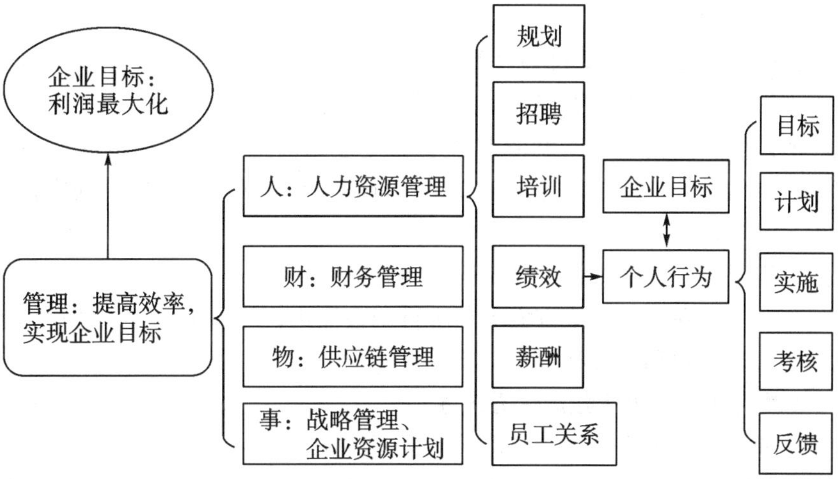

图 6-1　人力资源管理逻辑关系

二、绩效管理对酒店的作用

（一）绩效管理保证组织战略目标的实现

酒店一般有比较清晰的发展思路和战略，有远期发展目标及近期发展目标。在此基础上，酒店根据外部经营环境以及酒店内部条件的变化，制订出年度经营计划及投资计划，并在此基础上制定酒店年度经营目标。酒店管理者将公司的年度经营目标向各个部门分解，就成为部门的年度业绩目标；各个部门向每个岗位分解核心指标，就成为每个岗位的关键业绩指标。

年度经营目标的制定过程需要各级管理人员的参与，让各级管理人员以及基层员工充分发表自己的看法和意见。这种做法一方面保证了公司目标可以层层向下分解，不会遇到太大阻力；另一方面也能使目标的完成具备群众基础，最终促使组织目标的实现。对于绩效管理而言，酒店年度经营目标的制定与分解是比较重要的环节，这个环节的工作质量对于绩效管理能否取得实效是非常关键的。绩效管理能促进和协调各个部门以及员工按着酒店预定目标努力，形成合力，最终促进酒店经营目标的完成，从而保证酒店近期发展目标以及远期目标的实现。

（二）绩效管理可以有效促进组织和个人绩效的提升

绩效管理通过设定科学、合理的组织目标、部门目标和个人目标，为酒店员工指明努力方向。管理者通过绩效辅导沟通及时发现下属工作中存在的问题，给下属提供必要的工作指导和资源支持；下属通过工作态度以及工作方法的改进，保证绩效目标的实现。绩效考核可以对个人和部门的阶段工作进行客观、公正的评价，明确个人和部门对组织的贡献，通过多种方式激励高绩效部门和员工继续努力提升绩效，督促低绩效部门和员工找出差距改善绩效。在绩效反馈面谈过程中，考核者与被考核者通过面对面的交流沟通，帮助被考核者分析工作中的长处和不足，鼓励下属扬长避短，促进个人得到发展；对绩效水平较差的组织和个人，考核者应帮助被考核者制订详细的绩效改善计划和实施举措。在绩效反馈阶段，考核者应和被考核者就下一阶段工作提出新的绩效目标并达成共识，被考核者承诺目标的完成。在酒店正常运营情况下，部门或个人新的目标应超出前一阶段目标，激励组织和个人进一步提升绩效。经过这种绩效管理循环，组织和个人的绩效就会得到全面提升。

（三）绩效管理促进酒店管理流程和业务流程优化

酒店管理涉及对人、事的管理，对人的管理主要是激励约束问题，对事的管理就是流程问题。所谓流程，就是一件事情或者一项业务如何运作，涉及因何而做、由谁来做、如何去做、做完了传递给谁等几个方面的问题，上述四个环节的不同安排都会对产出结果有很大影响，极大地影响着组织效率。

在绩效管理过程中，各级管理者都应从酒店整体利益以及工作效率出发，尽量提高业务处理效率，应该在上述四个方面不断进行调整优化，使组织运行效率逐渐提高，并逐步优化酒店管理流程和业务流程。

（四）绩效管理帮助酒店甄选优秀人才

绩效管理通过对员工进行甄选与区分，保证优秀人才脱颖而出，同时淘汰不适合人员。酒店通过绩效管理能使内部人才得到成长，同时吸引外部优秀人才，使人力资源能满足组织发展的需要，促进组织绩效和个人绩效的提升。

三、绩效管理的常见误区

（一）将绩效管理与绩效考核等同

在现实生活中，包括在人力资源管理过程中，绩效管理的一个误区就是把绩效考核等同于绩效管理，或者在绩效管理中只强调绩效考核，但事实上二者有很大区别。绩效考核是绩效管理中的一个环节，绩效管理的目的是改善行为和改进绩效，遵循“计划—辅导—检查—改进”这个循环，重点是问题的解决、方法的改进和素质的提升，实现员工行为的改善和绩效的改进。绩效考核是事后考评工作的结果。而绩效管理包括事前计划、事中管理、事后考核，是为了达成组织的目标，通过持续开放的沟通过程，形成组织目标所预期的利益和产出，并推动团队和个人做出有利于目标实现的行为。绩效管理与绩效考核的区别如表 6-1 所示。

表 6-1　绩效管理与绩效考核的区别

绩效管理	绩效考核
从战略高度对绩效进行管理	对个人或部门的绩效进行评价
着眼于组织绩效和长远发展	着眼于个人或部门的绩效
一个完整的管理过程	管理过程中的局部环节和手段
侧重于信息沟通与绩效提高	侧重于判断和评估
伴随管理活动的全过程	只出现在特定的时期
事先的沟通与承诺	事后的评价

职场案例：

一谈到绩效考核，

首先想到的是扣工资？

扫一扫

（二）角色分配错误

企业普遍存在一个认识误区：人力资源管理是人力资源部的负责范畴，认为绩效管理是人力资源管理的一部分，应该由人力资源部负责实施。总经理往往只做一些关于实施绩效管理的指示，剩下的工作全部交给人力资源部。这也是绩效管理得不到有效实施的一个非常重要的原因。

人力资源部在绩效管理实施中主要扮演流程的制定者、工作表格的提供者和咨询顾问的角色，至于流程、制度的推行与实施则与人力资源部关系较小。推行的责任在企业的高层，推行绩效管理尤其要取得最高层的支持和鼓励。离开了高层的支持，人力资源部的一切工作都是白费。高层的支持要贯穿整个过程的始终，直到绩效管理的完全实施以及绩效管理系统的完善。

（三）过于追求形式上的完美

追求完美是企业管理者的一个共同特点，凡事总是想找到一个完美的解决方案，希望能够解决一切问题。因此，管理者对绩效管理的形式表现出了极大的关注，对绩效管理方案和绩效表格反复修改，过于追求形式上的完美。这种错误认识造成了人力资源部大量的工作浪费，无形中浪费了许多的人力资本。

在绩效管理过程中，绩效管理方案和绩效表格只是其中一个环节，做好了绩效计划和持续的沟通，其他形式的东西都是次要的。绩效管理绝对不是简单解决一个问题，而是转变管理者的管理方式和员工的工作方式，提醒大家关注绩效，让经理和员工共同就绩效进行努力并取得成果，共同实现企业的经营目标。

（四）认为绩效管理与员工无关

这种认识没有跳出以前绩效考核的误区，继续认为只要管理者知道绩效管理就可以了，员工知不知道无所谓。更为严重的是，除了人力资源部和总经理之外，没有更多人知道绩效管理是怎么回事，这也是绩效管理得不到推行的一个重要原因。

因此在绩效管理实施之前，企业要对员工进行充分的沟通和培训，要让员工明白绩效管理对他们的好处。他们才会配合经理做好绩效工作，做好绩效计划和绩效沟通。企业还要让经理明白绩效管理对他们的好处，经理们才愿意接受、参与和推动。因此，在正式实施绩效管理之前，总经理必须就绩效管理的目的、意义、作用和方法等问题对经理和员工进行认真培训，以保证绩效管理实施的效果。

微课视频：

两熊赛蜜，绩效大不同

扫一扫

项目二　绩效管理的过程

绩效管理是一个系统性的工程，具有很强的导向作用，因此绩效管理是保证企业战略目标实现的重要工具。它始于企业的战略目标，通过对绩效目标体系的设计，对绩效执行过程的监控，对绩效结果的考核，以及对绩效结果的反馈进而优化绩效目标的制定。这种闭环的持续优化的过程就是绩效管理的过程。绩效管理流程如图 6-2 所示。

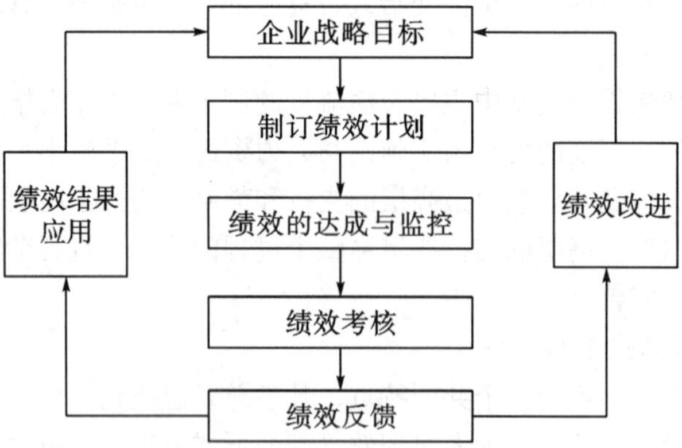

图 6-2　绩效管理流程

一、依据企业战略目标制订绩效计划

从绩效管理流程中，我们可以明确企业的绩效管理始于企业的战略目标，而绩效管理按照层次也可以划分为企业层面绩效管理、部门绩效管理和员工绩效管理。

1. 企业层面的绩效目标的确定

在衡量企业层面的绩效目标时，经常用到的战略与绩效结合的工具就是平衡计分卡（Balanced Score Card，BSC）。平衡计分卡，由哈佛大学教授罗伯特·卡普兰（Robert

Kaplan）与诺朗顿研究院的执行长大卫·诺顿（David Norton）于 20 世纪 90 年代提出。平衡计分卡体现的就是“平衡”二字，在考虑财务指标的同时，兼顾客户、业务流程和成长创新三个方面，是一个综合性的评价体系。后来，两位学者又在原有的平衡计分卡理论上加入了战略地图。至此，平衡计分卡就不单纯是一个绩效管理工具，而是企业战略管理工具。

（1）平衡计分卡的特征。

①平衡计分卡自上而下体现着公司的使命和战略。

大多数公司追踪的指标是自下而上的，但是这些来自各个业务单元的经营活动或特定流程的衡量指标，往往与公司的整体战略无关。而平衡计分卡首先从战略层面对企业的绩效进行规划，自公司层到部门层再到员工层，自上而下层层分解，体现公司的使命和战略。

②平衡计分卡具有前瞻性。

平衡计分卡致力于当前以及未来的成功。传统的财务衡量指标描述的只是公司在上一个报告期的经营情况，而没有描述管理者怎样才能在下一个报告期提高业绩。

③平衡计分卡整合了外部和内部的衡量指标。

这种整合可以帮助管理者发现，过去对各种绩效衡量指标进行了怎样的权衡取舍，同时有助于确保未来在实现指标的过程中不会出现顾此失彼的现象。

④平衡计分卡帮助企业聚焦重点事项。

很多公司往往追踪的衡量指标过多，超出了自身所需。平衡计分卡要求管理者只关注那些与公司战略成功息息相关的指标，并就此达成共识。

（2）平衡计分卡的四个维度。

平衡计分卡的模型如图 6-3 所示。平衡计分卡包括四个维度：财务维度、客户维度、内部营运维度、学习与成长维度。

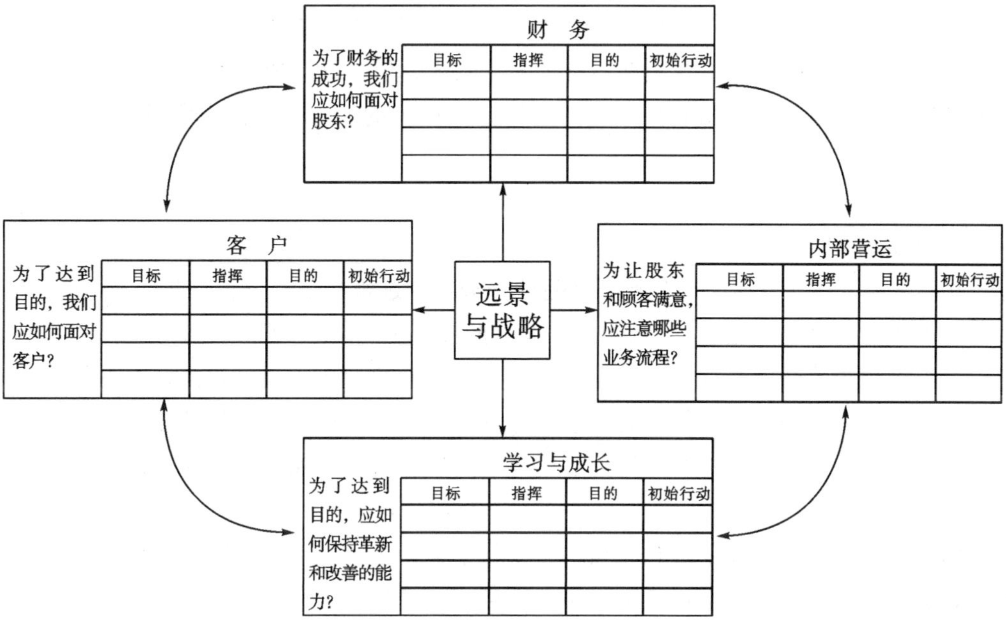

图 6-3　平衡计分卡的模型

①财务维度。

财务维度的指标是一般企业常用于绩效评估的传统指标。财务维度的指标可显示出企业的战略及其实施和执行是否正在为最终经营结果（如利润）的改善做出贡献。但是，不是所有的长期策略都能很快产生短期的财务盈利。非财务维度的指标（如质量、生产时间、生产率和新产品等）的改善和提高是实现目的的手段，而不是目的的本身。财务维度的指标衡量的主要内容有收入的增长、收入的结构、降低成本、提高生产率、资产的利用和投资战略等。

②客户维度。

平衡计分卡要求企业将使命和策略诠释为具体的与客户相关的目标和要点。企业应以目标顾客和目标市场为导向，应当专注于满足核心顾客需求，而不是企图满足所有客户的偏好。客户最关心的不外乎五个方面：时间、质量、性能、服务和成本。企业必须为这五个方面树立清晰的目标，然后将这些目标细化为具体的指标。客户维度的指标衡量的主要内容有市场份额、老客户挽留率、新客户获得率、顾客满意度、从客户处获得的利润率。

③内部营运维度。

建立平衡计分卡的顺序，通常是在先制定财务和客户方面的目标与指标后，再制定企业内部流程方面的目标与指标。这个顺序使企业能够抓住重点，专心衡量那些与股东和客户目标息息相关的流程。内部运营绩效考核应以对客户满意度和实现财务目标影响最大的业务流程为核心。内部运营指标既涉及短期的现有业务的改善，又涉及长远的产品和服务的革新。内部运营维度的指标涉及企业的改良与创新过程、经营过程和售后服务过程。

④学习与成长维度。

学习与成长维度的指标是驱使记分卡上述三个方面获得卓越成果的动力。面对激烈的全球竞争，企业今天的技术和能力已无法确保其实现未来的业务目标。削减对企业学习和成长能力的投资虽然能在短期内增加财务收入，但由此造成的不利影响将在未来对企业带来沉重打击。学习和成长维度的指标涉及员工的能力、信息系统的能力与激励、授权。

阅读材料

A 酒店平衡计分卡实施过程①

随着市场竞争的日益激烈，某酒店客户收入减少、餐饮和康乐项目的收入入不敷出，员工对酒店的绩效考核体系不满。酒店目前的考核指标基于预算，以财务指标为唯一考核依据，采用相互打分的方式，绩效考核仅实现了考核功能。员工并不清楚自己的工作对酒店的贡献，公司对员工所关注的高绩效回报没有客观的评价标准，绩效考核流于形式。

据此，酒店对发展战略进行梳理，并根据平衡计分卡的四个维度，总结了成功关键要素，提取了绩效指标，形成了下一年度酒店的关键绩效指标。

① 佚名．平衡计分卡［EB/OL］．（2012-09-21）［2018-12-16］．http://www.hrloo.com/rz/18136.html.

步骤一，酒店经营环境的SWOT分析见图1。

优势： ● 基础设施完备，可以满足客户各种不同需要 ● 管理层执行力较强 ● 多年的酒店管理经验	劣势： ● 员工流动性大，远高于全国平均水平 ● 激励机制不完善 ● 营销手段单一 ● 收入构成不合理，主要依赖客户收入
机会： ● 城市每年中高端旅客100万人次，连年增加 ● 城市旅游收入连年增加 ● 城市酒店人才丰富，有利于引进高素质人才	威胁： ● 竞争对手数量逐渐增加 ● 客户对服务质量要求越来越高 ● 新业务增长点市场压力逐渐增大

图1　酒店经营环境的SWOT分析

步骤二，关键成功要素的选择（见图2）。

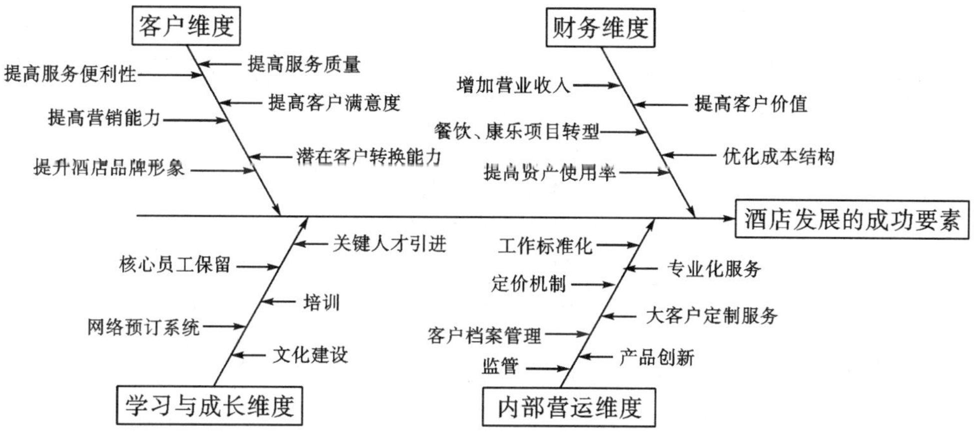

图2　关键成功要素的选择

财务维度：利润的增长主要在于收入的增加和成本控制。客户创造价值的增加、康乐项目的转型都会带来新的收入，酒店资产使用效率的提高也能增加利润。

客户维度：管理者应以客户的视野来看酒店，从质量、服务、成本等几个方面关注客户需求。酒店品牌建设也有利于引入新客户。

内部营运维度：对客户满意度影响最大的流程在于工作标准化、服务专业化。此外，灵活的定价机制和大客户定制服务也可以提高酒店产品的竞争力。

学习与成长维度：酒店运营人才是关键。管理者既要留住核心人才，也要加强关键人才的引进，同时注重通过培训不断提高现有员工素质。在信息化建设方面，管理者要重视网络预订系统的建设。

步骤三，导出公司战略地图（见图3）。

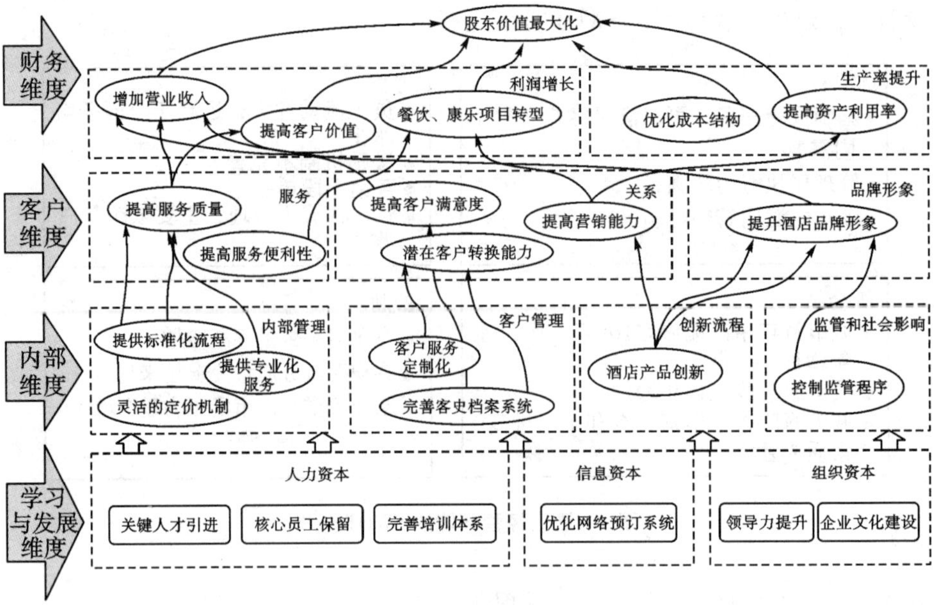

图 3　战略地图

步骤四，提出关键指标（见图 4。）

维度	关键成功要素	关键绩效指标
财务维度	增加营业收入	提高酒店净资产收益率达到 1.8%
	提高客户价值	提高单位客户购买力
	餐饮康乐项目转型	提高餐饮康乐销售计划达成率
	优化成本结构	经营成本得到有效控制，费用节省率达到 10%
	提高资产利用率	资产利用率达到 65%
客户维度	提高服务质量	引用国际通用的服务质量测评问卷 SERVQUAL
	提高服务便利性	提高服务效率，完善各部门工作量化指标
	提高客户满意度	客人投诉率下降 3%
	提高营销能力	营销渠道多样化，做好直销和会员体系
	潜在农户转换能力	建立潜在客户数据库，策划有针对性的营销活动
	提高酒店品牌形象	强化品牌认知度，保持品牌忠诚度
内部流程维度	提供标准化流程	完善各部门、各岗位工作标准化流程
	提供专业化服务	建立专业化服务标准
	灵活的定价机制	采用动态定价机制，将房价与折扣率相结合
	大客户服务定制化	开发可定制的产品和服务，推行“客户自助”服务
	完善客史档案系统	收集建立客户个体化消费档案系统，进行客户资料分析，建立科学的客户信息制度
	酒店产品创新	提升客户体验与价值
	控制监管程序	提高健康和案例系数，卫生清洁达标率为 100%，各系统设施设备维修及时率达 100%
学习与成长维度	关键人才引进	引进“本土国际化人才”，走特色化、专业化的道路
	核心员工保留	降低核心员工流失率
	完善培训体系	加强酒店培训体系的运转，培训目的明确，培训内容完整，有针对性
	网络预订系统	完善网络预订系统
	企业文化建设	增强酒店员工的企业意识，建立以绩效为导向的企业文化

图 4　关键指标

步骤五，确定下一年公司考核关键绩效指标及权重。

酒店的公司级平衡计分卡指标按照重要性和可控性原则由高级管理人员打分并排序，然后将排名在前七名的指标作为公司级绩效考核指标并赋予相应的权重。在权重设计时，重要性越高的指标权重越大，单个指标权重最低不低于5%，权重总和为100%。

A酒店下一年度考核的关键绩效指标为：

①餐饮康乐销售计划完成100%，权重30%；

②提高酒店净资产收益率达到1.8%，权重25%；

③引用国际通用的服务质量测评问卷，权重15%；

④引进“本土国际化人才”4名，权重10%；

⑤核心员工流失率控制在10%以内，权重10%；

⑥直销和会员体系营业收入分别达到总收入的10%和15%，权重5%；

⑦酒店员工培训时长达到人均20日，培训一次通过率90%，权重5%。

步骤六，确定各部门和员工指标。

在酒店级绩效指标确定之后，要进一步将酒店级关键绩效指标分解到各个部门，形成各个部门的绩效指标，并确定各个部门的关键绩效指标。各部门按照同样的方法分解其部门绩效指标，并将各个指标分解到岗位。酒店高管层的绩效指标就是酒店级指标。部门主管的绩效指标就是部门级指标。各岗位员工的绩效指标除了按照该岗位职责确定的指标之外，还要承担一部分酒店级指标和部门级指标。

2. 企业绩效指标的分解

在确定了企业层面的衡量指标之后，就需要对企业绩效指标进行层层分解，在这个过程中一般会使用到关键绩效指标方法。企业关键绩效指标（Key Performance Indicator, KPI）是通过对组织内部流程的输入端、输出端的关键参数进行设置、取样、计算、分析，衡量流程绩效的一种目标式量化管理指标，是把企业的战略目标分解为可操作的工作目标的工具，是企业绩效管理的基础。KPI可以使部门主管明确部门的主要责任，并以此为基础，明确部门人员的业绩衡量指标。建立明确的切实可行的KPI体系，是做好绩效管理的关键。关键绩效指标是用于衡量工作人员工作绩效表现的量化指标，是绩效计划的重要组成部分。

KPI法符合一个重要的管理原理——“八二原理”。在一个企业的价值创造过程中，存在着“八二规律”，即20%的骨干人员创造企业80%的价值；而且在每一位员工身上，“八二原理”同样适用，即80%的工作任务是由20%的关键行为完成的。因此，每个员工必须抓住20%的关键行为，对之进行分析和衡量，这样就能抓住业绩评价的重心。

拓展阅读：

××酒店前厅部人员绩效考核方案

扫一扫

拓展阅读：

××国际大酒店绩效考核方案

扫一扫

（1）KPI 的相关概念。

在制定企业关键绩效指标体系时，一般需要对关键过程领域、关键结果领域、关键绩效指标和平衡计分卡进行充分的理解。其中，关键绩效指标和平衡计分卡在上面已经解释，这里主要对关键过程领域和关键结果领域进行说明。

KPA（Key Process Area）意为关键过程领域。这些关键过程领域指出了企业需要集中力量改进和解决问题的过程。同时，这些关键过程域指明了为了要达到该能力成熟度等级所需要解决的具体问题。每个 KPA 都明确地列出一个或多个的目标，并且指明了一组相关联的关键实践。实施这些关键实践就能实现这个关键过程域的目标，从而达到增加过程能力的效果。或者也可以理解为关键行为指标，当一件任务暂时没有找到可衡量的 KPI 时，可以对完成任务关键的几个分解动作进行要求，形成多个目标，对多个目标进行检查，达到考量的结果。KPA 是做好周计划和日计划的常用工具，通过 KPA 的应用可以将一个任务的 KPI 梳理出来。

KRA（Key Result Areas）意为关键结果领域。它是指为实现企业整体目标、不可或缺的、必须取得满意结果的领域，是企业关键成功要素的聚集地。每个 KRA 都涵盖了几个 KPI。KRA 和 KPI 是把企业的战略目标分解为可操作的工作目标的工具，是企业绩效管理的基础。建立明确的、切实可行的 KPI 体系是做好绩效管理的关键。

如果把 KPA、KPI、KRA、BSC 联系起来，就会发现 KPA 是指标量化执行阶段，KPI 是指标量化考核阶段，KRA 是指标必须要达成的结构性目标管理阶段，BSC 是指标的战略管理阶段。这四个名词是绩效量化管理不断升级的关键词，也是企业实施绩效量化管理发展的四个阶段。

（2）KPI 指标分解步骤。

在 KPI 指标分解的过程中，我们可以使用到头脑风暴法、鱼骨分析法以及关键成功因素分析法等方法对关键绩效指标进行分解。一般包括五个步骤。

第一，明确企业的战略目标，利用价值树模型找出企业的业务重点，按照业务对企业价值创造的贡献大小进行排序，建立企业的价值体系，也就是建立企业价值评估的重点。然后，再用头脑风暴法找出这些关键业务领域的关键业绩指标（KPI），即企业级 KPI。

第二，各部门的主管需要依据企业级 KPI 建立部门级 KPI，并对相应部门的 KPI 进行分解，确定相关的要素目标，分析绩效驱动因数（技术、组织、人），确定实现目标的工作流程，分解出各部门级的 KPI，以便确定评价指标体系。

第三，各部门的主管和部门的 KPI 人员一起再将 KPI 进一步细分，分解为更细的 KPI 及各职位的业绩衡量指标。这些业绩衡量指标就是员工考核的要素和依据。

第四，指标体系确立之后，还需要设定评价标准。一般来说，指标指的是从哪些方面衡量或评价工作，解决“评价什么”的问题；而标准指的是在各个指标上分别应该达到什么样的水平，解决“被评价者怎样做，做多少”的问题。

第五，必须对关键绩效指标进行审核。审核的主要内容就是指标和标准的信度和效度。

课堂小练习

通过以上概念以及 KPI 指标分解方法，小组讨论确定对于一家五星级酒店而言 KPA、KRA 和 KPI 都体现在哪些方面？

（3）关键绩效指标的制定原则。

在制定关键绩效指标时，我们要遵循 SMART 原则来确保指标的有效性。

S 代表具体（specific），指绩效考核要切中特定的工作指标，不能笼统。

M 代表可度量（measurable），指绩效指标是数量化或者行为化的，验证这些绩效指标的数据或者信息是可以获得的。

A 代表可实现（attainable），指绩效指标在付出努力的情况下可以实现，避免设立过高或过低的目标。

R 代表关联性（relevant），指绩效指标与上级目标具有明确的关联性，最终与公司目标相结合。

T 代表有时限（time bound），指注重完成绩效指标的特定期限。

课堂小练习

请按照 SMART 原则来描述自己未来五年要达成的人生目标。

以下列举的是某公司设置的一些业绩考核指标，请指出不符合量化考核标准的指标，并加以改正。

① 及时收回货款

② 有效使用时间

③ 节约部门的开支

④ 扩大市场占有率

⑤ 保证数据的准确性

⑥ 提高前台服务员办理入住手续的效率

职场案例：

制订绩效计划时，
如何沟通绩效考核目标？

扫一扫

二、绩效的指导

员工工作的过程即绩效达成的过程。在这个过程中，有一个非常重要的角色就是部门主管，这个阶段应该是部门主管发挥最大效用的过程。为什么呢？绩效考核是有周期的，可能是一个月、半年或一年。在这个过程中，员工的行为可能会有偏差，那我们能否不管偏差，一直到考核期到呢？答案是否定的。酒店在管理的过程中需要在员工绩效达成的过程中不断去纠偏，去鼓励，去收集他们的绩效表现。这就是部门主管的重要性。

如果在酒店里实习过的学生就会认识到部门主管在绩效体系中的重要作用。很多时候，绩效管理的成败不是掌握在人力资源部门或者部门总监的身上，而是在一线领导者身上。一个专制、控制性的领导不可能成为一个好的绩效指导者。

（一）绩效指导的作用

绩效指导的作用在于能够前瞻性地发现问题并在问题出现之前解决，还在于能把管理者与员工紧密联系在一起，让他们经常性就存在和可能存在的问题进行讨论，共同解决问题，排除障碍，达到共同进步和共同提高，实现高绩效的目的。绩效指导还有利于建立管理者与员工良好的工作关系。通常来说，绩效指导的作用如下：

（1）了解员工工作的进展情况，以便于及时进行协调调整；

（2）了解员工工作时碰到的障碍，以便发挥自己的作用，帮助员工解决困难，提高绩效；

（3）可以通过沟通避免一些考核时意外的发生；

（4）掌握一些考核时必须用到的信息，使考核有目的性和说服力；

（5）帮助员工协调工作，使之更加有信心地做好本职工作；

（6）提供员工需要的信息，让员工及时了解自己的想法和工作以外的改变，以便管理者和员工步调一致。

绩效指导的根本目的就在于对员工实施绩效计划的过程进行有效的管理，因为只要过程是在可控范围之内的，结果就不会出太大的意外。

什么样的人能够成为一个好的绩效管理指导者呢？在绩效监控的过程中，要成为一个好的指导者需要具备以下能力：

（1）交往能力：可以倾听员工的问题，并且能够用书面和口头方式来明确给予员工指示。

（2）谈判能力：能够处理员工与工作、员工与员工之间的矛盾。

（3）任务管理能力：能够分配任务、培养团队精神。

（4）解决问题与决策能力：独立发现问题、解决问题和做出决策。

（5）自我管理能力：合理安排时间、缓解压力、规划发展、处理好个人生活。

（二）绩效指导的原则

指导者在指导的过程中要注意方式方法，才能有效开展指导工作。在绩效指导的过程中，指导者一般要遵循 COACH 法则。

C 代表约定（contract）。指导者应与员工明确主要的行为规范，具体说明达到标准后的奖励或不达到的后果。应有一个纸质版的具有效力的文件来清楚地说明员工需要做什么，需要怎么做。

O 代表观察（observation）。指导者应仔细观察员工的工作表现，发现他们的成绩和不足。

A 代表评估（assess）。指导者应定期对员工的表现进行评估，让员工知道他们近期的行为是否在既定的线路上，离目标还有多远，要怎样才能实现。

C 代表挑战（challenge）。指导者应知道员工是否对工作产生了倦怠，什么时候应该给予他们激励，给他们更多的责任。

H 代表处理绩效欠佳的员工（handle failure）。指导者应帮助绩效欠佳的员工成长，如果无法改善就辞退，否则会降低顾客满意度。

（三）在绩效指导时应该注意的问题

绩效指导者在绩效指导时应该注意以下问题：

（1）在绩效管理过程中要及时开展绩效沟通。正式的沟通方式一般有书面报告、会议沟通和一对一面谈沟通等。每种沟通方式都有其优点和缺点，须依具体的情景而定。

（2）对员工的指导不能仅限于帮助绩效欠佳、落后的员工，还应该鼓励突出贡献者，给予重视或奖励。

（3）关注优秀员工，培养明星员工，让明星员工起到带动团队的作用。

三、绩效考核

（一）绩效考核的方法

绩效考核是企业绩效管理中的一个环节，是指考核主体对照工作目标和绩效标准，采用科学的考核方式，评定员工的工作任务完成情况、员工的工作职责履行程度和员工的发展情况，并且将评定结果反馈给员工的过程。绩效考核是绩效管理过程中的一种手段。常见的绩效考核方法有以下几种：

1. 评级量表法

评级量表法是最古老也是用得最多的考核方法之一。评级量表法把员工的绩效分成若干项目，在每个项目后设一个量表，由考核者做出考核。评级量表法之所以被用得最多是因为考核者发现它极易完成，而且费时又少，又好学，并且有效性也很高。

但是评级量表法也有缺陷。使用这种量表，考核者很容易产生晕圈误差和趋中误差。过于宽大的或中庸的考核者，就会把每个人的每个项目很快地评为高分或平均分。多数评级量表并不针对某一特别岗位，而是适用于组织的所有单位，因而不具有针对性。评级量表法也容易使考核者的偏见或晕圈效应进入绩效考核中。评级量表法如表 6-2 所示。

表 6-2　　评级量表法

考核内容	考核项目	说明	评定等级
基本能力	知识	是否充分具备现任所要求的基础知识和实际业务知识	A B C D E 10 8 6 4 2
业务能力	理解力	是否能充分理解上级指示，干脆利落地完成本职工作任务，不需要上级反复指示	A B C D E 10 8 6 4 2
	判断力	是否能充分理解上级意图，正确把握现状，随机应变，恰当处理	A B C D E 10 8 6 4 2
	表达力	是否具备现任职务所要求的表达力（口头文字表达），能否进行一般联络、说明工作	A B C D E 10 8 6 4 2
	交涉力	在和企业内外人员交涉时，是否具备使双方诚服、接受、同意或达成协议的能力	A B C D E 10 8 6 4 2
工作态度	纪律性	是否严格遵守工作规章制度，如早退、缺勤等；是否严格遵守工作汇报制度，按时进行工作报告	A B C D E 10 8 6 4 2
	协作性	在工作中，是否充分考虑别人的处境，是否主动协助上级、同事做好工作。	A B C D E 10 8 6 4 2
	积极性 责任感	对分配的任务是否不讲条件、主动积极，尽量多做工作，主动进行改进，挑战困难	A B C D E 10 8 6 4 2
评定标准： A：非常优秀，理想状态 B：优秀，满足要求 C：基本满足要求 D：略有不足 E：不满足要求		分数换算： A：64 分以上 B：48~63 分 C：47 分以下	合计分数
评语			
考核人签字			

2. 等级鉴定法

等级鉴定法又称图表考核法，是一种应用非常广泛的员工业绩考核方法。

在应用这种考核方法时，考核者应首先确定绩效考核的标准，然后对每个考核项目列出几种行为程度供考核者选择。等级鉴定法有多种形式，根据各自结构的变化，它们大致有三个方面的区别：一是各项选择含义的明确程度；二是上层管理人员在分析考核结果时分辨理想答案的清晰程度；三是对于考核者来说各个考核项目含义的清晰程度。

这种方法成本比较低，容易使用。假定“优秀、良好、满意、尚可、不满意”分别等于 5 分、4 分、3 分、2 分、1 分，在对各个考核标准设定了权重之后，员工业绩的考核结果可以加总为用数字来表示的结果。等级鉴定法在考核内容的深度方面不如关键事件法，它的主要优点是适应性强，相对比较容易操作和成本比较低。

3. 强制分配法

强制分配法是指按正态分布对考核评价结果或考核者进行合并归类，避免主管偏宽的评价的方法。它常用于绝对考核（一般指任职资格、工作量等）之后的调整，由考核人员将员工分为几类，如优秀、良好、中等、较差、最差，并对每一类强制规定一个百分比，按员工整体绩效归入某一类。

其实施过程包括以下步骤：

（1）考核者确定优秀、良好、中等、较差、最差各个评定等级的奖金分配的点数，使每个等级之间点数的差别具有充分的激励效果。

（2）由每个部门的每个员工根据绩效考核的标准，对自己以外的所有员工进行0~100 分的评分。

（3）考核者对称地去掉若干个最高分和最低分，求出每个员工的平均分。

（4）考核者将部门中所有员工的平均分加总，再除以部门的员工人数，计算出部门所有员工的绩效考核平均得分。

（5）考核者用每位员工的平均分除以部门的平均分，得出一个标准化的评价分。评价以“1”为标准，明显大于“1”的员工可以得良好或者优秀等级的评价，为“1”的员工可以得到中等等级的评价，而小于“1”的员工得到较差甚至最差等级的评价。

强制配给法可以克服评价者过分宽容或过分严格的缺点，也可以克服所有员工不分优劣的平均主义。但是如果员工的业绩水平不遵从所设定的分布样式，那么按照评价者的设想对员工进行强制区别容易引起员工不满。

4. 比较排序法

比较排序法包括序列比较法和相对比较法，都是是对相同职务员工进行考核的一种方法。考核者运用序列比较法进行考核时，首先要确定考核的模块，但是不用确定要达到的工作标准；然后将相同职务的所有员工在同一考核模块中进行比较，根据他们的工作状况排列顺序，工作较好的排名在前，工作较差的排名在后；最后将每位员工几个模块的排序数字相加，就是该员工的考核结果。总数越小，绩效考核成绩越好。

相对比较法是指对员工进行两两比较的方法。任何两位员工都要进行一次比较。两名员工比较之后，工作较好的员工记“1”，工作较差的员工记“0”。所有的员工相互比较完毕后，考核者将每个人的成绩进行相加。总数越大，绩效考核的成绩越好。相对比较法每次比较的员工不宜过多，5~10 名即可。

5. 关键事件法

关键事件法是由美国学者费拉赖根（Flanagan）和伯恩斯（Baras）在 1954 年共同创立的。关键事件法是由上级主管者纪录员工平时工作中的关键事件的方法。在预定的时间，通常是半年或一年之后，利用积累的纪录，由主管者与被测评者讨论相关事件，为测评提供依据。该方法包含三个重点：第一，观察；第二，书面记录员工所做的事情；第三，有关工作成败的关键性的事实。

关键事件法的主要原则是认定员工与职务有关的行为，并选择其中最重要、最关键的部分来评定其结果。它首先从领导、员工或其他熟悉职务的人那里收集一系列职务行为的事件，然后描述“特别好”或“特别坏”的职务绩效。

关键事件法的主要优点是研究的焦点集中在职务行为上，因为行为是可观察的、可测量的。同时，公司通过这种职务分析可以确定行为的任何可能的利益和作用，但是这种方法比较费时，需要花大量的时间去收集那些关键事件，并加以概括和分类。另外，由于关键事件的定义是对工作绩效有效或无效的显著的事件，因而该方法遗漏了平均绩效水平。而对工作来说，最重要的一点就是要描述平均的职务绩效。关键事件法难以考核中等绩效的员工，因而就不能完成全面的职务分析工作。员工关键事件考核记录表示例如表 6-3 所示。

表 6-3 员工关键事件考核记录表示例

员工关键事件考核记录表			
员工姓名		所属部门	
职　　务		直接上级	
记 录 期	月　日　至　月　日	考 核 期	年　月　日
事件序号	关键事件描述记录（STAR 记录法）		
1	时间： 事件描述： 奖励/处罚：		
2	时间： 事件描述： 奖励/处罚：		
3			
被考核人签名：		考核人签名：	

6. 目标管理法

目标管理体现了现代管理的哲学思想，是领导者与下属之间双向互动的过程。在目标管理法下，员工与主管共同协商制定个人目标，个人目标依据企业的战略目标及相应的部门目标而确定，并与它们尽可能一致。该方法用可观察、可测量的工作结果作为衡量员工工作绩效的标准，以制定的目标作为对员工考评的依据，从而使员工个人目标与组织目标保持一致，减少管理者将精力放到与组织目标无关的工作上的可能性。

考评期内的目标设定首先由组织的最高层领导开始，由他们制订总体的战略规划，明确总体的发展方向，提出企业发展的中长期战略目标以及短期工作计划。

（1）组织规划目标。管理者在总方向和总目标确定的情况下，分解目标，逐级传递，建立被考评者应该达到的目标。这些目标通常成为对被考评者进行评价的根据和标准。管理者在制定目标时，应注意目标的具体性和客观性，目标的数量不宜过多；目标应做到可量化、可测量，且长期与短期并存；目标由管理层和员工共同参与制定。管理者在设立目标的同时，还应制定达到目标的详细步骤和时间框架。

（2）实施控制。在目标实施过程中，管理者提供客观反馈，监控员工的进度，将员工完成目标的程度与计划目标相比较，根据完成程度指导员工，必要时修正目标。在一个考评周期结束后，管理者留出专门的时间对目标进行回顾和分析。

目标管理法的评价标准直接反映员工的工作内容，结果易于观测，所以很少出现评价失误，也适合为员工提供建议。由于目标管理的过程是员工共同参与的过程，因此，员工工作积极性大大提高，增强了责任心和事业心。但是目标管理法的缺点在于没有在不同部门、不同员工之间设立统一目标，因此难以对不同部门间的工作绩效做横向比较，不能为以后的晋升决策提供依据。

7. 行为锚定等级评价法

行为锚定等级评价法是一种将同一职务工作可能发生的各种典型行为进行评分度量，建立一个锚定评分表，以此为依据，对员工工作中的实际行为进行测评的考评办法。该方法由美国学者史密斯（P. C. Smith）和德尔（L. Kendall）于20世纪60年代提出。

行为锚定等级评价法实质上是把关键事件法与评级量表法结合起来，兼具两者之长。行为锚定等级评价法是关键事件法的进一步拓展和应用。它将关键事件和等级评价有效地结合在一起。管理者通过一张行为等级评价表可以发现，在同一个绩效维度中存在一系列的行为，每种行为分别表示这一维度中的一种特定绩效水平，将绩效水平按等级量化，可以使考评的结果更有效、更公平。

行为锚定等级评价法通常按照以下5个步骤来进行。

（1）进行岗位分析，获取关键事件，以便对一些代表优良绩效和劣等绩效的关键事件进行描述。

（2）建立评价等级，一般分为5~9级，将关键事件归并为若干绩效指标，并给出确切定义。

（3）对关键事件重新加以分配。由另一组管理人员对关键事件做出重新分配，把它们归入最合适的绩效要素及指标中，确定关键事件的最终位置，并确定出绩效考评指标体系。

（4）对关键事件进行评定。审核绩效考评指标登记划分的正确性，由第二组人员将绩效指标中包含的重要事件由优到差，从高到低进行排列。

（5）建立最终的工作绩效评价体系。

行为锚定法的优点在于工作承担者直接参与了绩效评估和管理，有更多的民主性，便于为大家所接受。行为锚定是根据观察和经验获得的，具有可操作性，能准确地为员工提供评估反馈。

行为锚定法的缺点在于行为锚定的文字描述耗时多，同时会动用较多的人力和物力；每一不同的工作都必须有不同的表格，不便于评估的管理；经验性的描述有时易出现偏差。

（二）绩效考核的主体

常见的对员工进行评估的主体是员工的直接领导，但是这种评估方式可能存在一些问题，因为员工的直接领导不能够随时跟员工在一起，所以其评估具有一定的片面性。在这种情况下，企业为了保证评估结果的全面性，会让同事和顾客对员工进行评估，同时也会有自我评估。360度绩效评估，最早由被誉为“美国力量象征”的典范企业英特尔首先提出并加以实施的。它又称“360度绩效反馈”或“全方位评估”。

360度绩效评估是指从员工自己、上司、直接下属、同事甚至顾客等各个角度来了解个人的绩效。通过这种理想的绩效评估方式，被评估者不仅可以从自己、上司、下属、同事甚至顾客处获得反馈，也可从这些不同的反馈中清楚地知道自己的不足、长处与发展需求，使以后的职业发展更为顺畅。

1. 自我评价

自我评价，是指让员工针对自己在工作期间的绩效表现评估自己的能力和并据此设定未来的目标。员工对自己做评估时，通常会降低自我防卫意识，从而了解自己的不足，进而愿意加强、补充自己尚待开发或不足之处。

2. 同事的评价

同事的评价，是指由同事互评绩效的方式来达到绩效评估的目的。对一些工作而言，有时上级与下属相处的时间与沟通机会，反而没有下属彼此之间多。在这种上级与下属接触的时间不多，彼此之间的沟通也非常少的情况下，上级要对下属做绩效评估也就非常困难。但相反地，下属在一起工作的时间很长，所以他们相互间的了解反而会比上级与下属之间更多。此时，他们之间的互评反而比较客观。而且，下属之间的互评，可以让彼此知道自己在人际沟通这方面的能力。

3. 下属的评价

由下属来评价上级主管，这个观念对传统的人力资源工作者而言似乎有点不可思议。但随着知识经济的发展，有越来越多的公司让员工评估其上级主管的绩效，此过程称为向上反馈。而这种绩效评估的方式对上级主管发展潜能的开发特别有价值。管理者可以通过下属的反馈，清楚地知道自己的管理能力有什么地方需要加强。若自己对自己的了解与下属的评价之间有太大的落差，管理者也可针对这个落差，深入了解其中的原因。因此，一些人力资源管理专家认为，下属对上级主管的评价，会对其管理才能的发展有很大的裨益。

4. 客户的评价

客户的评价对从事服务业、销售业的人员特别重要。因为唯有客户最清楚员工在客户服务关系、行销技巧等方面的表现。所以，在酒店行业中，一般都会将顾客的评价纳入评价体系。

5. 主管的评价

主管的评价是绩效评估中最常见的方式，即绩效评估的工作由主管来执行。因此，主管必须熟悉评估方法，并善用绩效评估的结果为员工做指导。

除了以上人员外，在360度绩效考核中还有可能会引入更多的评价主体，比如股东、间接上级、绩效管理专家等。

（三）绩效考核的时间

绩效考核周期也可以叫作绩效考核期限，是指多长时间对员工进行一次绩效考核。绩效考核通常也称为业绩考评或“考绩”，是针对企业中每个员工所承担的工作，应用各种科学的定性和定量的方法，对员工行为的实际效果及其对企业的贡献或价值进行考核和评价。

由于绩效考核需要耗费一定的人力、物力，因此考核周期过短，会增加企业管理成本的开支；但是，绩效考核周期过长，又会降低绩效考核的准确性，不利于员工工作绩效的改进，从而影响绩效管理的效果。因此，管理者在设定绩效考核周期时需要考虑以下因素：

（1）职位的性质。不同的职位，工作的内容是不同的，因此绩效考核的周期也应当不同。一般来说，职位的工作绩效比较容易考核的，考核周期相对要短一些。

（2）指标的性质。不同的绩效指标，其性质是不同的，考核的周期也应不同。一般来说，性质稳定的指标，考核周期相对要长一些；相反，考核周期相对就要短一些。

（3）标准的性质。在确定考核周期时，还应当考虑到绩效标准的性质，就是说考核周期的时间应当保证员工经过努力能够实现这些标准。这一点其实是和绩效标准的适度性联系在一起的。

比如对管理类岗位的绩效考核，其实就是对整个公司、部门和团队的业绩完成和管理状况进行评估的过程。由于这些管理人员要对公司战略的实施负主要责任，在短期内难以取得成果，高层领导的考核周期可以是一年，中层管理者的考核周期可以是半年。

而对销售人员的绩效考核，考核的指标集中在销售额、回款、利润率、客户满意度等，这些指标的收集一般以自然月为周期进行，所以对销售人员的考核可以以月度加年度为主，而对于超额奖的部分可以即时兑现。这样的及时奖励有利于提升他们的积极性。

对职能类员工的考核，虽然他们的工作有制度依据，但工作结果量化成本较高，考核的重点在于对完成工作过程中行为的考核。管理者须随时监控，及时记录，一般宜采用月度或季度的考核方式。

对于酒店的运营服务类员工，他们服务的周期短，管理者主要考核其服务的质量和差错率，因此考核周期适宜缩短到月度。这样有利于及时奖励。

（四）绩效考核中的常见误差

绩效考核误差是指实际工作中考核结果与实际存在一定的误差。员工业绩优劣判定往往失真，难以为职业晋升、工资调整、员工培训等提供有效的信息。绩效考核中的常见误差如下：

1. 趋中现象

趋中现象是企业绩效考核中最突出的问题，即考核结果相近，所有员工都集中在某一分数段，没有真正体现员工之间的实际绩效存在的差异。这往往是因为考核标准不明确或主管在考核中存在“大锅饭”情结、平均主义心理。其直接后果是绩效考核流于形式，员工工作“干多干少一个样、干好干坏一个样”，难以区分优劣。

2. 过分宽大或严格

理论上讲，员工的工作绩效应呈现正态分布趋势，即绩效最好的和最差的员工占少数，绩效中等水平的员工占多数。然而，在实际的考核结果分析中，经常出现偏态分布的情形。比如：宽厚误差，即评定结果呈负偏态分布，也就是大多数员工被评为优良。其形成原因主要是，员工有意在考核指标和标准上“避重就轻”；主管在较容易完成的绩效指标上设置过大的权重，造成评价标准过低；考核指标未量化，主管采用了主观性较强的定性考核指标。

绩效考核结果过松过宽，就容易使低绩效的员工产生侥幸心理，期望在考核中“蒙混过关”。这不仅不利于组织的发展，形成狭隘的内部保护主义，更不利于促进个人绩效的改进与提高，对工作绩效优秀的员工会造成较大的伤害。

再如：苛严误差，即评定结果呈正态分布，也就是大多数员工被评为不合格。其形成原因主要是，主管对下属的期望过高，考核标准过高；初期制定考核标准时未充分论证，目标实现较为困难。考核结果过于严格，不仅容易造成紧张的工作氛围，还容易增加员工压力，降低工作满意度，致使离职率居高不下。

3. 首因和近因误差

首因误差，是指主管根据下属最初的绩效信息，对其考核期内的全部表现做出总评价，以考核前期的部分信息替代整个考核周期的全部信息，从而出现“以偏概全”的考核误差。近因误差，是指主管根据下属最近的绩效信息，对其考核期内的全部表现做出的总评价，从而出现“以偏概全”的考核误差。对主管们来说，清晰地记住最近发生的事情是很自然的，但是对员工来说就可能会造成考核的不公平。例如：一个员工在考核前的一段时间表现欠佳，开始可能会影响他以前非常好的工作业绩；而另一个员工意识到绩效考核快要开始了，就会在考核之前更加努力工作，产生虚假的考核结果。

4. 晕轮误差

晕轮误差是指在考核中，因某一个人某一方面的特征掩盖了其他方面的特征。例如：一位主管特别注重“文笔能力”，当他考核一个写作能力欠佳的下属，不仅在写作能力这一项给他低分，还会有意无意地影响其他项的评分，使该下属大多数考核评分处于较低水平，与此下属的实际业绩不符。

5. 感情误差

人是有感情的，而且不可避免地把感情带入他所从事的任何一种活动中，绩效考核也不例外。考核人喜欢或不喜欢（熟悉或不熟悉）被考核人，都会对被考核人的考核结果产生影响。考核人往往会给自己喜欢（或熟悉）的人较高的评价，而对自己不喜欢（或不熟悉）的人给予较低的评价。

6. 压力误差

当考核人了解到本次考核的结果会与被考核人的薪酬或职务变更有直接的关系，或者惧怕在考核沟通时受到被考核人的责难，以及面临来自被考核人的其他压力时，考核人可能会做出偏高的考核结果。

7. 比较误差

考核人会不自觉地将被考核人与自己或者最优秀的个体进行比较，以自己或过高的对比对象作为衡量被考核人的标准，这样就会产生比较误差。若考核人是一位完美主义者，他可能会放大被考核人的缺点，给被考核人较低的评价；若考核人自己有某种缺点，则可能无法看出被考核人也有同样的缺点。

（五）如何避免误差

在国外，绩效考核的结果是具有法律效力的，因为它可能决定对员工的评价和员工工资的多少，所以绩效考核的过程非常科学和严格。在绩效考核中，考核人需要注意以下问题：

（1）业绩标准必须要基于工作分析；

（2）评估必须评价的是特定层面，不是宽泛的评价；

（3）业绩标准应该是客观的，可观察的；

（4）评分应该记录归档；

（5）要对评估人评分的有效性进行评价；

（6）评估内容需要写成书面形式；

（7）采用多人评价；

（8）评估人要向被评估人反馈评估结果；

（9）企业应该建立起申诉机制。

职场案例：

HR 如何帮部门做好绩效改进？

扫一扫

职场案例：

如何通过绩效考核优化人员结构？

扫一扫

四、绩效反馈

绩效反馈，就是将绩效评价的结果反馈给被评估对象，并对被评估对象的行为产生影响。绩效反馈是绩效评估工作的最后一环，也是最关键的一环，能否达到绩效评估的预期目的，取决于绩效反馈的实施情况。因此绩效反馈的目的并不是训斥员工，证明其做得不好，而是改进员工的工作表现。它主要通过考核者与被考核者之间的沟通，就被考核者在考核周期内的绩效情况进行面谈，在肯定成绩的同时，找出工作中的不足并加以改进。

绩效反馈的目的是让员工了解自己在本绩效周期内的业绩是否达到所定的目标，行为态度是否合格，让管理者和员工双方达成对评估结果一致的看法。在绩效反馈的标准中，双方共同探讨绩效未合格的原因所在并制订绩效改进计划。同时，管理者要向员工传达组织的期望，双方对绩效周期的目标进行探讨，最终形成一个绩效合约。由于绩效反馈在绩效考核结束后实施，而且是考核者和被考核者之间的直接对话，因此，有效的绩效反馈对绩效管理起着至关重要的作用。

课堂小练习

学生角色扮演

情景一：

经理：最近你负责的项目进度出了些问题，你有什么解释？

工程师：难度大，人员不稳定。

经理：你是项目负责人，你应该设法去解决这些问题。我希望你给我一个明确的日期，什么时候可以达到项目计划要求的标准，一个星期够不够？不要给公司造成损失！

情景二：

经理：你辛苦了，多注意身体。我比较关心项目进度问题，我们共同研究一下解决之道，好吗？

工程师：主要是项目难度大，人员不稳定。

经理：我想你也是遇到难题了，现在我们一起想想我们应该怎么办？

工程师：感谢经理，我现在有些思路了，我报一份改善计划给您。

经理：你把这些问题列出来，并告诉我哪些是需要我帮你解决的。我会协助你解决的，我们共同来克服这些问题，达成目标。

通过角色扮演练习，作为下属，你更喜欢哪一个经理？为什么？

____

____

____

1. BEST 法则

绩效反馈主要由员工的直接领导完成。在进行绩效反馈的过程中，他们可运用 BEST 法则。

B 代表“behavior description”，即行为描述。主管通过对员工绩效结果的通报，使员工明确其绩效表现在整个组织中的大致位置，激发其改进现在绩效水平的意愿。在沟通这项内容时，主管要关注员工的长处，耐心倾听员工的声音，并在制定员工下一期绩效指标时对指标进行调整。

E 代表“express consequence”，即表达后果。表达后果的主要内容就是表达员工绩效表现与绩效标准之间的差距。绩效管理的目的是通过提高每一名员工的绩效水平来促进企业整体绩效水平的提高。因此，每一名主管都负有协助员工提高其绩效水平的职责。改进措施的可操作性与指导性来源于对绩效差距分析的准确性。所以，每一位主管在对员工进行过程指导时要记录员工的关键行为，按类别整理，分成高绩效行为记录与低绩效行为记录。主管通过表扬与激励，维持与强化员工的高绩效行为；通过对低绩效行为的归纳与总结，准确地界定员工绩效差距，在绩效反馈时将其反馈给员工。

S 代表“solicit input”，即征求意见。征求意见的主要内容是确定改进措施与沟通协商下一个绩效考评周期的工作任务与目标。绩效反馈既是上一个绩效考评周期的结束，同时也是下一个绩效考评周期的开始。在考核的初期明确绩效指标是绩效管理的基本思想之一。绩效指标需要各主管与员工共同制定。各主管不参与指标制定会导致绩效指标的方向性偏差，员工不参与指标制定会导致绩效目标的不明确。另外，主管在确定绩效指标的时候一定要紧紧围绕关键指标的内容，同时考虑员工所处的内外部环境变化，而不是僵化地将季度目标设置为年度目标的四分之一，也不是简单地在上一期目标的基础上累加几个百分比。

T 代表“talk about positive outcomes”，即着眼未来。绩效反馈不是简单地总结上一个绩效周期员工的表现，而是要着眼于未来的绩效周期。在明确绩效任务的同时确定相应的资源配置，对主管与员工来说是一个双赢的过程。对于员工而言，他们可以得到完成任务所需要的资源；对于主管而言，他们可以积累资源消耗的历史数据，分析资源消耗背后可控成本的节约途径，还可以综合有限的资源情况，使有限的资源发挥最大的效用。

2. 在绩效反馈中最容易犯的错误

在绩效反馈中，主管最容易犯以下错误：

（1）对不良工作表现表述不清。如前台接电话不及时，主管应该告诉他电话应该在响铃 3 声内接起，而不是告诉他工作没做好。

（2）批评指责员工。主管要采取正面指导的方式告诉员工应该怎么做，而不是不应该怎么做。

（3）不规定完成工作的期限。主管要明确告知员工完成任务的时间截止点。

（4）管理力度不够。如迁就表现不佳的员工，对低劣工作不做处理。

3. 如何避免上述错误

为避免上述错误，主管应做到以下几点：

（1）制定明确的工作要求，明确工作内容、工作操作的步骤以及达到的效果。

（2）强调正面指导，向员工提供具体的指导，说明怎么做能够更好地完成工作而非规定他们不能怎么做。

（3）态度严肃，明确告知后果，但不能专制。年轻的管理者如果过于严厉会招致不敬，牺牲自己的人际关系。

（4）及时反馈信息。对表现好的，主管要奖励；对表现欠佳但做出改正的，主管也要给予表扬；对拒不改正的员工，主管要及时做出处理，但不能进行人身攻击。对于拒不改正的员工，一般的处理包括口头警告、书面警告、停职、解雇。

主管在实施处罚的时候需要注意以下事项：

①及时反应，即对未执行规则的员工要及时处理。

②个别处理，即不要当众指责员工的缺点。

③保持冷静，即无论员工的表现多么糟糕，主管都要保持冷静的头脑进行分析和沟通，以达成较好的效果。

④倾听意见，即多倾听员工的意见，找到双方协商沟通的渠道并达成共识。

⑤得到承诺，即主管在和员工沟通或实施处罚的时候一定要与员工进行充分的沟通并获得员工的承诺。

职场案例：

如何帮助员工制订绩效改进计划？

扫一扫

阅读材料

华为绩效管理成功案例①

一、公司背景

华为技术有限公司是一家生产销售电信设备的员工持股民营科技公司，于 1988 年成立于中国深圳。华为的主要营业范围是通信类电信产品，在电信领域为世界各地的客户提供网络设备、服务和解决方案。

华为在企业经营领域取得的巨大发展我们有目共睹，那么又是什么支撑着企业的发展呢？原华为人力资源副总裁吴建国如是说：“华为卓有成效的人力资源管理体系，是缔造华为一个个神话最有利的发动机和保障器。尤其是作为人力资源管理体系三大基石之一的绩效管理（另外两个是任职资格和股权激励），更为企业的发展注入了强大动力。”现在我们就来看看华为是怎样将卓越的绩效管理转化成生产力的，而这也正是中国民营企业最有益的学习和借鉴。

二、华为的绩效管理

1. 华为绩效管理的目的

绩效作为组织和个人的成果和价值体现，代表了组织活动和个体活动的全部意义，绩效的重要性不言而喻。华为总裁任正非一再强调要创造高绩效的企业文化，将绩效文化视为企业生存之本、发展之源，并将其上升为战略高度加以实施。用一句话来概括，华为绩效管理的目的就是将公司的目标使命化，华为有多成功取决于每一位员工在多大程度上实现自己的工作目标。

和竞争企业中兴通讯一样，华为在绩效考核中实施强制分布原则。这也是眼下许多企业用来优化内部人力资源架构的通用做法。绩效考核按照员工比例来分配，分为 A、B、C、D 四个档次，A 档次一般占员工总数的 5%，B 档次占 45%，C 档次占 45%，还有 5%的员工将被视作最后一档——待查。三级主管以下的员工每季度考核一次、中高层管理人员半年述职一次。华为在考核的同时，设定下季度的目标。但与一般企业的绩效强制分布不同的是，华为不是把绩效考核仅当作一种增压奖惩的依据，而是在公司发展竞争、人才优胜劣汰的过程中更追求淘汰是否合理。绩效考核的根本目的不是裁员，而是通过考核把大家放在适合的岗位上，保证每个人都能够实现绩效目标，然后通过个人绩效目标的实现来完成公司的总体战略目标。比如：华为的考核规定“对不胜任工作的员工，应该安排培训以促使其业绩改进，或者调整岗位。如果培训或换岗后仍不能胜

① 陈元方. 华为绩效管理成功案例［EB/OL］.（2016-04-15）［2018-12-16］. http://www.huishi365.com/iarticle_detail/27373.html.

任的，才进行淘汰考虑”。华为的绩效管理真正从员工内在方面进行管理，通过以责任、员工能力、贡献为核心的绩效标准及相应的评价手段和价值分配机制将公司的目标与员工的个人需求和利益捆绑在一起，从而将公司的目标内化为员工个人的使命和责任。

2. 华为绩效考核考什么

华为的绩效考核机制有三个方面：一是责任结果导向、关键事件个人行为的结果评价考核；二是基于公司战略分层分级述职，即 PBC（个人绩效承诺）承诺和期望绩效的完成程度；三是基于各级职位按任职资格标准，考核员工实际能力是否达到任职要求。

在评价过程中，业务部门有评价权，人力资源部门有建议权，主管有审核权，三方共同协调配合，为绩效管理保驾护航。华为长期执行基于客户需求导向的人力资源管理制度。客户满意度是从总裁到各级员工的重要考核指标之一。而且华为将外部客户满意度调查专门委托给盖洛普公司。客户需求导向和为客户服务蕴含在员工招聘、选拔、培训教育和考核评价之中。华为负责招聘的人力资源部经理说：“现在很多人强调技能，其实比技能更重要的是毅力，比毅力更重要的是品德，比品德更重要的是胸怀。要让客户找到感觉，这是我们公司一贯的要求和宗旨。”

对于不同层级的员工，华为考核的侧重点也各不相同，要求级别越高的干部，越要关注长期发展。中、高级干部也要关注中、长期利益，而基层员工主要关注现实任务的完成，以及自我进步。为此，华为实行了权重不同的，分别关注长期、中期、短期利益的绩效考核机制。

此外，华为还明确加强对员工的思想道德品质的考核，以及对员工的诚信进行记录，注重对职工责任心、使命感、团队精神、工作能力、思想道德品质的评议。在考评的过程中，华为全面推行团队测评体系。团队测评的核心理念是：员工不仅要关注个人绩效，还要重视团队绩效。素质是绩效的前提和保证，高素质为创造高绩效提供了起点和可能。绩效和素质哪一方面都不能偏废。光有素质，没有绩效，就可能造成部门的虚假繁荣；有好的绩效，没有好的素质，就无法带出一个优秀的团队。

总之，华为通过强调责任、使命和能力的综合平衡，使每一个充分认同华为核心价值观的员工都能找到自己合适的职业定位和发展通道。

3. 华为绩效管理怎么管

2006 年 3 月，人力资源部负责招聘工作的孙维拿到了自己的主要考核指标：一是满足公司某研发部门新产品研发人手不足的需求，二是完成人力资源管理工作，三是完成对某销售部门新进员工的入职培训。可以看出，这三个指标是从不同角度为孙维设置的。第一个指标是从公司目标的角度自上而下往下分解、支撑公司战略。第二个指标是基于岗位职责设定的。职能部门岗位工作的一大特点是与不同战略结合不太紧密，但每个岗位还是有其突出贡献表现方式的，这些表现方式就可作为一个关键指标来考核。第三个指标是基于流程或客户设定的。职能部门是保证生产销售部门服务质量的，与这些业务部门组成完整的流程，如果某部门提供的服务质量没有跟上，可能就会造成业务部门的滞后。“如果没能及时完成对新进员工的入职培训，肯定会影响销售部门在 4 月份的市场销售业绩。”孙维说。在孙维的考核指标中，还可以看到，工作内容越来越强调用数字说明工作的完成情况，即努力量化业务指标，比如在他的工作计划书中，“招聘成功率”及“新聘员工的离职率”代替了原来的“是否招到人”的考核条目。华为把工作分解为“员工人力资源信息与实际情况的吻合程度”“员工信息有变动的时候是否及时更新（如每周更新）”“是否按时上报”等考核指标，并把这些指标套进A、B、C、D、E五级评分标准中进行评估，如此，对员工的工作要求就一目了然了。

针对绩效考核，华为根据公司战略，采取综合平衡计分卡的办法。综合平衡计分卡是华为整个战略实施的一种工具，其核心思想是通过财务、客户、内部经营过程及华为在学习和成长4个方面相互驱动的因果关系来实现华为的战略目标。平衡计分卡关键在于平衡：关于短期目标和长期目标的平衡；收益增长目标和潜力目标的平衡；财务目标与非财务目标的平衡；产出目标和绩效驱动因素的平衡及外部市场目标和内部关键过程绩效的平衡。华为从战略指标体系到每一个人的PBC指标，都经过评分记分卡来实现各个方面的平衡。而且全球技术服务部为了保证绩效管理有效实施，开发了绩效管理的电子化流程。所有员工每季度在考评电子流中进行个人绩效承诺，主管则通过考评电子流进行量化考核和业务改进沟通。另外，职能部门各级主管和办事处主管一样，都需要签订绩效承诺书。绩效目标每季度在网上公布。华为极为重视绩效考评结果的反馈。考评结果一方面纳入升迁和薪酬依据，另一方面作为绩效改进的内容之一。如果调查发现绩效考评后期望目标和绩效实际存有落差而没有员工后期的绩效沟通的话，华为将给予该部门主管红牌警告。这说明华为充分认识到，金无足赤，人无完人，绩效结果不好可能有多方面的原因，要给予他们更多的机会，通过不断的改进锻炼，最终希望其将劣势转化为优势。当然，前提是员工能认识到自己的问题所在，这也是华为绩效管理最重要的目的之一。

华为的绩效管理工作做得好，不仅在于绩效管理内部从绩效计划、绩效实施与管理、绩效评估到绩效反馈形成了系统的良性循环，还在于与人力资源开发管理中的其他模块相互呼应，形成了相互作用的整体。绩效管理与企业职位体系、任职资格体系、人员的选拔和培养体系、薪酬管理体系密切联系在一起。比如，对员工任职职位的要求与任职资格标准的设计，就要充分体现绩效管理中优秀员工的品德、素质和责任组合情况。此外，员工的升迁要依据绩效管理的结果，比如新干部任命前要进行360度的考核，即由主管、下属和周边全面评价干部的任职情况。考核干部后还要进行任前公示，使干部处于员工监督之下，每次任命都要公示半个月，半个月内全体员工都可以提意见。

作为国内民营的标杆企业，华为的绩效管理模式为我们提供了不少参考，其独特的经营管理也为现代企业的发展提供了更多的借鉴。我们有理由相信：在高效的绩效管理中，华为将创造更多的奇迹，中国的民营企业也会在世界经济之林中发挥更大的作用！

网络视频：《绩效管理》（建议课后自行观看）

视频网址：http://open.163.com/movie/2015/1/1/D/MAH85UM7T_MAKQ1N71D.html.

课后实作任务

【任务一】

任务名称	小组成员绩效考核量表设计		
组名		小组成员	
任务描述	采用书中任意一种绩效考核方法设计出一份小组成员互评的绩效量表，并组织实施小组成员的绩效考核		
任务要求	1. 对于绩效考核表中指标的确定，要进行前期的调查，可以采取问卷或访谈的形式 2. 以小组为单位对指标进行研讨，形成研讨总结 3. 形成最终的评价指标 4. 打印评价指标并进行匿名调查，上交调查结果		
任务准备	熟悉绩效考核指标制定的流程和方法，收集绩效考核量表的范例，思考如何避免绩效考核中的各项误差		
实施建议	1. 至少选取 5 名组内或组外的人员进行考核指标访谈，并记录访谈内容，总结并提取指标 2. 小组研讨要明确时间、步骤、研讨成果和研讨记录，注意讨论时应考虑到避免绩效考核误差的设计 3. 评价指标形成后，制作成格式美观，具有小组标识的绩效考核表 4. 绩效考核过程匿名进行，统计绩效考核结果并提交老师		
实施计划	计划包括以下五个方面： 时间、步骤、各步骤准备事项、过程记录、结果提交		
实施过程记录	从以下三个方面记录： 访谈记录、研讨记录、绩效考核表		
任务成果	形成绩效考核表并提交考核结果		

【任务二】

任务名称	工作绩效反馈面谈		
组名		小组成员	
任务描述	在今后的职业生涯中，大家总会走向管理层的岗位，现在有两个人物角色供选择： A 角色：中餐厅经理——林经理 B 角色：中餐厅员工——小郑 环境设定：小郑最近由于失恋问题消极怠工，而且在主管小王管理期间与之发生了语言冲突，造成了部分顾客投诉和主管投诉。现在请选出两个小组成员分别扮演两个角色，由 A 角色针对 B 角色的情况实施一次绩效反馈面谈		
任务要求	1. 分配角色 2. 设计角色对话 3. 形成绩效反馈面谈总结		
任务准备	熟悉绩效反馈面谈的流程、步骤和注意事项；提前进入角色，设计角色对话		
实施建议	1. 两人为一组进行角色分配，其他同学对绩效反馈面谈过程进行观察 2. 两人根据自己的角色设计人物表现和详细背景 3. 进行模拟绩效反馈面谈时，设计部分即兴表演环节 4. 对绩效反馈面谈环节同学的表现进行总结，说明做得好的地方、不好的地方以及改进的办法		
实施计划	计划包括以下四个方面： 时间、步骤、各步骤准备事项、结果提交		
实施过程记录	从以下三个方面记录： 角色分配、角色扮演过程、绩效反馈面谈总结		
任务成果	形成绩效反馈面谈总结		

课后练习

一、单选题

1. 关于绩效管理的描述，(　　) 是错误的。

A. 绩效管理保证组织战略目标的实现

B. 绩效管理主要目的是提升个人绩效而非组织绩效

C. 绩效管理促进管理流程和业务流程优化

D. 绩效管理帮助酒店甄选优秀人才

2. (　　) 不是平衡计分卡衡量的四个方面。

A. 财务　　B. 顾客　　C. 内部流程　　D. 市场份额

3. (　　) 是关键绩效指标的简称。

A. KRA　　B. KPA　　C. KPI　　D. BSC

4. (　　) 不是关键绩效指标制定时需要遵循的原则。

A. 高挑战的　　B 可衡量的　　C. 有时限的　　D. 具体的

5. (　　) 不是绩效指导能够达到的目标。

A. 严格控制员工的言行

B. 了解员工工作的进展情况，以便于及时进行协调调整

C. 帮助员工解决问题，提高绩效

D. 通过沟通避免一些考核时意外的发生

6. 绩效指导中的 COACH 法则中的 A 指的是 (　　)。

A. 约定　　B. 评价　　C. 观察　　D. 挑战

7. 采用“正态分布”，对考核评价结果或考核者进行合并归类，避免主管偏宽的评价是指 (　　)。

A. 行为等级评价法　　B. 等级鉴定法

C. 强制分配法　　D. 关键事件法

8. (　　) 不参与 360 度绩效考核。

A. 直接上级　　B. 直接下级　　C. 同事　　D. CEO

9. 主管根据下属最初的绩效信息对其考核期内的全部表现做出总评价属于绩效考核误差中的 (　　)。

A. 晕轮效应　　B. 首因误差　　C. 比较误差　　D. 感情误差

10. 绩效反馈中的 BEST 法则中的“S”指的是 (　　)。

A. 行为描述　　B. 表达后果　　C. 征求意见　　D. 着眼未来

二、判断题

1. 绩效管理就是绩效考核。　(　　)

2. 绩效指导一般只针对绩效欠佳、落后的员工。　(　　)

3. 行为锚定等级评价法是一种将同一职务工作可能发生的各种典型行为进行评分度量，建立一个锚定评分表，以此为依据，对员工工作中的实际行为进行测评级分的考评办法。　(　　)

4. 在 360 度绩效考核中，每一个员工都需要总经理的评价。　(　　)

5. 晕轮误差是指在考核中，某一个人因某一方面的特征掩盖了其他方面的特征。　(　　)

三、简答题

1. 绩效管理对于企业有何价值?

2. 绩效管理的流程分为几个步骤?

3. 平衡计分卡包括哪些方面的评价?

4. 如何设计关键绩效指标?

5. 绩效监控过程中的COACH法则是什么？

6. 常见的绩效考核方法有哪些？有什么优缺点？

7. 绩效考核面临哪些误差？

8. 绩效反馈如何开展？有哪些注意事项？

四、案例分析题

A公司是一家大型商场，拥有管理人员和员工500多人。由于大家齐心努力，公司销售额不断上升。到了年底，A公司又开始了一年一度的绩效考评，因为每年年底的绩效考评与奖金挂钩，大家都非常重视。人力资源部将一些考评表发放给各个部门的经理，部门经理在规定的时间内填完表格，再交回人力资源部。

老张是营业部的经理，他拿到人力资源部送来的考评表格，却不知该怎么办。考评表格主要包括对员工工作业绩和工作态度的评价。其中，工作业绩一栏分为五档，每一档只有简短的评语，如超额完成工作任务、基本完成工作任务等。由于种种原因，老张并没有将员工的业绩目标清楚地确定下来，因此在业绩考评时，无法判断谁超额完成任务，谁没有完成任务。工作态度就更难填写了，由于平时没有收集和记录员工的工作表现，老张仅对近一两个月的事情有一点记忆。

由于人力资源部催得紧，老张只好在这些考评表上勾勾圈圈，再加一些轻描淡写的评语，交给人力资源部。想到这些绩效考评要与奖金挂钩，老张感到如此做有些不妥，他决定向人力资源部建议重新设计本部门营业人员的考评方法。老张在考虑，为营业人员设计考评方法应该注意哪些问题呢？

【案例思考】

1. 该公司绩效管理存在的哪些问题有待改进和加强？

2. 应该如何改进该公司的绩效管理？

模块七

酒店员工薪酬及福利管理

人们需要钱，但是他们也需要在工作中得到快乐并为之自豪！

行业专家箴言

HANGYE ZHUANJIA AHENYAN

好的经理人员应当不仅让员工挣到钱，而且应该让他们感到工作的意义和乐趣。

——托马斯·彼德斯

你可以买到一个人的时间，你可以雇一个人到固定的工作岗位，你可以买到按时或按日计算的技术操作，但你买不到热情，买不到创造性，买不到全身心投入，你不得不设法争取这些。

——弗朗西斯（C·Francis）

课前导入

KEQIAN DAORU

微课视频：

企业的人力成本到底包括哪些？

扫一扫

课前思考
KEQIAN SIKAO

开始学习本章内容之前，请思考几个最基本的问题：

1. 企业的薪资福利工作到底是为了什么？
2. 做好企业的薪资福利工作应该抓住哪些关键问题和哪些最基本的东西？
3. 工资对员工意味着什么？对企业意味着什么？
4. 薪酬经理要抓住哪些环节才能做好薪酬管理工作？

本模块教学目标
BEN MOKUAI JIAOXUE MUBIAO

知识目标：

1. 能够描述薪酬体系设计的流程。
2. 能够讲述至少四种酒店常见的薪酬结构。

技能目标：

1. 能够进行基本的员工工资计算。
2. 能够进行简单的员工福利设计。

本模块理论知识
BEN MOKUAI LILUN ZHISHI

◇ 项目一　薪酬的相关概念
◇ 项目二　酒店薪酬管理
◇ 项目三　员工薪酬体系设计
◇ 项目四　员工福利管理

项目一　薪酬的相关概念

一、薪酬的概念

狭义的薪酬是指个人获得的以金钱或实物形式支付的劳动报酬，包括固定工资、月度奖金、年度奖金、现金补贴、保险福利、带薪休假、利润分享、持股等。人力资源管理中的薪酬管理，采用的是狭义的薪酬概念。

广义的薪酬既包括经济性的报酬，也包括非经济性的报酬。非经济性报酬是指员工对企业及工作本身的心理感受，如工作认可、挑战性工作、工作环境、工作氛围、发展、晋升机会、能力提高、职业安全等。

二、酒店薪酬的基本形式

酒店薪酬的主要形式有工资、奖金和福利。

（一）工资

工资一般由基础工资、职务工资、工龄工资及各种津贴和补贴等构成。

（1）基础工资又称为基本工资，是用来保障员工基本生活的工资，随着生活费用的提高而调整，但基本保持稳定。

（2）职务工资又称为岗位工资，是按照员工所在岗位的责任大小、工作轻重和劳动条件等因素决定的工资。员工所在岗位等级越高，职务工资越高。

（3）工龄工资是指根据员工工龄或者在酒店工作年限所确定的工资。它是对员工工作经验和劳动贡献的积累所支付的报酬，是随着员工工龄的增长而逐年增长的。工龄工资的确定，可以激发员工为酒店服务的热情，进而保证人员队伍的稳定性。

（4）津贴和补贴是对员工在特殊劳动条件（时间、地点、岗位、环境）下工作，所支付的超额劳动费用及额外的生活费用，或对有损身心健康的职位所给予的报酬，是工资的补充形式。人们习惯上把属于工作（生产）性质的称作津贴，属于生活性质的称作补贴。酒店可以根据自身实际和收入分配的需要对津贴和补贴进行适当调整。

（二）奖金

奖金是酒店薪酬中十分重要的组成部分。它是酒店对员工超额劳动部分或劳动绩效突出部分所支付的奖励性报酬，是酒店为了鼓励员工提高劳动效率和工作质量付给员工的货币奖励。

1. 奖金的特点

①灵活性。酒店可以根据实际经营状况，设置不同种类、不同奖励对象和不同奖励条件的奖金。同基础工资相比，奖金具有很大的灵活性。

②及时性。奖金考核的周期比较短，只要员工提供了有效的超额劳动，就能及时得到奖金报酬。奖金能及时将员工的劳动和报酬直接联系起来，有利于激励员工为了增加报酬而努力工作。

③激励性。奖金的激励机制在于它与员工对酒店的贡献直接相关联。员工的贡献越大，所获得的奖金就越多；贡献越小，所获奖金就越少；没有贡献，也就没有奖金。所以，奖金具有较强的奖勤罚懒、奖优罚劣的激励功能。

④荣誉性。奖金不仅是对员工的物质奖励，还有精神鼓励的作用。获得奖金的员工会得到周围员工的称颂，使其获得一种精神上的满足。

2. 奖金的发放方式

目前，奖金发放通常依据个人表现、团队或小组表现及酒店整体表现来发放。

（1）面向员工个人的奖金发放，包括全勤奖金和绩效评核奖金。全勤奖金每月以员工出勤状况进行分配，缺点在于只注意员工是否缺勤，而不关心实际的工作绩效。绩效评核奖金则先设计考评项目并给予评核，根据考评的结果发放奖金。

（2）面向团队或小组的奖金发放，以团队或小组为对象设置奖金。虽然其目的在于推动团队或小组成员间的合作，但在具体发放方式上，同以员工为对象的奖金发放方式并无多大区别。

（3）面向酒店整体的奖金发放。酒店根据一年的总业绩，确定对全体员工进行奖励。从国内外的成功经验看，其主要有三种形式：

①收益分享。收益分享让员工参与分享超过常规收益的那部分额外收益。它可以是额外的利润，也可以是额外的产出。收益分享的目的是力图提高员工的努力程度，收益分享部分的派发可以按月份、季度、半年和年度进行，具体情况取决于企业的管理理念和企业对工作业绩的衡量方式。

②利润分享。利润分享是指将酒店的部分利润在员工之间进行分配。分配给员工的利润百分比，由协议来确定。在有些利润分享计划中，员工在年底直接获得应分享的部分；而在有些计划中，利润分配被推迟并置入一种基金，员工在退休或离开企业时带走。

③持股分享。持股分享通常是以员工持股计划分享奖金。员工持股计划是一种普遍采用的利润分享计划。员工持股计划使得员工成为其所在酒店的持股人，这种方式增强了员工对酒店的认同、忠诚和责任心。

（三）福利

福利是酒店基于雇佣关系，根据国家的强制性法令及相关规定，以酒店的支付能力为依托，向员工提供的用以改善其本人和家庭生活质量的各种补充性报酬与服务，它以非货币性工资和延期支付形式为主。在员工整体薪酬中，福利已经成为越来越重要的组成部分，对酒店的人工成本有着十分重要的影响。

福利可以传递酒店的文化和价值观。现代酒店越来越重视员工对酒店文化和价值观的认同。酒店拥有员工普遍认同的组织文化，有利于酒店的运营。福利体现了酒店的管理特色，体现了酒店对员工的关怀，可以为员工创造一个良好的工作氛围。

福利可以吸引和保有人才。求职者在选择工作时，酒店提供的福利待遇是其考虑的一个十分重要的因素。如果酒店能为员工提供富有吸引力的、个性化的福利待遇，那将有利于酒店更好地吸引和保有人才。

福利可以减免税收。很多福利对员工来说是免税的，税收减免也是福利区别于工资和奖金的一个重要特点。如果酒店把为员工提供的各种保障计划、服务和实物等以工资来替代，员工则必须为这些福利支付个人所得税。若酒店将报酬以福利待遇的形式提供给员工，则员工的这部分报酬可以获得税收的减免。另外，酒店利用自身的规模经济优势为员工购买商品和福利，也要比员工自己购买的价格更便宜。总之，用福利来代替等值的工资或奖金可以提高酒店成本支出效用。

三、员工总体报酬与总体回报的概念

（一）总体报酬（total compensation）

总体报酬是指企业支付给员工个人的直接工资和间接福利费用的总和。员工总体报酬见表 7-1。

表 7-1　员工总体报酬

类别	内容
直接工资	1. 固定的基本工资 2. 浮动的业绩工资、加班工资、倒班工资 3. 各种奖金，如项目奖金、年终分红
间接福利费用	1. 各种直接发放的补贴、津贴，如伙食和交通补助 2. 企业统筹缴纳的社会福利费用，如养老和住房公积金 3. 企业为员工提供的自主福利项目，如人寿保险、补充医疗保险 4. 以实物形式提供的福利，如住房和高级经理的专用小汽车

员工总体报酬在企业的薪资管理中非常重要。目前，国内的企业除了支付给员工日常工资外，大概还有日常工资的50%是花在员工身上的各种福利费用，比如说交通和伙食补贴、住房福利等。但是如果员工感觉不到这些，就肯定不会起到积极作用。做薪资管理工作就要把这些员工感觉不到的福利变成一种真正激励员工的薪资。企业花在员工身上的每一分钱，都要让员工感觉到是对员工的回报，这样才能起到对员工的激励作用。这是做薪资管理工作的一个目的。

总体报酬包括工资和福利支出。其中福利支出的计算标准政府都有明文规定，一般来讲，医疗费用通常占工资水平的7.5%或者10%；养老基金占20%；综合福利费用占10%或者14%~20%。这些都是企业花在员工身上的钱。此外，组织员工活动的费用、工会的费用都是员工总体报酬的一部分。

在一些现代企业里，还会有一些特殊的内容，比如公司会为一些高级管理人员提供车辆，给一些员工以俱乐部会员资格等，这也是总体报酬的一部分。

（二）总体回报（total rewarding）的概念

总体回报是指企业提供的对员工有补偿奖励效果的所有项目的总和，包括货币、物质性质的总体报酬和投资于员工的非货币、物质项目。其主要包括员工培训、员工个人发展和晋升的机会、员工参与企业经营管理的民主决策权、各种名誉和精神上的嘉奖。

总体回报跟总体报酬有什么区别呢？总体回报中包括直接或间接的货币形式，即总体报酬；但是除了货币形式，企业在员工身上还花了其他一些东西，这些东西也是企业对员工劳动的回报，比如培训。所以从价值的角度来讲，钱是价值的一种形式，培训、职业发展也是员工认同的有价值的另外一种东西，把这些放在一起，就叫作总体回报。

总体回报的图解见图7-1。

（三）总体报酬和总体回报的意义

总体报酬和总体回报所有的投入，怎么转化成员工认同的价值和激励员工的要素？这两个概念在具体薪资管理中有什么意义？

企业提供给大家的是总体回报，而不只是工资。薪资经理可以把它看成企业给员工提供价值的一部分。薪资经理做薪资设计的时候，或和员工沟通的时候，比如说聘用新员工时，要告诉他企业会提供哪些东西，就是待遇如何。薪资经理可以从总体回报的概念来讲。职业发展培训和各种各样的民主决策及工作本身的挑战性，对大多数员工来讲是非常有价值的。

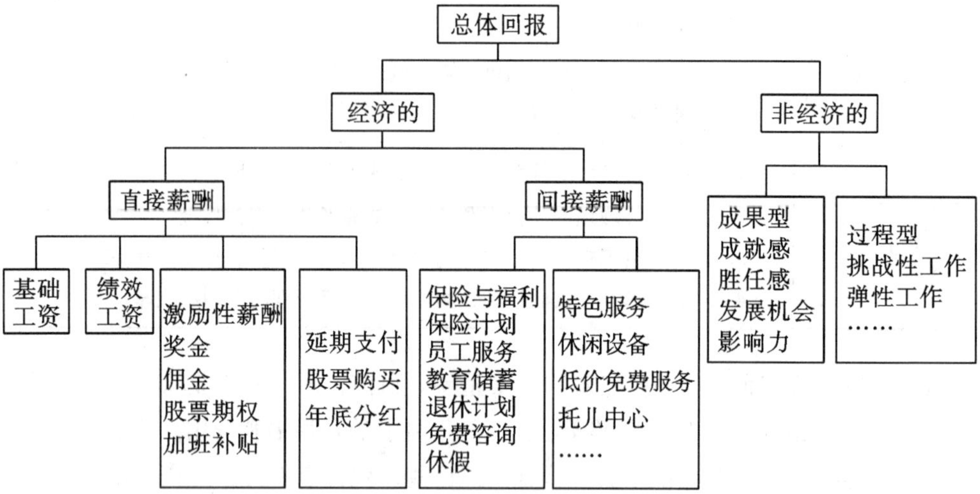

图 7-1　总体回报的图解

做员工管理工作和激励工作，不仅要把钱花在工资和福利上，有时候也要把钱花在员工的培训和发展上。当然有时候培训和发展是业务的需要，其本身就是业务成本的一个部分。但是薪资经理可以把这笔费用也算在人工成本上面，这也是员工认同的价值之一，它会转化成企业的优势。各个行业的特点不一样，比如说高科技企业雇用的都是学历比较高的员工，培训是必不可少的部分。薪资福利工作有一条绩效导向原则，如果你把提供的东西跟绩效联系起来，就能起到积极作用。

若企业给员工提供职业发展的机会，工作业绩突出的、表现好的人得到的发展机会和培训就多。企业不仅把业务成本花在业务上，而且还把业务成本花在员工的激励身上。

企业要给员工开一个清单，在清单上列明提供的待遇都包括哪些东西，如职业发展，企业可以很明确地跟员工讲，在企业里工作两年至三年以后就会得到什么样的发展机会，员工会备受激励。

在每年年底，有些企业的薪资经理会给员工提供一个有关总体回报的报告。该报告是保密的，仅供员工个人看的。上面写着在这一年里，员工拿到了多少工资，公司给了哪些福利。有了这个报告，员工在做职业选择时，就不会只考虑到工资，还会考虑到福利、培训、职业发展。明白这点，员工再来看总体回报的时候，就有一个总体回报的概念，而不是一个总体工资的概念。薪资经理只要让员工非常清楚地意识到这一点，对员工的激励作用就非常明显。

四、影响员工薪酬的主要因素

薪酬影响因素如图 7-2 所示。

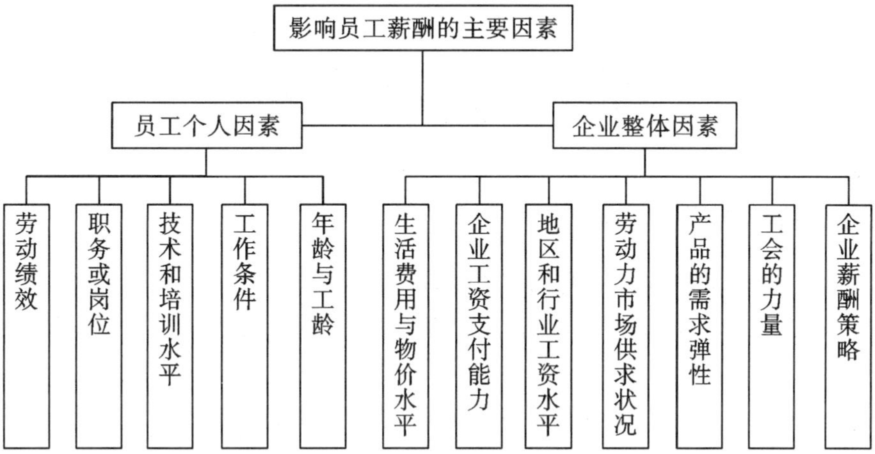

图 7-2　薪酬影响因素

课堂小练习

北京的软件开发行业员工的工资普遍都比较高，月薪 8 000 元都是很普通的。但在制造业中，比如生产线上的技术工人，月薪 4 000 元已经很高了。为什么会有这么大的区别呢？你可能以为学历不一样，技能不一样，或其他各种各样的解释，但是从根本上讲，是这两个行业和业务性质决定了工资标准不一样。

请分析一下，为什么不同行业（比如软件开发和制造行业）间的工资差别会如此大呢？

____

____

____

以洗衣粉制造业和软件开发业为例，我们对这两个行业的薪酬影响因素进行分析。

一袋洗衣粉的价格为 10~15 元，有约 10%的利润，成本占收入的 90%左右。成本因素主要包括原料成本（香精、漂白粉及各种洗涤成分的成本）和劳动力成本（工资），此外还有运输和分销成本。其中，劳动力的成本，即工资大概占总成本的 20%。

再来看看软件开发业。软件开发属于智力劳动，其最大的成本是人力成本，至少要占到总成本的 50%；其他的日常管理维护费用占总成本的 10%~20%。软件产品的价格也不低，所以其从业人员的工资水平就很高。

成本结构中智力所占的份额越大，工资标准就越高，这是一个很简单的道理。业务性质由行业的成本结构决定，不管什么体制的企业都有一个共同的行业基础，这是第一位的。

微课视频：

从四个方面做好酒店薪酬管理优化

扫一扫

项目二　酒店薪酬管理

一、酒店薪酬管理的内涵

酒店薪酬管理是指酒店在经营战略和发展规划的指导下，综合考虑酒店内外各种因素的影响，确定自身的薪酬水平、薪酬结构和形式，并进行薪酬调整和薪酬控制的整个过程。

薪酬水平是指酒店内部各类职位和人员平均薪酬的高低状况，它反映了酒店薪酬的外部竞争性。薪酬结构是指酒店内部各类职位和人员之间薪酬的相互关系，它反映了酒店支付薪酬的内部一致性。薪酬形式则是指在酒店总体的薪酬中，不同类型薪酬的组合方式。薪酬调整是指酒店根据内外各种因素的变化，对薪酬水平、薪酬结构和薪酬形式进行相应的变动。薪酬控制是指酒店对支付的薪酬总额进行测算和监控，以维持正常的薪酬成本，避免为酒店带来过重的经济负担。

酒店进行薪酬管理的目的主要有四个：①吸引符合酒店组织需要条件的员工；②留住符合酒店组织需要条件的员工；③激励员工达到组织要求的高工作绩效；④促进酒店组织获利。

为正确理解薪酬管理的内涵，我们需要把握以下几点：

（1）薪酬管理是酒店人力资源管理乃至酒店管理的重要一环，其目的在于实现酒店的经营战略目标，因而薪酬管理必须服从并服务于酒店经营战略。同时，薪酬管理必须在酒店经营战略和发展规划的指导下，与酒店其他的管理环节相互配合，为酒店经营战略的实现提供有力支撑。

（2）酒店薪酬管理的直接目的在于吸引和留住符合酒店需要的员工，并激发他们的工作热情和各种潜能。因此，薪酬经理在薪酬设计过程中必须考虑酒店内外各种因素的影响和作用，既能保持酒店员工薪酬水平的外部竞争性和内部公平性，同时又能保证各类薪酬组合方式在激励方面的有效性。

（3）酒店薪酬管理工作绝不只是为酒店员工发放工资这么简单。它同酒店其他管理工作一样，需要有科学、先进的管理理念做支撑，需要运用计划、组织、领导和控制等管理职能来开展工作，需要随着酒店和社会的发展不断进行调整和变化。

二、酒店薪酬管理的内容

薪酬管理作为酒店人力资源管理的重要组成部分，到底是如何发挥吸引、留住、激励人才等方面的作用呢？酒店薪酬管理的内容主要包括以下方面：

（一）制定薪酬战略

酒店薪酬管理的目的是实现企业战略。为了使薪酬管理成为企业战略成功的关键因素，薪酬战略应以酒店的总体战略为基础，依照企业的人力资源战略来制定。

（二）选择薪酬政策

酒店薪酬政策，就是酒店管理者对企业薪酬管理运行的目标、任务和手段进行选择，是酒店在员工薪酬制度上所采取的方针策略。酒店薪酬政策主要包括以下内容：

1. 薪酬总额管理

薪酬总额管理是指根据酒店的实际状况确定一个合理的薪酬总额。薪酬总额的确定取决于酒店的支付能力、酒店业人才的市场行情以及员工的基本生活费用。酒店通过对薪酬总额的控制来实施有效的薪酬管理。

2. 酒店个别薪酬管理

对于关键岗位上掌握着核心技能的人才，酒店要实行特殊的薪酬政策，以便更好地保留、激励他们。这也是酒店赢得相对竞争优势的重要手段。

3. 员工薪酬等级管理

员工的工作任务、责任和工作环境有差别，他们的薪酬支付标准也应体现等级差别。薪酬等级的数量和相邻等级之间差额的确定，是员工薪酬等级管理的主要内容。

（三）日常薪酬管理工作

酒店日常薪酬管理工作主要包括：开展薪酬调查、统计分析薪酬调查结果、制订薪酬计划、计算统计员工薪酬、薪酬调整等。

三、酒店薪酬分配设计

网络视频：《让猴子做一样的事，却给不平等奖励的实验》（建议课后自行观看）

视频网址：https://video.tudou.com/v/XMjQ1MDIyMzgxMg==.html? f=50513641.

（一）薪酬分配分析

薪酬的分配形式有两大类：经济形式与非经济形式。正如前文所述，经济形式主要有工资、奖金、福利以及津贴、股权等。其中，工资的作用是对一个人在组织中承担的责任和能力表现的回报，奖金的作用是对员工目前业绩的直接回报，股权的作用是对员工未来贡献的预期回报，福利的作用是对员工历史贡献的回报。

弄清楚了各种分配形式的作用，我们就可以根据酒店的不同历史发展阶段和战略目标来组合各种分配形式，使薪酬分配成为有力的杠杆，促使酒店往预定的战略目标前进。例如，有 100 万元可以分配给员工，如果酒店强调让员工共同开创未来的事业，则股权分配所占的比重可以大些；如果酒店当前经营业绩不好，要求员工立即出业绩，则奖金比重可以大些；如果酒店希望建立起一支优秀的员工队伍，则工资的比重可以大些。一个酒店要想充分发挥薪酬分配的激励作用，就要灵活运用不同分配形式的组合。

（二）薪酬分配的四个基本命题

薪酬分配要解决的根本问题是什么呢？薪酬分配对酒店的发展有持久的影响力，对员工的行为形成内在的驱动力。因此，一个酒店设计薪酬体系时必须从酒店生存的根本命题出发来系统地思考。薪酬体系的设计必须回答以下四个基本命题：

1. 关于价值创造者——谁创造了酒店价值

对这个问题做出明确回答，就能够确定酒店价值分配的对象。只有酒店的价值创造者才有权分享酒店的价值。不同价值创造要素的重要性排序，决定了价值分享的量值。

2. 关于价值贡献度——价值创造者创造了多少价值

价值贡献度解决的问题是评价价值创造者各自的价值贡献，即出资者、经营者以及劳动者在酒店经营活动中各自的贡献是多少。在确定价值贡献度时，我们需要明确两个问题：评价原则和评价要素。评价原则反映了酒店的价值导向和发展战略，它指出了各个价值创造者应做出什么样的贡献，如经营者要关注经营效益，劳动者要关注劳动效率。只有各阶层人员形成合力，才能使酒店持续发展。评价要素是对各价值创造者的评价标准。只有明确了标准，才能规范价值创造者的行为。

价值评价是价值分配的基础。价值评价贯穿于酒店经营的各个主体和整个业务流程。有学者指出：没有评价就没有管理。确实，如果一个酒店做不好价值评价，就不可能做好价值分配。

价值评价又有什么内涵呢？对企业家来说，它包括对酒店当年经营业绩、酒店股市价值、酒店发展活动等因素的评价。对知识劳动者来说，它包括对工作业绩、发展潜力、品德等因素的评价。对操作工人来说，它包括对工作数量、工作质量、劳动技能等因素的评价。

价值评价是人力资源管理中最难的课题，也是与酒店经营管理结合最密切的管理工具。

3. 关于价值分配形式——拿什么分给价值创造者

价值分配的形式可以是股红、奖金、工资、股权、津贴、福利、培训及社会荣誉。由于不同的价值创造者扮演不同的角色，因此价值分配的形式也不同。

另外，对于同一个对象，为了达成不同的激励效果，采取的价值分配方式也不一样。对企业家，通常采用的分配方式有股权、股红、奖金、工资等；对一般劳动者，采用的分配方式有工资、奖金、津贴等；对于技术开发人员，采用的分配方式有工资、奖金、股权、培训等。

如果一个酒店能灵活、有效地运用各种分配方式，发挥各个价值创造者的最大效能，那么酒店可以快速发展。

4. 关于价值分配量值——给价值创造者分多少

一个酒店能分享的利益是有限的，价值分配的根本目的是为酒店创造更大的价值。在具体分配时要解决两个问题：一是出资者、经营者、劳动者所得到的分配比例应该是多少；二是分配形式的比例如何设定。同样是 100 万元，奖金发多少，工资发多少，两者比例不同，会产生完全不同的激励作用。工资比例高有利于人才的引进和保留以及员工技能的培养，奖金比例高就会使员工更加关注工作结果和创造短期效益。

在价值分配中还要掌握两个基本原则：二八原则和分层分类原则。二八原则是指根据价值创造的规律，即一个酒店中 20%的人创造了 80%的价值，在价值分配中，一定要弄清楚对于本酒店来说哪些人属于这 20%。分层分类原则是指客观、公正的分配形式必须建立在客观公正的评价基础之上。由于酒店中各层各类人员分别扮演不同角色，他们的贡献性质与形式也不一样。为了保证激励的有效性，酒店必须对不同人员采取不同的分配形式并设置不同的分配权重。

（三）薪酬分配的根本目的

薪酬分配的目的绝不是“分蛋糕”，而是通过“分蛋糕”使得酒店今后把蛋糕做得更大。价值分配绝不只是一项技术工作，也是一种战略思考。因此，设计薪酬体系时，我们必须弄清楚薪酬分配的根本目的，而不是局限于解决酒店眼前的薪酬问题和人力资源部的专业工作。否则，虽然眼前问题暂时解决了，薪酬制度也建立起来了，但一旦新的问题出现，薪酬制度又无法适应，甚至于会阻碍酒店的发展。

另外，如果经常变动酒店的薪酬制度，必然会引发一系列问题，给酒店带来灾难。从根本上来思考，酒店薪酬分配的根本目的是促进酒店的可持续发展，强化酒店的核心价值观，支持酒店战略的实施，培育和增强酒店的核心能力，营造响应变革和实施变革的文化。

1. 薪酬分配必须促进酒店的可持续发展

价值分配是价值管理过程的终点，同时也是价值管理过程的起点。当一次价值创造过程完成时，如果价值分配不合理，那么人们就不会开始第二次价值创造。酒店要可持续发展，必须解决价值分配中以下三个方面的矛盾：

一是现在与将来的矛盾。为了刺激员工做出贡献，酒店通过短期激励的方法可以强化员工的行为。但这样做的结果必然会忽视一些重要的、不易很快见效的工作，如新市场的开拓、新技术的开发、经营创新与管理变革。这些工作对于酒店长远发展有决定性的影响，但工作成果往往在短时间内难以体现。如果一个酒店过分地强调当前结果，必将有了今天，就没有明天。但如果不追求当前成果，酒店就会活不过今天。因此，薪酬分配不仅能促使酒店发展，而且能让酒店持续发展。

二是老员工与新员工的矛盾。由于在酒店创业初期风险大、收入少、投入多，为了激发创业者的创业激情，酒店往往会描绘未来的美景，给员工承诺一个美好的未来。当酒店发展起来后，新老员工的利益冲突日益显现出来。老员工由于历史的贡献分享今天的成果，甚至一些酒店的初始出资者始终保持公司剩余价值的独享权。这样，外部的优秀人才进入酒店后不仅找不到创业的感觉，甚至感到被老员工剥削。一个酒店如果不能不断地吸取外部优秀人才并激发其创业激情，其机能必将逐步退化，最终导致走向衰亡。

三是个体与团体的矛盾。为了强化激励，酒店往往过分强调员工的个人评价与激励。但如果过分强调个人的作用，必将会影响员工之间的协作精神，从而影响组织整体的运作能力，最终导致酒店经营管理链条的断裂。如果过分强调团体的利益，又必将会导致员工有“吃大锅饭”的思想。

2. 薪酬分配必须强化酒店的核心价值观

酒店核心价值观是酒店战略抉择和是非判断的基础，它表达了酒店存在的意义。酒店的核心价值观不能只装在企业家个人的脑袋里，而应准确地传达给每一位员工，并渗透到员工的灵魂中。只有酒店的核心价值观被全体员工认同，酒店内部才能创造一种共同语言，才能从思想到行动形成一股合力。

3. 薪酬分配必须能够支持酒店战略的实施

价值分配必须以价值评价为依据，根据员工对酒店战略实施的实际贡献来分配价值。其基本评价点首先是外部竞争性。如果一个酒店采取的是成本领先战略，则价值分配必须强调内部经营管理效率的提高；如果一个酒店采取的是产品差异化战略，则价值分配必须鼓励员工的创新行为。其次是内部公平性。酒店的战略实施过程需要全员参与，因而必须加强各部门的协作效率，根据各类人员对酒店总体目标的实际贡献度进行客观的价值评价，并在价值分配上保持内部的相对公平性。

4. 薪酬分配必须有利于培育和增强酒店的核心能力

由于外部市场环境的易变性和不可预测性，许多酒店开始运用基于资源的战略，即通过培育酒店内部的核心资源优势，使得竞争对手在短期内难以模仿，从而赢得竞争优势。酒店核心能力包括技术创新能力、市场响应能力、资源配置能力、员工学习能力、响应变革能力、自我批判能力等。一个酒店应该深入分析酒店发展所依靠的核心能力是什么，并在价值评价中给予认可，然后通过适当的价值分配形式来培育和强化核心能力。

5. 薪酬分配必须有利于树立响应变革和实施变革的文化

在快速变化的当今世界，酒店要生存和发展，就必须不断地进行变革。变革必然会给员工带来精神压力和利益变化，员工对变革有抵触情绪是一种自然的现象。如果在价值分配上不倡导变革的文化，不对员工响应变革的行为给予鼓励，不对员工阻碍变革的行为给予处罚，则变革就只能是流于形式或中途夭折。

项目三　员工薪酬体系设计

一、薪酬体系设计的流程

薪酬体系设计有严谨的方法，需要遵循一定的程序。薪酬体系设计的流程如图 7-3 所示。

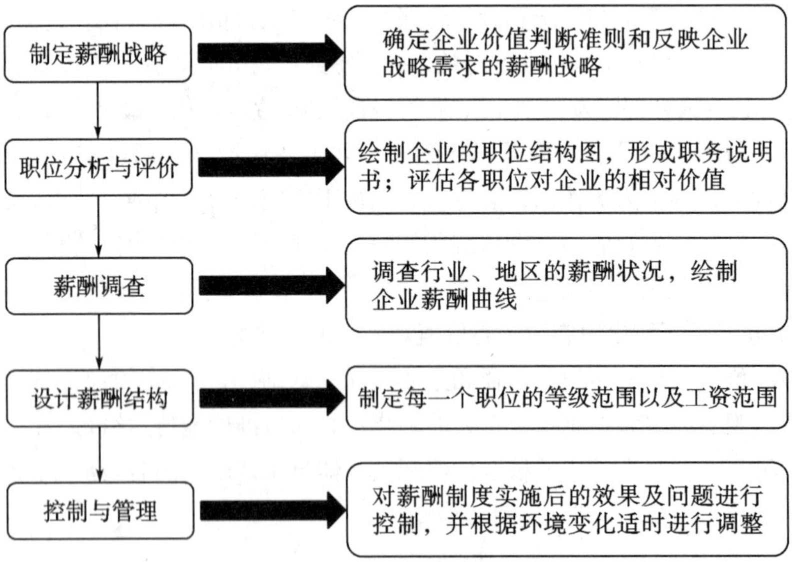

图 7-3　薪酬体系设计的流程

（一）制定薪酬战略

酒店的薪酬水平主要取决于薪酬战略，薪酬服务于企业的发展战略。处于不同的市场发展阶段的企业，其薪酬战略也会有所不同；同时，企业文化也会影响薪酬战略的制定。因此，人力资源部在进行薪酬体系设计时，首要考虑的是确定酒店的薪酬战略。

（二）职位分析与评价

确立员工工资管理的基础依据是企业的职位体系。人力资源部需要根据职位体系、企业业务特点和市场行情制定企业的工资结构和工资标准。

职位体系和工资体系是紧密联系在一起的，职位体系是人力资源工作或企业管理理念、组织管理理念最基本的载体。合理的工资结构是建立在职位体系上的，可以说有什么样的职位体系就有什么样的工资体系。

（三）薪酬调查

薪酬调查的选择对象一般是本地区与自己类似的或与自己有竞争关系的酒店。调查对象选择好后，要进行职位的选择，所选择的职位应该是与本酒店性质和内容相似的职位，这些职位在不同的酒店之间具有可比性。

我们通过薪酬调查可以了解本地区酒店业现行的薪酬水平，调查结果可以作为薪酬水平定位和调整的重要依据。在某些情况下，薪酬调查所发挥的作用比组织内部的职位评价的作用更大。例如，一些市场稀缺的厨师的薪酬水平可能远远高于他在酒店内部相应的位置。我们通过薪酬调查还能了解竞争对手的薪酬策略，增强酒店薪酬决策中的针对性。我们在对调查数据进行整理分析的基础上，得出被调查的市场的薪酬水平，并据此绘制薪酬水平曲线，将其作为酒店薪酬水平定位的参考依据。

（四）设计薪酬结构

薪酬结构的设计是建立在酒店职位评价结果和薪酬水平定位基础之上的一个重要步骤。薪酬结构包括每一个职位或职位等级的工资范围、等级数以及每一等级的最高工资、中位工资和最低工资。酒店通过确定合理的薪酬结构，有利于体现薪酬的内部公平。一方面，在工作任务、责任和工作条件上差别很大的员工会被支付不同的报酬；另一方面，在本质上没有什么明显差别的职位会得到差别不大的报酬。

（五）控制与管理

薪酬结构、薪酬制度设计并实施以后，还需对其进行控制与管理，以评价其是否达到了薪酬制度实施的目的，并适时对其进行调整、纠偏。控制与管理主要从薪酬预算管理、沟通调查、薪酬发放以及薪酬调整等方面来完成。

二、基于战略的薪酬体系模型

要使薪酬体系持久地促进酒店向战略目标方向发展，人力资源部必须从结构上来思考薪酬体系，从酒店战略层面来思考薪酬分配与战略目标的内在关系，从整体薪酬分配框架结构来考虑各项分配制度的独特作用和相互关系，再从技术层面上来有效设计各项分配制度。

酒店与酒店之间的竞争，实质上是人与人之间的竞争。从外部来看，人力资源管理就是要在酒店内形成良好的人才生态环境，使得酒店能不断吸纳优秀人才。从内部来看，人力资源管理就是要创造一种人才成长的管理机制，使人才不断为酒店创造价值。没有战略就没有方向，人力资源战略为人力资源管理提供了方向。

制度是战略落实的载体。在战略指引下，制度设计的方向更加明确，制度的存在有了意义。人力资源部在薪酬制度设计时要避免孤立地去考虑单个制度，因为酒店在从小到大的发展过程中遇到的问题不同，因此薪酬制度设计的出发点也不同。许多酒店的薪酬制度都是在酒店发展过程中逐步形成的，如去年设计工资制度，今年设计奖金制度，明年设计股权制度。人力资源部设计这些制度时往往没有去考虑工资、奖金、股权之间的关联性，而且设计这些制度的人可能也是不同的。因此，不对薪酬制度进行系统化结构设计，就可能会造成各种制度都强调一种导向，而不能发挥各项制度的个性化作用。

薪酬设计技术是操作层面的东西，许多人力资源专业人员经常陷入技术误区，采用各种所谓先进的科学方法来设计制度，而没有从战略层面来思考制度设计。战略、制度和技术是一个不可分割的有机体，它是一个酒店薪酬体系设计的系统工具。基于战略的薪酬体系模型如图 7-4 所示。

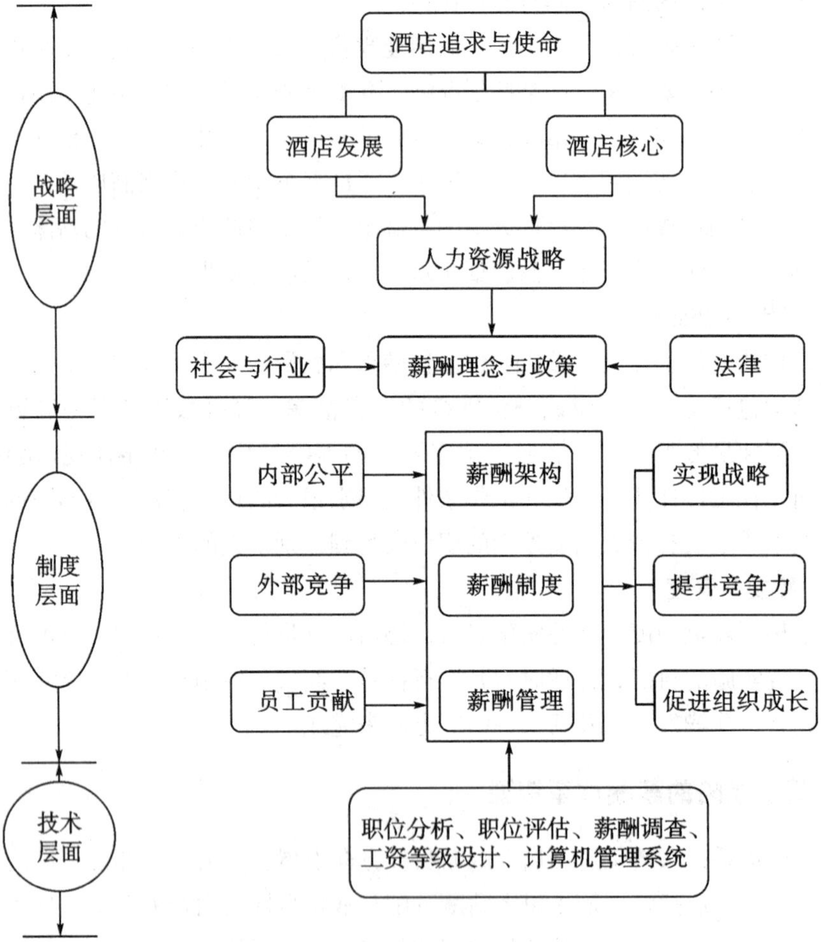

图 7-4 基于战略的薪酬体系模型

三、职位分析与评价方法

职位分析与评价即对酒店某一职位进行岗位职责与任职资格的分析，并结合对该职位的付酬因素以及公司薪酬战略等的分析，来评价该职位的价值，从而为不同职位的薪酬水平的确定提供依据。这里需要注意的是：岗位评估的是职位，而不是具体个人。

常用的职位分析与评价方法有排序法、分类法、要素比较法、要素计点法。

（一）排序法

排序法是一种简单的职位分析与评价方法，就是根据不同职位的相对价值或它们各自对酒店的相对贡献进行排序。某酒店职位价值排序如表 7-2 所示。

表 7-2　某酒店职位价值排序

职位名称	职位价值排序（从高到低）
经理	1
副经理	2
经理助理	3
领班	4
服务员	5
实习生	6

排序法的优缺点是显而易见的，它的优点在于简单易操作、省时、花费小；而缺点在于实际运用中过分依赖主观估计的因素，不够科学、客观。它适用于规模小、岗位少的小型酒店或组织。

（二）分类法

分类法即根据职位说明书将工作内容相似的岗位划为同一类，再对这一类岗位按工作复杂程度或其他因素进行岗位分级定薪。该方法是对排序法的改进方法。某酒店职位薪酬等级如表 7-3 所示。

表 7-3　某酒店职位薪酬等级

职位类别	管理人员	技术员工	基层员工	办公室职员
职位薪酬等级	总经理（一级）			
	副总经理（二级）	总工程师、总会计师		
	A 级经理（三级）	工程师	大堂副经理	总经理办公室主任
	B 级经理（四级）		特色餐厅经理	行政助理
	主管（五级）	A 级销售员	服务师	部门秘书
	领班（六级）	B 级销售员	普通服务员	联络员、文员

（三）要素比较法

要素比较法是一种量化的职位评价方法，它不仅确定了哪项职务对企业重要，而且还对重要性进行赋值，从而能够更容易将薪酬要素的价值转化成货币工资。它是在确定关键职位和付酬要素的基础上，将关键职位中的付酬要素排序后编制成要素比较尺度表，然后将待评价职位的付酬要素与关键岗位进行比较，从而确定待评价职位的工资率。

要素比较法的操作步骤如下：

（1）确定关键职位及付酬因素；

（2）分别依据付酬因素对关键职位进行排序；

（3）根据付酬因素确定每个关键职位的工资率；

（4）根据工资率对关键职位进行排序；

（5）建立职位报酬等级表。

要素比较法的优点是准确客观，能够将人为因素的影响降到最低；由于每一步骤都有详细的说明，有助于评价人员做出正确的判断，也比较容易向员工做出解释。这种方法的缺点是操作起来比较复杂，整个评价过程比较费时；再有就是每次评价都需要调查关键职位的薪酬水平，增加了评价的成本，因此，在实践中，第四步往往是按照相对的工资率指数来对典型职位进行排序。

（四）要素计点法

要素计点法，是指先确定几个报酬要素，然后将每个要素分为几个等级，从而对职位进行分析与评价的方法。要素等级的划分要与职位的实际状况相符合。具体步骤如下：

（1）确定要评价的职位系列。由于不同部门的职位差别很大，通常使用多种点值评定方案来评价组织中所有的职位，因此，要先划分职位系列，如行政系列、工程系列、管理系列等，对每个职位系列，人力资源部一般要制订一种方案。

（2）收集职位信息。其方法包括职位分析、职位描述和职位说明书。

（3）选择薪酬要素。可供选择的薪酬要素有教育、身体或技术要求等，通常不同的职位系列有不同的薪酬要素。

（4）界定薪酬要素。人力资源部须仔细界定每个薪酬要素，以确保评价人员在应用这些要素时能够保持一致。

（5）确定要素等级。确定每个要素的等级后，评价人员才可以评定每个职位的要素等级。每个职位的要素等级不宜超过 6 个，实际等级数主要取决于评价人员的评价需要。

（6）确定要素的相对价值，即确定每个要素的权重。对于不同的职位系列，各要素的重要性是不同的。例如，对于行政系列来说，“心理要求”要素的权重要大于“身体要求”。

（7）确定各要素及各要素等级的点值。

（8）编写职位评价指导手册。制订职位点值方案的最后一步是编写点值指南或职位评价指导手册。这一步只是把各要素及其等级的定义、点值汇编成一本便于使用的指导手册。

四、开展薪酬调查

薪酬调查重要的原因在于以下几个方面：可以帮助企业了解城市、行业及企业的薪酬状况，以便确立企业自身的薪酬竞争位置；是制定薪酬政策的依据；可以帮助企业确定人工成本以及起薪基点；是劳资沟通的依据。

课后实作任务

任务名称	某五星级酒店薪酬水平调查报告		
组名		小组成员	
任务描述	你所在的城市的某五星级酒店，一直秉承“一流的公司要用一流的员工，支付一流的薪水”的用人思路，确定了“市场领先型”的薪酬战略。其90%以上的岗位薪酬都位于同行业薪酬水平的首位。为了确保自己的薪酬水平处于领先地位，该酒店每年都会进行两次薪酬调查，如果发现自己的薪酬水平已经被其他酒店超越或部分超越，则会马上做出薪酬的调整。现在，假定你是该酒店人力资源总监，公司总经理要你提交一份竞争对手薪酬水平调查方案		
任务要求	要求内容包括： （1）调查目的 （2）调查范围 （3）调查方式 （4）调查数据的统计分析 （5）薪酬水平调查分析报告		
任务准备	熟悉薪酬管理的内容及薪酬调查的相关方法，进行小组成员分工		
实施建议	与校企合作酒店取得联系，取得对方的支持，以小组为单位，利用课外时间，组织完成任务		
实施计划	计划包括以下四个方面： 人员分配、时间安排、解决步骤、设备和工具		
实施过程记录	从以下三个方面记录： 收集的资料、过程记录、实施中遇到的问题及解决办法		
任务成果	形成一份调查报告		

五、设计薪酬结构制度

职场案例：

宽带薪酬助力企业发展

扫一扫

薪酬结构，是对同一组织内部的不同职位或者技能之间的工资率所做的安排。薪酬结构设计就是确定薪资的组成，同时设计各类薪资项目占整个薪资的比例和分配原则。

目前，常见的薪酬结构制度有以下几种类型：

（一）通用型结构工资制

通用型结构工资制是指基于工资的不同功能，将工资总额划分为若干个相对独立的工资单元，同时规定不同的结构系数，组成有质的区分和量的比例关系的工资制度。该类型的薪酬结构体现了各种劳动要素的特点，适用于我国所有的国有企业、民营企业和合资企业。

（二）以岗位技能为导向的工资制

以岗位技能为导向的工资制是以按劳分配为原则，以劳动技能、劳动责任、劳动强度和劳动条件等基本劳动要素评价为基础，以岗位和技能工资为主要内容的基本工资制度。从本质上说，以岗位技能为导向的工资制也是结构工资中更为规范化的一种具体形式。与其他结构工资制形式不同的是，以岗位技能为导向的工资制建立在职位评价的基础上，充分体现了工资中职位与技能这两个结构单元的特点，更有利于贯彻按劳分配的原则，更能够调动员工努力提高技术和业务水平的积极性。以岗位技能为导向的工资制具有极强的适应性，各种企业，不论大小，均可采用，特别是对生产性企业和技术含量较高的企业，更能显示其优越性。

（三）岗位薪点工资制

岗位薪点工资制是在岗位劳动评价“四要素”（岗位责任、岗位技能、工作强度、工作条件）的基础上，用点数和点值来确定员工实际劳动报酬的一种工资制度。岗位薪点工资制的特点是：员工的点数通过一系列量化考核指标来确定，点值与企业和部门实际效益挂钩；工资标准不是以金额表示，而是以薪点数表示，点值取决于经济效益。薪点工资制实际操作灵活，适用于经济比较发达地区的企业，如现代化的国有企业、外资企业及合资企业等。

（四）以技术等级为导向的工资制

以技术等级为导向的工资制是按照员工所达到的技术等级标准确定工资等级，并按照确定的等级工资标准支付劳动报酬的一种制度。以技术等级为导向的工资制由工资标准、工资登记表和技术等级标准三个基本要素组成。该制度通过对这三个组成要素进行分析和量化，给具有不同技术水平或从事不同工作的员工规定适当的工资等级。以技术等级为导向的工资制是员工工资等级制度的一种形式，其主要作用是区分技术工种之间和工种内部的劳动差别和工资差别。这种工资制度适用于技术复杂程度比较高、员工劳动差别较大、分工较粗及工资不固定的企业。

（五）岗位等级工资制

岗位等级工资制是根据劳动条件、技术要求、劳动责任等要素的差异对劳动岗位进行分类，并在同一岗位内部按技术复杂程度划分等级，从而确定员工工资收入的一种基本工资制度。实施岗位等级工资制的企业必须具有一定的劳动工资管理基础，有先进合理的定额标准，对各类岗位功能、劳动规范、技术等级能运用科学的方法进行测评考核。岗位等级工资制主要有以下三种形式：

（1）一岗一薪制，即一个岗位只有一个工资标准，凡在同一岗位上的员工都执行同一工资标准。

（2）一岗数薪制，即在一个岗位内设置几个工资标准，以反映这一岗位内部不同员工之间的劳动差别。岗内级别是根据岗位内不同工作的技术复杂程度、劳动强度、责任大小等因素确定的。

（3）复合岗薪制，即每个职位内设置若干个工资标准，但不同职位的工资标准有部分等级交叉。其特点是一职数薪，同职可不同薪，标准适当交叉，不同职亦可同薪，不升职亦可增薪。复合岗薪制适用于岗位生产特点比较明显，且同一岗位内部又有技能要求差异的企业和工种。一般来说，复合岗薪制适合在那些自动化程度较高、生产连续性较强的工种使用。

企业要做到员工之间的工资平衡就要有一个合理的工资结构。而合理的工资结构应该是公平的结构，能够做到相对公平。这种结构要覆盖所有的员工，不能只解决某些人或者几个职位的问题。依据员工的贡献，而不是依据员工服务时间以及岗位来付酬，已经成为薪酬管理的一大趋势。只有把员工的努力提升绩效与其获得的报酬直接联系在一起时，才能真正激励到员工。

案例

a 对 b 说："我要离开这个公司。我恨这个公司，他们给我的薪水简直是对人才的侮辱！"b 建议道："我举双手赞成你辞职！不过你现在离开，还不是最好的时机。"a 问："为什么？"b 说："如果你现在走，公司的损失并不大。你应该趁着在公司的机会，拼命去为自己拉一些客户，成为能独当一面的人，然后带着这些客户突然离开公司，公司才会受到重大损失。"a 觉得 b 说得非常在理，于是努力工作，事遂所愿。经过一年多的努力，他有了许多的忠诚客户。再见面时，b 问 a："现在正是时机，要跳赶快行动哦！"a 淡然笑道："老总跟我谈过了，准备升我做经理，我暂时没有离开的打算。"其实，这也是 b 的初衷。

启示：员工想要工资收入高，是人之常情，可是在抱怨公司开给你的薪水低的同时，应该先问问自己"我值什么价"。尤其是职场新人，踏实地提升自己的职场技能水平才是首要的。

课堂小练习

讨论：中国酒店业的服务附加费可以算是向客人收取的小费吗？这与国外的小费制度有何异同？

____

____

____

辩论：小费、服务附加费等的受益人应是公司还是服务人员？

____

____

____

优秀动画短片：《雇佣人生》（建议课后自行观看）

视频网址：https://video.tudou.com/v/XMjE1MDkwOTc4NA==.html?__fr=oldtd.

六、薪酬控制与管理

薪酬的控制与管理主要从薪酬预算管理、沟通调查、薪酬发放以及薪酬调整等方面来完成。

（一）人工成本核算指标

人工成本核算指标的计算公式如下：

工资总额=计时工资+计件工资+奖金+津贴和补贴+加班加点工资+特殊情况下支付的工资

人工成本=工资总额+社会保险费用+福利费用+教育费用+劳动保护费用+住房费用+其他人工成本

人均产值 = 公司产值/公司员工总数

人均利润 = 公司利润总额/公司员工总数

单位人工效率 = 单位人工成本产出（利润）率

= 公司产值/人工成本

（二）薪酬总额的预算

1. 简单预算法

$$K=F\times(1+r)+n\times M$$

K——下一年度薪酬总额预算值。

F——上一年度实际支付的薪酬总额。

r——预计增长比率。

n ——预计增加人数。

M ——增加人数的平均工资。

2. 累计预算法

$$K=\sum_{i=1}^{12}\sum T_m\times(1+B)$$

K——下年度薪酬总额预算值

$\sum T_m$——某月 m 个人的工资

B——预计利润涨幅

课堂小练习

某公司现有人数为 100 人。其中，非生产人员 20 人，平均每人的月工资为 3 500 元；生产工人为 80 人，平均每人的月工资为 1 000 元。6 月，因新生产线的投入，需提前 2 个月扩招 30 人（含 4 名非生产人员）。员工进入公司 3 个月后可转正，转正后平均月工资增长 20%，从而达到公司平均月工资水平。该公司估计今年利润增长比例为 5%。请估算一下该公司明年的工资总额。

____

____

____

（三）工资的计算

1. 日工资的计算

日工资制一般用于非全日制工资的计算，这种工资形式一般按照职工的实际工作时间支付劳动报酬。日工资率和应付计时工资的计算公式如下：

日工资率=月工资/月工作日

应付计时工资=出勤天数×日工资率+病假日数×日工资率×病假工资发放比例

课堂小练习

杨林是酒店里的临时清洁工，月基本工资为 1 300 元，8 月实际出勤 18 天，请事假 2 天、病假 3 天、双休假日 8 天。按规定，杨林病假期间的工资按照当月工资的 80% 支付。请计算杨林 8 月的工资。

____

____

____

2. 月工资的计算

在月薪制下，不论各月日历天数是多少，只要职工全勤，即可得到基本工资。若遇有缺勤，缺勤工资应从基本工资中扣除。

月工资=月基本工资-缺勤日数×日工资率

课堂小练习

杨林为酒店里的客房部员工，月基本工资为 1 500 元。5 月，杨林请事假 5 天、病假 6 天。事假和病假中各有法定节假日 1 天。杨林参加工作已经 1 年，按照公司规定，杨林病假期间的工资按其月岗位工资的 70%支付。请计算杨林 5 月的工资。

3. 计件工资的计算

酒店实行计件工资的岗位比较少。实行计件工资制的岗位，应付工人的计件工资是按产量工时记录的个人（或班组）完成的合格完工产品产量乘以计件单价计算的。此外，对于生产中产生的废品，如果是材料缺陷造成的，则按相应的计件单价照付工资，如果是加工失误造成的，不付计件工资。计件工资的计算公式为：

应付计件工资 =（合格品数量+料废品数量）×计件单价

如果工人在一个月内加工多种不同产品，而且各种产品的计件单价不同时，则分别按上式计算每种产品的计件工资后汇总即应付该职工的计件工资额。上述公式中的计件单价，应该是由某种产品的定额工时数，乘以制造该种产品所需要的某种等级工人的小时工资率求得。

在实际工作中，计件工资还可以按完成定额工时数乘以工时单价（经测算确定的小时工资率）计算。首先，计算月份内完成的各种产品的定额工时数，其公式为：

完成定额工时数 = Σ（每种产品完成数量×该种产品单位定额工时）

其中产品完成数量包括合格产品数量和料废品数量。其次，根据定额工时数和小时工资率计算应付计件工资，其公式为：

应付计件工资 = 完成定额工时数×工时单价

企业在实行小组集体计件工资时，应按上述方法首先计算出小组应得的计件工资总额，然后在小组成员间进行分配。

课堂小练习

某酒店洗涤部员工杨林在 5 月共洗涤床单 200 件。经检验，其中合格产品为 1 800 件、料废品为 50 件、工废品为 150 件，合格品的计件单价为 2 元/件，工废品的单位赔偿金额为 4 元/件，那么杨林 5 月的计件工资是多少？

职场案例：

缺勤如何扣工资？

扫一扫

项目四　员工福利管理

一、福利的目的

在现代企业的管理中之所以把薪资和福利分开来作为两个相对独立的职能内容，是因为它们的根本目的是不一样的。薪资的根本目的是激励，它将固定工资、浮动工资、奖金与业绩挂钩，完全以绩定薪。福利不一样，福利的根本目的是要保障员工能够安心工作，提高凝聚力。企业通过提供各种各样的工作条件和生活保障，如医疗保险、员工休假制度等，让员工能够有更好的精神状态和身体状态投入工作，保障员工能够安心工作；通过一些符合不同员工需要的福利项目的设计，提升员工的工作幸福感、凝聚力，有效地利用好有限的人力资源经费。

阅读材料

西里亚·达尔敦是奥普瑞兰德酒店的薪资福利经理。她说："在今天快速变化和供给紧张的劳动力市场中，雇主要创造和提供富有竞争力的福利来吸引人才。"根据最近的一次调查，福利被列为吸引和留住雇员最重要的两个因素之一。但是，很多雇主没有将已有的福利计划有效地传达给雇员。很多时候，雇员并不知道企业向他们提供的所有福利内容。

奥普瑞兰德酒店成立了一个雇员福利沟通委员会。这个委员会负责实施一项全面的福利沟通计划。这个委员会由不同部门的代表组成。通过这一计划，下列一些想法得到了贯彻落实：

①奖励海报，用于张贴个人健康、集会和娱乐消息，以及 401（K）计划报名、救济福利公开报名等；

②公告牌，安放于雇员服务中心，刊登雇员工作中的各种福利待遇及照片；

③报纸广告，在现有职位招募广告中宣传福利待遇。

二、福利管理的内容

根据福利工作的性质，福利管理的内容大致可以概括为五种类型，具体见表 7-5。

表 7-5　福利管理的内容

类型	工作内容
福利项目的管理和开发	如住房、交通车、员工休假的管理开发
行政事务处理与管理	如住房、建房、分房、宿所管理、班车管理、食堂、浴室管理等，非常琐碎，工作量很大
组织活动	如俱乐部、春游、联欢会、运动会
福利待遇核实、发放、报销、缴纳管理	如保险、医疗、休假、补贴等方面的跟踪管理（一些企业实行台账制）
员工福利问题的处理	如果福利政策制定得不完善，如住房（宿所、补助、贷款）、医疗（病假、医疗期、医疗费）等问题就会特别多，就需要福利工作人员处理

三、社会保障体系是福利管理工作的基础

社会保障体系是企业福利工作的一个基础内容，是非常重要的。

社会保障体系包括两大主要内容：社会统筹保险、住房公积金。

（一）社会统筹保险

社会统筹保险主要包括五个方面的内容：养老、医疗、待业、工伤、女工生育。

1. 为什么要有社会统筹保险

社会统筹保险这五个方面的内容每个员工都会碰到。比如某家医药企业，在职员工的规模大概是 2 000 人，而离退休人员的人数有 1 500 多人。该企业每年要花很多钱给这些离退休人员发离退休工资，因为离退休人员的工资和医药费用是由企业承担的。企业经营的时间越长，这个包袱越沉重。在职员工也很关心，如果企业不能为退休人员提供保障，那他们在这里工作就不安心。

薪资福利是把双刃剑，一方面起着稳定员工的作用，另外一方面也是企业的经营成本。只有企业经营效益非常好，人均产出率很高，才能够保障离退休人员的福利待遇，而且不会降低企业的竞争力。

2. 社会统筹保险追求的目的和效果

社会统筹保险的社会化操作，就是把企业的包袱逐渐变成由社会来统筹安排，员工退休以后由社会来统一管理退休员工。

对企业来讲，社会统筹保险可以减轻其负担，每年只需为员工缴纳养老保险金就行了。而且这是在整个社会基础上来做的，每家企业都会交钱，就相当于一定范围内所有的企业联合起来支持社会统筹基金。一些新企业，虽然还没有退休人员，但同样也交这份社会统筹基金。这样，政府就可以把每个企业的成本或者压力均分，可以减少那些历史比较长的、退休人员比较多的企业的负担。实际上，对所有企业来讲，社会统筹保险基本上是公平的。

每一个企业需要做好的是按国家的规定和标准来及时缴纳现有员工的养老保险。

（二）住房公积金

1. 为什么要有住房公积金

早在20世纪80年代末90年代初的时候，就有很多城市已经开始试点推行住房公积金，效果很不错。对于大多数企业的员工来讲，独立承担住房问题是很困难的。

对于该问题，比较有效的措施是住房公积金。企业每个月都要为员工缴纳住房公积金，一般都会有一个标准。当员工需要买房子的时候，只要能提供相应的证明，就可以去住房公积金管理中心申请贷款，而且贷款额比企业和自己存的金额要多，利息比一般的商业贷款要低。当然，这里有一个贷款总金额的限制。

2. 住房公积金追求的目的和效果

住房公积金也是用社会统筹的方法为员工提供住房福利。当员工刚开始工作，还不需要住房的时候，他们可以先把钱存在里面，可以为其他的员工或整个城市范围里其他有购房需要的职工提供住房福利。当你有买房需要的时候，别人就可以把他们存的那些钱通过住房公积金管理中心，来为你提供住房贷款所需的钱。

四、企业自主福利项目的设计

课堂小练习

"创意福利我最多"比赛

任务说明：以小组为单位，列举你所知道的福利，尽可能多，尽可能有创意。各小组之间展开比拼，创意福利条数最多者获胜。注意：福利的设置既要考虑员工的需要，也要考虑企业的承受力和可实现性。

（一）设计和实施企业自主福利项目的原因

传统的福利项目与企业自主福利项目要达到的标准和效果之间是有差距的。通常来讲，像社会统筹保障，只是所有福利工作里面最基础的、最低的标准。如果是一个经营效益不错、经营规模比较大的企业，它为员工提供的工作条件和生活保障远远高于国家要求的社会统筹保障。

好的企业自主福利项目可以提升员工的工作幸福感以及归属感，凝聚员工力量。这些是传统福利项目不能实现的。

（二）设计自主福利项目的原则

企业在设计自主福利项目时应遵循以下原则：

（1）能反映不同员工的需要；

（2）在市场上已经证实很多企业都在做，而且效果不错；

（3）项目资金的投入和福利效益与企业的效益水平相当，企业能够承受得起。

五、福利的预算管理

福利管理的重点在于项目的规划开发和管理。怎样管好项目、把握好重点？福利工作的重点之一就是如何有效地把企业的资金花在员工身上。在这个过程中，预算就起到一个很关键的作用。企业通过预算就可以知道要花多少钱，而且钱转化成员工效益的时候，效益是多少。

假如某企业员工的人均年薪是 10 万元，人均人身意外伤害保险额是 300 元。如果该企业有 1 000 名员工，那么每年企业需支付 30 万元的人身意外伤害保险费，怎么看一年下来有没有效益？其实很简单，就是在过去的一年里，这 1 000 名员工有没有发生意外的伤害，如果发生了意外伤害，那他们得到了多少赔偿？这就是效益。一般来讲，各种各样的意外都会有，1 000 名员工有一两名发生意外伤害也不奇怪。投了 30 万元保险，一年下来，如果有十几万元赔偿，对企业来讲可能没什么感觉，但是对当事的员工意义就非常重大，效益就体现出来了。

要想把钱花到值得投资的地方，就需要做好预算。企业只有对资金的来源和数量以及使用要求了如指掌才能把钱花得恰到好处。

微课视频：

福利创新——外企“家”有“保姆”，全包员工婆妈小事

扫一扫

六、福利效果控制

企业在做福利管理的时候，每一个政策、每一个项目都是有目的的，都有预期需要达到的效果。福利工作者要明确这些效果是什么。比如福利管理的目的就是给员工提高必要的工作条件和生活保障，使员工能够安心工作；养老保险的目的就是让员工在退休之后没有后顾之忧；医疗保险的目的是，万一员工生病了也不用担心可能会花很多钱。工伤、失业、女工生育保险，都是为了在员工出现一些意外的情况或有需要的时候能够为他们提供一种保障。所以，如果对所有的福利项目、福利政策的目的都了解得很清楚，企业就能够保障员工福利的效果。

在确定哪些福利项目是必不可少的时候，企业一方面要确定重要程度，是企业员工要求的，还是法律规定的，另一方面还要确定这些项目有没有达到预期的效果。具体的工作就是调查和跟踪，比如员工对医疗报销政策满意吗？钱有没有花得恰到好处，有没有滥用，有没有浪费？这是做福利工作的时候要调查和跟踪的。

☞ 案例

某个企业给员工定了一个医疗报销标准：每个员工一年可以报销 1 000 元的医疗费；如果不报销，则员工可以得到 400 元的补助。这是有道理的，因为有些年轻的员工可能看一些小病，不会花太多钱。如果他们要报销，则要提供收据、发票、报销单、病例，很费事。所以，这个企业的这个政策看起来还不错。但实际上，人力专员通过调查跟踪，就发现该政策的问题——医疗费用过高了。

通常年轻人即使有点小病也不见得会去看病，但是如果到了一定年龄，比如 35 岁、40 岁以上，或者年龄更大一点则比较容易生病，或者更需要关心自己的身体，经常会去医院检查，每次花个几百元都很正常。该企业员工年龄与医疗费用关系见图 1。

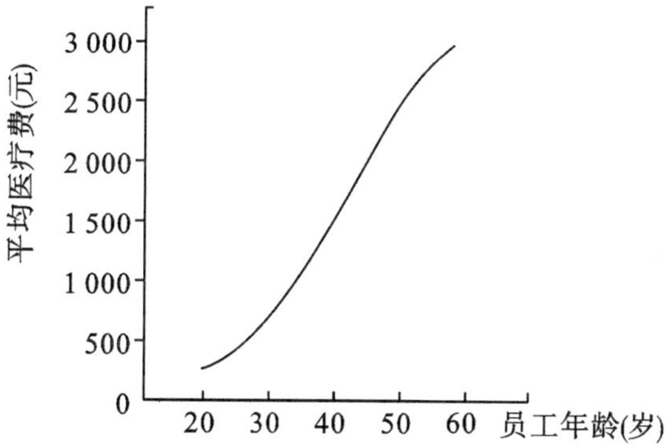

图 1　某企业员工年龄与医疗费用关系大致走势图

在这种情况下，医疗花费与员工年龄成正比关系，年龄越高医疗费越多。而且对 40 岁以上的人来讲，1 000 元根本就不够。

从图 1 可以看出 30 岁到 40 岁是一个转折点。40 岁以上每年的医药花费在 1 500 元以上。企业制定这个每年报销 1 000 元医疗费或发 400 元钱补贴的政策，对年轻人来讲没问题。但是年龄稍微偏大点的员工就觉得根本不够用，而且如果真的使用这个政策的话，就相当于减少了他们的实际收入，因为他们要自己拿工资去看病。这家企业已经有二十多年历史，员工的平均年龄在 35 岁以上，所以这个医疗报销政策没有起到效果，是需要改善的。

为提高福利工作的效益，企业需注意两点：①提高投入产出比；②控制成本。效益就是投入产出比。这里的投入产出比跟管理中通常说的业务上的投入产出比不一样，比如业务投入投了多少钱在广告上面，市场份额收回多少，销售值是多少，比较好统计。福利本身就是一个花钱的项目，怎么来看它的效益呢？其实也是可以统计的，福利的目的就是保障员工安心工作，因而员工对福利的满意程度，就是福利工作的产值。

☞ 案例

还是上边案例中的企业。该企业在医疗保险方面花了这么多钱，跟踪调查的第一个问题就是这些钱有没有浪费；第二个问题就是看员工的满意程度如何。该企业有 500 个员工，30 岁以下的年轻人是 200 个，30 岁到 40 岁之间的有 150 个。通过调查，该企业发现大家平均满意度比较低。

为改善医疗政策，企业采取了一个做法，就是把医疗报销改成医疗保险，也就是说企业找一家有医疗保险业务的保险公司，按工资总额来投保。报销比例一般是80%~90%。如果某员工一年医疗花费在10 000元以上，企业可以报销更多一点，员工可能只需出5%就可以了。

这样做有三个方面的效果：

①控制住了成本。因为如果员工自己要掏一定比例的医疗费的话，他们就不会去滥用这个政策，不会随意地去报销了。

②提高了投入产出比。因为这是根据实际的支出做的报销，所以对企业来讲，总体上花的钱可能与原先差不多，但是能够控制住成本，而且能够真正达到预期效果。

③剔除了大量的行政工作。企业让保险公司来做这件事，虽然要向保险公司支付服务费，但剔除了大量的行政工作，提高了福利工作效率。专业的保险公司也能够从技术上保障整个过程的真实性和可靠性。

课后练习

一、单选题

1. 以下不属于“五险一金”的是（　　）。

A. 工伤险　　B. 生育险　　C. 养老险　　D. 商业险

2. 以下不属于薪酬体系的模式的是（　　）。

A. 以职位为基础的薪酬体系模式　　B. 以能力为基础的薪酬模式

C. 以业绩为基础的薪酬模式　　D. 以学历为基础的薪酬模式

3. 以下关于奖金的主要特点的说法，不正确的是（　　）。

A. 奖金的针对性和灵活性较差

B. 奖金可以弥补基本工资制度的不足

C. 奖金可以起到有效的激励作用

D. 奖金可以有效地将员工的贡献、收入与酒店效益三者结合起来

4. 在不同的薪酬形式中，对于吸引员工加入企业影响程度最大的是（　　）。

A. 奖金　　B. 福利　　C. 工资　　D. 补贴

5. 以下关于薪酬的说法，正确的是（　　）。

A. 常见的薪酬形式包括工资、奖金、补贴和福利

B. 高薪酬就能产生高激励

C.“五险一金”也属于直接的显性薪酬收入

D. 工资、奖金、福利三者在对员工的吸引、留住和激励方面的效应是一样的

6. 在制定薪酬制度时，酒店如何对不同岗位进行价值评价？（　　）

A. 规模小、岗位少的小型酒店可以采用最简单直接的岗位价值排序法

B. 酒店可以按照部门类别进行岗位归类，将同一类别的岗位直接定为同一价值

C. 对于关键工种，采用岗位类别法

D. 要素计点法由于计算较为复杂，一般很少采用

7. 在酒店，常用的薪酬模式是（　　）。

A. 以绩效为导向的薪酬模式

B. 以职位为导向的薪酬模式

C. 宽带薪酬模式

D. 以绩效为导向、以能力为导向、以岗位为导向的综合薪酬模式体系

8. 薪酬设计的第一步是（　　）。

A. 薪酬调查　　B. 职位分析　　C. 薪酬定位　　D. 制定薪酬制度

二、判断题

1. 福利不属于薪酬。（　　）

2. 基本工资按发放时间和计算方式可分为：计时工资和计件工资。（　　）

3. 常见的薪酬形式包括基本工资、奖金、津贴和福利。（　　）

4. “五险一金”中的“一金”指的是养老金。（　　）

5. 宽带薪酬将组织原来较多的薪酬等级压缩成几个级别，同时将同一级别内的薪酬活动范围扩大，从而形成一种较新的薪酬管理系统及操作。（　　）

三、简答题

1. 简述酒店员工福利的意义。

2. 薪酬体系设计的基本流程是怎样的？

3. 宽带薪酬有什么样的特点及优缺点？

四、案例分析题

某公司的一位薪酬福利主管，在离职时由于失误留下了一份公文袋。该公文袋被一位女员工发现。出于好奇，这个女员工打开了这个公文袋。她看过后，感到无比震撼！袋中的文件不仅有包括她自己在内的20多名主管级别的员工表现排名，还包括基本工资、工资增幅以及奖金等信息。最让她感到烦恼的是：一个平日无所事事的员工一年的收入竟然远远高于她。另外，三个去年来的员工的月薪几乎要比那些比他们更有经验的同事高出好多！而且这还是上一年度的数据。

这个发现让她开始质疑，为什么自己加班加点却没有其他人拿的薪水多。最终，她跟上司进行了加薪谈判，但谈话不欢而散。三天后，因不满于上司的胁迫，这位女员工选择了离职。她在离职前对这份文件拍了照片，并用自己的私人邮箱把图片发给了其他公司的高层，还抄送给了所有的相关员工。收到这封充满挑衅和不满的邮件时，公司的高管既愤怒又无奈。

【案例思考】

假如你是人力资源部主管，遇到这种情况，你的解决方法有哪些呢？你如何使其他人继续留在公司呢？

模块八

酒店员工职业生涯规划

兴趣成就梦想，规划成就未来。

行业专家箴言

HANGYE ZHUANJIA AHENYAN

在职业发展的道路上，重要的不是你今天站在哪里，而是你下一步将迈向哪里。

在职业生涯发展的进程中，什么时候你的工作热情、努力程度不为工资待遇不高、上级评价不公而减少，从那时起你就真正开始为自己打工了。

成功的人生需要正确的规划，合理规划自己的职业生涯，是每一个人迈向成功人生的第一步。

课前导入

KEQIAN DAORU

约翰逊的音乐家之梦[①]

1976年的冬天，当时我19岁，在休斯敦太空总署的实验室里工作，同时也在总署旁边的休斯敦大学主修计算机。每天忙于学校与工作之间，但只要有多余的一分钟，我总是会把精力放在我的音乐创作上。

我知道写歌词不是我的专长，所以在这段日子里，我到处寻找一位善写歌词的搭档，与我一起合作创作。我认识了一位朋友，她的名字叫法乐瑞。自从20多年前离开得克萨斯后，我就再也没听过她的消息，但是她在我事业起步时，给了我最大的鼓励。法乐瑞是一个农场主的女儿，家境很好，但是她从不以此为傲，专注于她的个人创作。

① 迈耶. 世界上到处都是有才华的穷人［M］. 金雨，译. 北京：中国民航出版社，2004.

她参加了很多诗歌创作大赛，她的作品充满了特色与创意。

一个周末，法乐瑞邀请我去她家的农场做客。在一起散步的时候，我表现出对未来的困惑和迷茫，然后她就问了我：“你想象过五年后你在做什么吗?”

我愣了一下。

她转过身来，用手指着我说：“嘿！告诉我，你最希望五年后的你在做什么?”我还来不及回答，她又抢着说：“别急，你先仔细想想。等你完全想好后再说出来。”我沉思了几分钟，开始告诉她：“第一，五年后，我希望能有一张唱片在市场上发行，而这张唱片很受欢迎，可以得到许多人的肯定。第二，我住在一个充满音乐的地方，能天天与一些世界一流的乐师一起工作。”

法乐瑞说：“你确定了吗?”我点了点头。

法乐瑞接着说：“好，既然你确定了，我们就把这个目标倒算回来。如果第五年，你有一张唱片在市场上，那么第四年，你一定要跟一家唱片公司签上合约。第三年，你一定要有一个完整的作品，可以拿给很多很多的唱片公司听，对不对？第二年，你一定要有很棒的作品开始录音了。第一年，你就一定要把你所有要准备录音的作品全部编曲，排练就位准备好。第六个月，你就要把那些没有完成的作品修饰好，然后让你自己可以逐一筛选。第一个月，你就要把目前这几首曲子完工。第一个礼拜，你就要先列出一个完整的清单，确定哪些曲子需要修改，哪些需要完工。好了，我们现在不就已经知道你下个星期一要做什么了吗?”法乐瑞说：“喔，对了。你还说五年后，你要生活在一个有很多音乐的地方，然后与许多一流的乐师一起忙着工作，对吗?”她急忙地补充说：“如果，在第五年，你已经在与这些人一起工作，那么第四年照道理你应该有自己的工作室或录音室。那么第三年，你得先跟这个圈子里的人在一起工作。第二年，你应该不是住在得克萨斯，而是住在纽约或洛杉矶。”

次年（1977 年），我辞掉了令许多人羡慕的太空总署的工作，离开了休斯敦，搬到洛杉矶。说也奇怪：不敢说是恰好五年，但大约可说是第六年。1983 年，我的唱片在亚洲开始销售，我一天 24 个小时几乎忙着与一些顶尖的音乐高手，日出日落地一起工作。

课前思考
KEQIAN SIKAO

想象一下你最希望自己在五年以后做什么？如果采用这种目标倒推法，你要怎么做才能实现你的目标?

本模块教学目标

BEN MOKUAI JIAOXUE MUBIAO

知识目标：

1. 描述中西方职业的分类。
2. 阐述职业选择的三种理论。
3. 描述职业生涯的阶段划分。
4. 列出酒店员工职业发展路径。
5. 阐述职业生涯规划对员工和企业的意义。
6. 列出员工和企业进行职业生涯规划的步骤。

技能目标：

1. 根据职业选择理论，判断自我的职业选择倾向。
2. 根据酒店员工的职业发展路径，描绘自我的职业发展通道。
3. 根据员工职业生涯规划的步骤，拟定一份职业生涯规划文本。

本模块理论知识

BEN MOKUAI LILUN ZHISHI

◇ 项目一　职业生涯概述

◇ 项目二　职业生涯规划

项目一　职业生涯概述

一、职业的定义

职业是指参与社会分工，利用专门的知识和技能，为社会创造物质财富和精神财富，获取合理报酬，作为物质生活来源，并满足精神需求的工作。社会分工是职业分类的依据。在分工体系的每一个环节上，劳动对象、劳动工具以及劳动的支出形式都各有特殊性，这种特殊性决定了各种职业之间的区别。

二、中西方职业的分类

（一）西方职业的分类

1. 按脑力劳动和体力劳动的性质、层次进行分类

这种分类方法把工作人员划分为白领工作人员和蓝领工作人员两大类。白领工作人员包括：专业性和技术性的工作，农场以外的经理和行政管理人员、销售人员、办公室人员。蓝领工作人员包括：手工艺及类似的工人、非运输性的技工、运输装置机工人、农场以外的工人、服务性行业工人。这种分类方法明显地表现出职业的等级性。

2. 按心理的个别差异进行分类

这种分类方法是根据美国著名的职业指导专家霍兰创立的“人格-职业”类型匹配理论，把人格划分为六种类型，即现实型、研究型、艺术型、社会型、企业型和常规型。与其相对应的是六种职业类型。

3. 依据各个职业的主要职责进行分类

这种分类方法较为普遍。国际标准职业分类把职业由粗至细分为四个层次，即 8 个大类、83 个小类、284 个细类、1 506 个职业项目，总共列出 1 881 个职业。其中 8 个大类是：

①专家、技术人员及有关工作者；

②政府官员和企业经理；

③事务工作者和有关工作者；

④销售工作者；

⑤服务工作者；

⑥农业、牧业、林业工作者及渔民、猎人；

⑦生产和有关工作者、运输设备操作者和劳动者；

⑧不能按职业分类的劳动者。

（二）我国的职业分类

根据国家统计局、国家标准总局、国务院人口普查办公室 1982 年 3 月公布，供第三次全国人口普查使用的《职业分类标准》。该《标准》依据在业人口所从事的工作性质的同一性进行分类，将全国范围内的职业划分为大类、中类、小类三层，即 8 大类、64 中类、301 小类。

其 8 个大类的排列顺序是。

①各类专业、技术人员；

②国家机关、党群组织、企事业单位的负责人；

③办事人员和有关人员；

④商业工作人员；

⑤服务性工作人员，

⑥农林牧渔劳动者；

⑦生产工作、运输工作和部分体力劳动者；

⑧不便分类的其他劳动者。

在八个大类中，第一、二大类主要是脑力劳动者，第三大类包括部分脑力劳动者和部分体力劳动者，第四、五、六、七大类主要是体力劳动者，第八类是不便分类的其他劳动者。

三、如何选择职业

在选择职业的过程中，有多种职业选择理论可以参考，其中最常见的有人职匹配理论、择业动机理论和职业锚理论。

（一）人职匹配理论

人职匹配理论的基本思想是，个体差异是普遍存在的，每一个个体都有自己的个性特征，而每一种职业由于其工作性质、环境、条件、方式的不同，对工作者的能力、知识、技能、性格、气质、心理素质等有不同的要求。个人在进行职业决策（如选拔、安置、职业指导）时，就要根据自己的个性特征来选择相对应的职业种类，即进行人格和职业匹配。

在人格和职业的关系方面，霍兰德提出了一系列假设：

①在现实的文化中，可以将人的人格分为六种类型，即现实型、研究型、艺术型、社会型、企业型和常规型，每一特定类型人格的人，便会对相应职业类型中的工作或学习感兴趣；

②环境也可区分为上述六种类型；

③人们寻求能充分施展其能力与价值观的职业环境；

④个人的行为取决于个体的人格和所处的环境特征之间的相互作用。

在上述理论假设的基础上，霍兰德提出了人格类型与职业类型模式。不同类型人格的人需要不同的生活或工作环境。

现实型人格：喜欢有规则的具体劳动和需要基本操作技能的工作，缺乏社交能力，不适应社会性质的职业。具有这种类型人格的人适合的职业包括技能性职业（如一般劳工、技工、修理工、农民等）和技术性职业（如制图员、机械装配工等）。

研究型人格：具有聪明、理性、好奇、精确、批评等人格特征，喜欢智力的、抽象的、分析的、独立的定向任务这类研究性质的职业，但缺乏领导才能。其适合的职业包括科学研究人员、教师、工程师等。

艺术型人格：具有冲动、凭直觉、无秩序、情绪化、理想化、有创意、不重实际等人格特征，喜欢艺术性质的职业和环境，不善于事务工作。其适合的职业包括艺术方面的职业（如演员、导演、艺术设计师、雕刻家等）、音乐方面的职业（如歌唱家、作曲家、乐队指挥等）与文学方面的职业（如诗人、小说家、剧作家等）。

社会型人格：具有合作、友善、助人、负责、圆滑、善社交、善言谈、洞察力强等人格特征，喜欢社会交往、关心社会问题、有教导别人的能力。其适合的职业包括教育工作者（如教师、教育行政工作人员）与社会工作者（如咨询人员、公关人员等）。

企业型人格：具有爱冒险、独断、自信、精力充沛、善社交等人格特征。其适合的职业包括政府官员、企业领导、销售人员等。

常规型人格：具有顺从、谨慎、保守、实际、稳重、有效率等人格特征，喜欢有系统、有条理的工作任务。其适合的职业包括秘书、办公室人员、会计、行政助理、图书馆员、出纳员、打字员、税务员、统计员、交通管理员等。

然而上述的人格类型与职业关系也并非绝对的一一对应。霍兰德在研究中发现，尽管大多数人的人格类型可以主要地划分为某一类型，但个人又有着广泛的适应能力。若一个人的人格类型在某种程度上相近于两种人格类型，则能适应这两种职业类型的工作。也就是说，某些类型之间存在着较多的相关性。

根据霍兰德的人职匹配理论，在职业决策中最理想的是个体能够找到与其人格类型重合的职业环境。一个人在与其人格类型相一致的环境中工作，容易得到乐趣和内在满足。因此，在职业选拔与职业指导中，指导人员首先要通过一定的测评手段与方法来确定个体的人格类型，然后寻找到与之相匹配的职业种类。

课堂小练习

点击链接进行霍兰德职业兴趣量表测试。

http://www.apesk.com/holland/index.html

点击链接进行 MBTI 职业性格测试。

http://www.apesk.com/mbti/dati.asp

（二）择业动机理论

美国心理学家维克多·弗鲁母（Victor H. Vroom）通过对个体择业行为的研究认为，员工个体行为动机的强度的大小取决于效价大小和期望值的高低。效价越大，期望值越高，员工行为动机越强烈。如果效价为零乃至负值，表明目标实现对个人毫无意义。在这种情况下，目标实现的可能性再大，个人也不会产生追逐目标的动机，不会为此付出任何努力。如果目标实现的概率为零，那么无论目标实现的意义多么重大，个人也不会产生实现目标的动机。

在期望理论的基础上，维克多·弗鲁母将其具体化为择业动机理论。该理论的应用，即个人如何进行职业选择，包括两步。

第一步，确定择业动机。其公式为：择业动机=职业效价×职业概率。其中，择业动机表明择业者对目标职业的追求程度，或者对某项职业选择意向的大小。职业效价是指择业者对某项职业价值的评价，取决于：①择业者的职业价值观；②择业者对某项具体职业要求，如兴趣、劳动条件、工资、职业声望等的评估。职业效价=职业价值观×职业要素评估。

职业概率是指择业者获得某项职业可能性的大小，通常取决于以下四个要素：

①某项职业的需求量。在其他条件一定的情况下，职业概率同职业需求量呈正相关。

②择业者的竞争能力。择业者的竞争能力越强，获得职业的可能性越大。

③竞争系数是指谋求同一种职业的劳动者人数的多少。在其他条件一定的情况下，竞争系数越大，职业概率越小。

④其他随机因素。

因此，职业概率=职业需求量×竞争能力×竞争系数×随机性。

择业动机公式表明：对择业者来讲，某项职业的效价越高，获取该项职业的可能性越大，择业者选择该项职业的意向或者倾向越大；反之，某项职业对择业者而言，其效价越低，获得此项职业的可能性越小，择业者选择这项职业的倾向也就越小。

课堂小练习

选择三个你比较心仪的职业，然后采用择业动机理论比较三个职业的优劣，并陈述你比较的过程和结果。

____

____

____

（三）职业锚理论

职业锚是由麻省理工学院斯隆商学院、美国著名的职业指导专家埃德加·施恩（Edgar Schein）教授通过对该学院 44 名 MBA 毕业生的 12 年职业生涯进行研究和分析总结出的理论，又称为职业定位理论。概括地说，职业锚就是你的最佳职业定位。

埃德加·施恩认为，职业设计是一个持续不断的探索过程。随着一个人对自己越来越了解，这个人就会越来越明显地形成一个占主要地位的职业锚。这个所谓的职业锚就是指当一个人不得不做出选择的时候，无论如何都不会放弃的职业中的那种至关重要的东西或价值观，即人们选择和发展自己的职业时所围绕的中心。影响一个人职业锚的因素有：天资、能力和兴趣；工作动机和需要；人生态度和价值观。

1. 职业锚的特点

（1）职业锚是以个人的工作经验为基础的。

个人在面临各种各样的实际工作生活情境之前，不可能真切地了解自己的能力、动机和价值观以及与之对应的合适的职业选择。

当个人已经工作若干年，习得工作经验后，方能够选定自己稳定的长期贡献区。换言之，职业锚在某种程度上由个人的实际工作经验决定的，而不只是取决于个人潜在的才干和动机。

（2）职业锚不是预测。

虽然有各种职业锚的测试模型，但职业锚不是根据各种测试出来的能力、才干或者职业动机、价值观所做的预测，而是个人在工作实践中，依据自我发掘的和已被证明的才干、动机、需要和价值观所确定的职业定位。

一个人的职业倾向可以预测，但职业锚一定是经过实践后才能确定的。值得庆幸的是，一个人的职业锚通常在他的职业倾向范围之内。因此，进行职业倾向测评对确定个人的职业锚有极大的指导作用。

（3）从确认职业锚的那时起，你的职业转变为事业。

当一个人确定了自己的职业锚之后，他的职业生涯将转变为事业生涯，这就是职业锚的作用。

（4）职业锚不是固定不变的。

职业生涯规划是一个持续不断的探索过程。或许在每一个职场人的职业生涯过程中，都会一次又一次确立职业定位，然后打破，然后再确立。

2. 职业锚的类型

（1）技术/职能型职业锚。

属于这一类型职业锚的人在进行职业选择时，主要关注的是工作的技术或职能。他们会在自己的领域不断地提高专业水平。他们的认同感来自在专业领域不断地得到锻炼和挑战，直到成为该领域的专家。他们总是围绕着特定领域安排自己的职业，虽然在其技术或职能领域也会接受管理职责，但对管理职业并不感兴趣。在许多岗位上都会有倾向技术型或职能型职业锚的人，如咨询公司的项目经理、工厂的技术副厂长以及企业中的研究开发人员、统计人员和会计人员等。

（2）管理型职业锚。

管理型职业锚的人把管理作为职业目标，而把具体的技术工作或职能工作看作通向更高的管理层道路上的必经阶段。他们倾心于管理，掌握更大的权力，肩负更大责任。他们具有强有力的升迁动机和价值观，以提升等级和收入作为成功的标准，具有分析能力、人际沟通能力和情感能力。管理型职业锚的主要职业领域是政府机构、企事业组织的主要负责人，如市长、局长、校长、厂长和总经理等。

（3）创造/创业型职业锚。

创造/创业型职业锚的人时时追求建立或创造完全属于自己的成就。他们要求拥有自主权、管理能力和施展自己才华的特殊能力，创造是他们自我发展的核心。他们意志坚定，敢于冒险。他们希望用自己的能力去创建属于自己的公司或创建完全属于自己的产品（或服务），而且愿意去冒风险，并克服面临的困难。创造/创业型职业锚的主要职业领域是发明家、冒险性投资者、产品开发人员和企业家等。该类型职业锚同其他类型职业锚存在着一定程度的重叠。

（4）自主/独立型职业锚。

属于这一类型职业锚的人希望随心所欲安排自己的工作方式和生活方式，追求一种能最大限度地摆脱组织约束，施展自己职业能力的工作情景。他们追求在工作中享有自身的自由，他们宁愿放弃提升或工作发展机会，也不愿意放弃自由与独立。

只有当某一项工作允许他们有弹性的工作时间和方式时，他们才愿意继续留任。该类型锚的主要职业领域是学者、科研人员、职业作家、个体咨询人员、手工业者和个体工商户等，与其他类型的职业锚有明显交叉。

（5）安全稳定型职业锚。

安全稳定型职业锚的人倾向于追求安全、稳定的职业，他们看重工作的安全、体面的收入、有效的退休方案和津贴等。对他们来讲，工作挑战性、丰富性和其他内部动机并不重要，他们关注于工作的情境（如发展前途、工作条件、福利等）而不是工作内容本身。

他们依赖组织，倾向于根据组织要求行事，寻求组织的认同和高度的感情安全，没有太大的抱负，认为成功的标准是一种稳定、安全、良好而合理的家庭和工作环境。该类型锚的主要职业领域是公务员或稳定性非常强的企事业单位职员。

课堂小练习

点击链接进行职业锚（职业价值观）测试

http://www.apesk.com/careeranchor/

四、职业生涯的概念和阶段划分

微课视频：

职业生涯规划小故事

扫一扫

拓展阅读：

比转行更重要的，
是培养你一直被需要的能力

扫一扫

（一）职业生涯的概念

职业生涯又称事业生涯，是指个体职业发展的历程，一般是指一个人终生经历的所有职业发展的整个历程。职业生涯是一个人一生中职业、职位的变迁及工作理想的实现过程。简单来说，职业生涯就是一个人一生的工作经历。

（二）职业生涯的阶段划分

1. 成长阶段（0~20 岁）

该阶段的主要任务是发现和发展自己的需求、兴趣、天赋和能力，打好基础；通过学校的教育和社会活动，学习和获得职业方面的知识和技能；接受教育和培训，培养相应职业活动素质和能力。

2. 进入工作阶段（20~30 岁）

该阶段的主要任务是择业与适应。择业即选择一个理想中的企业并在其中选择一份合适的职位。进入工作阶段，个体可能面临这些问题：原来在教育环境中形成的简单、理想、明确的观念与具体工作环境中复杂、多样的现实的差距；对企业抱有的不切实际的过高期望与实际情况对比而产生落差和失望。

3. 确定职业阶段（30~40 岁）

该阶段是大多数人工作生命周期的核心部分，主要任务是努力在工作中找到自己的位置，独立做出成绩，同时承担更多的责任，获得更多的收入，建立一种接近理想的生活方式。该阶段分为两个阶段：尝试阶段、稳定阶段。

4. 巩固职业阶段（40~50 岁）

该阶段的主要任务是对前面的职业生涯从个人收益、企业认同和社会价值三个方面进行自我评估，回顾已经实现的职业目标，提出新的职业构想，强化调整自己的职业理想，进一步明确职业定位，创造更多更优的绩效。

个体可能面临以下危机：职业中期危机，如生理和心理压力、工作压力和职业定位之间的矛盾等；职业停滞危机，即个人在工作中职务或职称晋升缓慢，继续升迁的希望减少。

5. 逐渐退出职业阶段（50~60 岁）

该阶段的主要任务是保持已有的职业成就，维护自尊，准备隐退，对抗衰老，保持工作的创造性；做好从工作中解脱出来的准备。

项目二　职业生涯规划

一、职业生涯规划的概念

职业生涯规划最早起源于 1908 年的美国。有“职业指导之父”之称的弗兰克·帕森斯（Frank Parsons）针对大量年轻人失业的情况，成立了世界上第一个职业咨询机构——波士顿就业指导局，首次提出了“职业咨询”的概念。从此，职业指导开始系统化。20 世纪五六十年代，舒伯等人提出“生涯”的概念，于是生涯规划不再局限于职业指导的层面。

职业生涯规划是指个人发展与组织发展相结合，通过对职业生涯主客观因素进行分析、总结和归纳，确定一个人的奋斗目标，并为实现这一职业目标而预先进行生涯系统安排的过程，包括制定相应的工作，以及每一时段的顺序和方向。

职业生涯规划可划分为短期规划、中期规划和长期规划。短期规划为 3 年以内的规划，主要是确定目标，规划完成的任务。中期规划一般为 3~5 年，主要是在近期目标的基础上设计中期目标。长期规划时间是 5~10 年，主要是设定长远目标。

二、为什么要做职业生涯规划

（一）员工为什么要做职业生涯规划

对于个体来说，决定一生职业发展方向的有三个重要的选择——教育、婚姻和事业。不论对于哪个个体，事业的发展在人的一生中占有极为重要的地位，因此职业生涯的成功与否直接影响到人生价值能否得到充分的体现，间接决定了生命内容的精彩抑或平淡。因此，做好职业生涯的规划，对每个人来说都是十分重要的，它关乎个人的前途与命运。

但是职业生涯规划的目的，不只是帮助一个人按照自己的资质条件去找到一份工作，而更重要的是，帮助一个人真正了解自己，为自己定下事业大计，筹划未来，进一步详尽估量主、客观条件和内外环境的优势和劣势，在“衡外情、量己力”的情形下，设计出符合自己特点的、合理而又可行的职业生涯发展方向。

对于个人来说，职业生涯规划的作用可归纳为以下几点：①准确评价个人特点和强项，以既有的成就为基础，确立人生的方向；②评估个人目标和现状的差距，激发自己前进的动力；③重新认识自身的价值，实现自我价值的不断提升和超越，增强职业竞争力；④通过科学的规划，将个人、事业与家庭生活和谐地联系起来，经营更美好的人生。

（二）企业为什么要为员工做职业生涯规划

职业生涯规划起源于西方。工业革命后，传统大学教育培养的大学生在就业方面出现一系列的问题，西方高校开始对大学生进行职业辅导。美国波士顿大学教授帕森斯提出“选择一项职业”要比“找一份工作”更重要的理念，并提出了职业辅导的步骤。

1908 年，帕森斯教授在波士顿成立就业指导局，迈出了职业辅导活动系统化的第一步。我国的职业生涯规划教育起步较晚，这就造成学生缺乏职业生涯规划的基本知识和意识。

帮助员工做职业生涯规划已经在西方有几十年的历史了，但在我国时间尚短。很多企业，特别是民营企业的老板们认为：员工职业生涯规划是员工个人的事，企业没必要去管这个“闲事”，就算管了也白管，员工也不念企业的好。

许多企业的人力资源部门工作人员最痛心的莫过于“留不住人”了，甚至有些人力资源部门的人员抱怨：在薪酬、福利等各方面，我们公司样样不比竞争对手的公司差，不比外企差，可员工怎么就是喜欢跳槽呢?

而对于员工而言，跳槽的原因主要有三种：一是报酬问题，待遇偏低，人才难留，这是人才流失的重要原因之一；二是才能发挥问题，如果个人才能得不到发挥，专长得不到利用，他也不会安心工作；三是社会角色问题，对于个人而言，即使待遇较高，才能也得到了发挥，但如果没有适当的职务，心理也是不平衡的。

人和动物的最大区别在于人是有思想的，并且人所想的会支配其行为，所以亚里士多德说人是一种寻找目标的动物，他生活的意义在于是否正在寻找和追求自己的目标。因此在很多情况下，企业能否留住优秀骨干的关键就在于，企业能否为他们创造良好的条件，使之有机会施展才能、实现自我价值。

近年来，同行业企业间的薪酬差距逐渐减小，人们在择业过程中，对工作环境、人才培育机制、个人发展空间等因素开始投入越来越多的关注，因此，员工的职业生涯规划因素在企业留人方面的作用越来越凸显出来。

从企业的角度来说，职业生涯管理是现在企业人力资源管理的核心内容之一，是满足人才需求、留住人才的重要手段。可以说，职业生涯规划是企业的责任，而不是福利。企业要发展，就不能只将员工看成打工者，而应当看作影响企业成败的战略合作伙伴。

相对于人员更迭频繁的企业，一个成员相对稳定的企业能更专注于自己的事业，效率更高。企业通过员工职业生涯规划，为员工提供广阔的职业发展空间，能激发员工的潜能，最终实现企业与员工的共同发展。

因此对于企业来说，职业生涯规划的作用可归纳为以下几点：①可以更深入地了解员工的兴趣、愿望、理想，以使他能够感觉到自己是受到重视的人，从而发挥更大的作用；②让管理者和员工之间有时间充分接触和沟通，从而让员工产生上进心，为企业的工作做出更大的贡献；③由于了解了员工希望达到的目标，管理者可以根据具体情况来安排对员工的培训，同时可以适时地引导员工进入组织的工作领域，从而使员工的个人目标和组织的目标更好地统一起来；④能够使员工看到自己在组织中的希望和目标，从而达到稳定员工队伍的目的。

职场案例：

员工工作迷茫，
如何帮助员工做好职业生涯规划？

扫一扫

微课视频：

人生第一份工作该如何选择？

扫一扫

三、酒店员工的职业发展路径

酒店员工的职业发展路径取决于酒店的岗位层级划分。一般情况下，酒店员工的晋升渠道为实习生、员工、领班、主管、经理、总监、总经理。酒店员工在晋升的过程中要面临两次重要的角色转换。

（一）员工到主管的转换

这一阶段的角色转换是员工在职业发展过程中要经历的第一次角色转换。角色转换的内容包括从参加班前会听取工作任务，到组织召开班前会安排工作任务的转变；从过去听从他人指挥到指导他人工作的转变；从按时完成自身工作到合理安排他人工作的转变；从参与小团队互助工作到管理小团队的转变；从接受培训到做个合格培训者的转变。

（二）从主管到经理和总监的转换

这一阶段的转换是员工从基层领导者向中层和高层领导者晋升的一次转换。角色转换的内容包括从管理小团队到管理多个下级主管人员的转变；从面对相对简单的管理工作，到面对更多复杂的部门整体运作的转变；从掌握管理技巧，到掌握管理领导艺术技能的转变；从部门内部沟通，到部门之间沟通协调的转变；从完成岗位工作指标，到担当营业指标的转变。

课堂小练习

根据自己兴趣规划自己在酒店业的职业发展路径。

职场案例：

一个职业成长期人力资源专员的困惑

扫一扫

四、酒店员工职业规划步骤

酒店员工职业生涯规划根据规划主体的不同分为自我规划和企业规划两种。自我职业生涯规划从员工本身出发，根据自我分析和环境分析，确定目标和实现路径；企业对员工的职业生涯规划则侧重于从制度和指导、培训层面对员工职业生涯规划进行管理。

（一）员工自我职业生涯规划的步骤

1. 自我评估

自我评估的目的，是认识自己、了解自己。因为只有认识了自己，才能对自己的职业做出正确的选择，才能选定适合自己发展的职业生涯路线，才能对自己的职业生涯目标做出最佳抉择。自我评估包括评估自己的兴趣、特长、性格、学识、技能、智商、情商、思维方式、思维方法、道德水准以及社会中的自我等。

（1）自我和他人评估。

自我评估也就是要全面了解自己。一个有效的职业生涯设计必须是在充分且正确认识自身条件与相关环境的基础上进行的。要审视自己、认识自己、了解自己，做好自我评估，包括自己的兴趣、特长、性格、学识、技能、智商、情商、思维方式等，即要弄清我想干什么、我能干什么、我应该干什么、在众多的职业面前我会选择什么等问题。

对自己的认识一般都是来自自己和他人对自己的评价。在自我认知模糊的时候，你可以主动聆听一下朋友、师长、家人对你的看法。这有助于你更客观的了解自己。

（2）正式评估。

正式评估是指采用结构化的标准化的测量工具来进行的评估。它给出的评估结果既是定性的，也是定量的。

智力测验的评估工具包括韦克斯勒智力测验、瑞文标准推理测验、吉尔福特测验（测验发散性思维）、托兰斯创造性思维测验。

职业兴趣测验的评估工具包括霍兰德职业兴趣量表、斯特朗-坎贝尔兴趣问卷（SCII）、库德职业兴趣调查表。

能力倾向测验可分为多重能力倾向测验和特殊能力倾向测验。多重能力倾向测验中比较著名的是一般能力倾向成套测验（GATB）。我国政府的公务员行政能力考试其实也是一种多重能力倾向测验。

人格因素测验的评估工具包括明尼苏达多相人格测验（MMPI）、梅尔斯-布瑞格斯类型指标（MBTI）、卡特尔 16 种人格因素问卷（16FP）、埃森可人格问卷（EPQ）、投射测验等。

2. 职业生涯机会的评估

职业生涯机会的评估，主要是评估各种环境因素对自己职业生涯发展的影响。每一个人都处在一定的环境之中，离开了这个环境，便无法生存与成长。所以，在制订个人的职业生涯规划时，我们要分析环境条件的特点、环境的发展变化情况、自己与环境的关系、自己在这个环境中的地位、环境对自己提出的要求以及环境对自己有利的条件与不利的条件。只有对这些环境因素进行充分了解，我们才能在复杂的环境中趋利避害，使职业生涯规划具有实际意义。

环境因素评估主要包括：

（1）家庭环境分析。

家庭环境对人的心态影响非常大，进而会影响到个人工作和事业的发展。对家庭环境的了解和分析主要包括以下几个方面：家庭关系、家庭生活环境、家庭经济状况、学生学业情况、家庭成员健康状况等。

（2）学校环境分析。

学校是学生成长、长才的重要场所。在进行环境因素评估时，学校的行业地位、专业优势、教育资源等都应该考虑在内。对学校环境的分析有助于我们了解到自己的专业特点、充分利用学校资源进行学习。比如，在选择考取研究生方面，可以重点分析所在学校的具体情况，选择适合的专业进行考取。

（3）职业环境分析。

所谓职业环境分析，就是要认清所选职业在社会大环境中的发展状况、技术含量、社会地位、未来发展趋势等。进行职业环境分析的要求是，通过职业环境分析弄清职业环境对职业发展的要求、影响及作用。我们应关注当前热点职业以及职业发展前景，社会发展趋势对所选职业的影响，等等。总的来说，职业环境包括两大方面的内容：社会环境分析和组织环境分析。社会环境对职业生涯规划有着重要影响，要做好长期的职业生涯规划，就应对社会环境做深入的分析。社会环境具有很大的变动性，其内容也纷繁复杂。组织环境对个人职业生涯有很大影响。当组织环境适合个人发展时，个人更容易取得职业上的成功。个人在选择组织时，有必要通过各种渠道来了解组织的信息，比如网络、新闻报道、当地各种商业活动等。

3. 职业的选择

职业选择正确与否，直接关系到人生事业的成功与失败。在选择职业时应考虑以下几点：①性格与职业的匹配；②兴趣与职业的匹配；③特长与职业的匹配；④内外环境与职业相适应。

4. 确定职业生涯路线

在职业确定后，我们就要确定向哪个方向发展，如向行政管理路线发展，还是向专业技术路线发展。每个发展路线对职业发展的要求也不同。因此，在职业生涯规划中，我们必须做出抉择，以便使自己的学习、工作以及各种行动措施沿着你的职业生涯路线或预定的方向前进。通常，职业生涯路线的选择须考虑以下三个问题：①我想往哪一路线发展；②我能往哪一路线发展；③我可以往哪一路线发展。

通过对以上三个问题进行综合分析，我们可以确定自己的最佳职业生涯路线。

5. 设定职业生涯目标

职业生涯目标的设定，是职业生涯规划的核心。一个人事业的成败很大程度上取决于他有无正确适当的目标。通常，目标分短期目标、中期目标、长期目标和人生目标。短期目标一般为1~3年，短期目标又分为日目标、周目标、月目标、年目标。中期目标一般为3~5年，长期目标一般为5~10年。

6. 制定行动措施

在确定了职业生涯目标后，行动便成了关键的环节。没有达成目标的行动，目标就难以实现，也就谈不上事业的成功。这里所指的行动，是指落实目标的具体措施，主要包括工作、训练、教育、轮岗等方面的措施。例如，为达成目标，在工作方面，你计划采取什么措施提高你的工作效率？在业务素质方面，你计划学习哪些知识，掌握哪些技能，以提高你的业务能力？在潜能开发方面，你计划采取什么措施开发你的潜能？这些都要有具体的计划与明确的措施。这些计划需要特别具体，以便于定时检查。

7. 评估与回馈

影响职业生涯规划的因素有许多。有的变化因素是可以预测的，而有的变化因素难以预测。在此状况下，要使职业生涯规划行之有效，就须不断地对职业生涯规划进行评估与修订。其修订的内容包括：职业的重新选择、职业生涯路线的选择、人生目标的修正、实施措施与计划的变更等。

微课视频：

五个阶段，规划好你的职业生涯

扫一扫

拓展阅读：

国企、央企、民企、外企四份录取通知，不同的选择意味着什么？

扫一扫

（二）企业对员工职业生涯规划的管理

从企业的人才管理角度看，员工职业生涯规划的基本步骤有五步：

第一步，根据企业的发展战略规划，形成系统的人力资源开发规划。

职业生涯规划是根据企业战略目标而设计的一种人力资源开发模式，其核心是根据企业战略目标培养核心人才，同时根据员工的特点确定其和人才规划的契合度。因此，企业应根据战略目标形成系统的人力资源规划，在规划中明确企业的人力资源开发目标、所需要的人才特点、人才的培养机制和保证。

第二步，根据人力资源规划和公司的组织架构，确定公司的职系图及岗位说明书。

有了人力资源规划，意味着有了人才需求。接下来，公司就要根据现有的组织架构以及未来的组织架构设计职系图，比如包括多少职系、有多少岗位、每个岗位所需要的人才编制等。世界 500 强企业最典型的职系是 Y 型职系，新员工进入公司属于管理培训生，大家都是一个职系，当成为总监的时候，就要分成 M（管理）系列职系（包括经理、资深经理、高级经理、总经理、总经理助理、副总裁、资深副总裁、高级副总裁、全球副总裁、总裁、首席执行官、董事长、董事局主席）和 T（技术）系列职系（包括工程师、资深工程师、高级工程师、总工程师、首席专家、首席科学家、董事兼首席科学家、高级顾问）。

对于中国企业而言，一般我们分为管理职系、技术职系、营销职系、生产职系和荣誉职系（如五星级员工、金牌员工等）五大职系。

第三步，根据职系图和岗位说明书，形成核心员工的胜任力模型。

有了清晰的职系图和岗位说明书，公司就要对核心员工进行定义，即什么才是公司的核心员工、什么才叫优秀。在此基础上，公司人力资源部形成关键岗位和核心员工的胜任力模型，说明这个岗位需要什么样能力的人、一个核心员工应该具备什么样的能力。比如中粮集团要求，一级部门的总经理必须具备 13 项能力。

第四步，根据公司规划要求、岗位说明书、职系图和胜任力模型，形成员工的职业发展晋升通道图。

职业发展晋升通道图是职业生涯规划的基本体现，它向员工展示了一幅形象而清晰的职位升迁通道，以及升迁的基本要求。因此，企业在设计职业发展晋升通道的时候，要考虑现实中人员是如何晋升的。比如：在营销系统，一般都是根据业绩晋升的，基本通道是从最低级的见习业务员（或实习业务员）开始，依次为业务员、见习主管、主管、资深主管、高级主管、见习经理（或副经理）、经理、资深经理、高级经理、见习总监、总监、营销副总裁、总裁等。这个通道很长，原因是营销人员往往是公司里人数最多的团队，而且基本是根据业绩提升的。

职场案例：

如何设计销售人员的发展通道？

扫一扫

第五步，构建完整的职业生涯规划。

根据以上步骤，企业形成完整的职业生涯规划文件，并进入正式运行。

拓展阅读：

酒店职业经理人如何做好职业生涯规划？

扫一扫

阅读材料

时间管理之目标倒推法

什么是目标倒推法？假设你五年内想要种一百棵树。那么在第三年，你应当种下六十棵树，在第二年种下四十棵。假设今年已经过了六个月了，你还剩下六个月，也就是说从今天开始，每个星期，你需要种下一棵树。倒推法从剩下的时间反推算出每天该做的事。

这样看上去，计划似乎也并不太难。

很多人认为时间管理就是让自己变得呆板，依计划做事。

时间管理是管理自己的一种工具，它的目的只有一个，就是实现你的目标，在有限的时间内，用适合自己的方式实现自我的价值，即你的目标。

有时候，并不是我们的目标太难，而是实践的步骤没有细化，太过粗糙，也可能计划是一个外行人安排的，执行人反而没有主动权，特别是当一个目标庞大涉及团队时，做计划变得更为困难。我们可以将复杂的目标拆分成脉络分明的工作量。团队目标需要分散到部门、进而再分散到个人。

这里有一个简洁的步骤来确定每个人的工作和工作量。不论是团队还是个人，这个步骤都是适用的。

（1）我们需要确定一个时间段，列出可衡量目标。例如一个季度，列出这个季度的目标。

（2）列出工作清单。如果是团队，邀请所有人员参与，这个工作清单肯定是自上而下的，一层层细化的。先不急于衡量时间是否充裕，按最理想的状态列出目标需要的步骤。这里可用 Mindjet 思维工具进行发散性分析。

（3）列出每个工作模块的负责人，负责人只有一个人，即使是一个人的目标，在工作过程中也可能需要等待其他人的反馈。

（4）每个工作模块细节化为任务，预估天数。尽可能地具体化任务，不要用名词，也不要用形容词来描述。那么需要细化到何种程度才算是正确的呢？细化原则如下：

①最大的任务可跨越的天数最长为五天。

②细化到可以为它正确预估时间。个人任务最好以小时为单位，团队任务可以天为单位。

③完成任务是有衡量标准的。在描述任务是可以尽量向 5W2H 原则靠近。

（5）为所有任务建立一个工作序列，确立任务之间的耦合度，以及人员的调配。

（6）根据每一个任务的时间，得到一个预估出来的总时间。一般来说，这个反馈回来的时间，可能比理想中的时间长很多。这个时候，就要做取舍了。要么加人工，要么重新制订计划。

（7）得到最后的排程之后，确保没有偏差。如果是团队项目，反馈给所有人员确认。

（8）设置小目标检查点。

如此，我们就得到一个根据目标倒退出来的初步计划。在实际过程中，我们用工具来实现这些步骤，方便数据管理。

网络视频：你应该选择什么工作？（建议课后自行观看）

视频网址：http://open.163.com/movie/2016/7/C/L/MBQTR5TAV_MBQTREQCL.html.

网络视频：职业生涯规划（建议课后自行观看）

视频网址：http://open.163.com/movie/2015/5/R/J/MAOGDVH6A_MAOL245RJ.html.

课后实作任务

任务名称	个人五年职业生涯规划		
组名		小组成员	
任务描述	根据职业生涯规划的步骤和方法，对自己进行五年期的职业生涯规划，要求内容包括自我分析、环境分析、目标设定、目标分解与实现计划		
任务要求	1. 通过访谈法和测试法进行自我分析 2. 进行未来职业发展环境分析 3. 确定符合 SMART 原则的职业目标 4. 采用目标倒推法进行分阶段目标的确定 5. 有非常明确可行的实现目标的行动计划		
任务准备	熟悉职业生涯规划的流程和方法，对自己的家人、同学、朋友、老师进行访谈了解自己，采用专业的职业倾向测试量表和性格测试量表全面分析自己，收集二手资料		
实施建议	1. 至少选取 3 人对自己的性格特征进行描述 2. 至少选取书中提到的 1 种专业测试工具进行自我分析 3. 目标必须明确，不能模糊，符合 SMART 原则 4. 行动计划必须详细、可实施性强 5. 形成最后的文档且文档要符合所在学校的论文格式规范		
实施计划	计划包括以下三个方面： 前期调查与准备、职业生涯目标的确定、职业生涯规划文本的撰写		
实施过程记录	从以下四个方面记录： 自我分析、环境分析、目标确定与分解、实施方案		
任务成果	形成五年职业生涯规划方案		

课后练习

一、单选题

1. 根据一个人的个性特征来选择与之相对应的职业种类，属于（　　）。

A. 职业锚理论　　B. 人职匹配理论　　C. 择业动机理论　　D. 职业效价理论

2. （　　）不是择业动机理论中应该考虑的要素。

A. 个性特征　　B. 职业价值观

C. 职业需求量　　D. 职业各要素评估

3. 影响职业锚的因素不包括（　　）。

A. 个人的天赋、能力和兴趣　　B. 人生态度和价值观

C. 工作动机和需要　　D. 职业需求量

4.（　　）不属于埃德加·施恩提出的五种职业锚。

A. 技术/职能型职业锚　　B. 管理型职业锚

C. 竞争型职业锚　　D. 自主/独立型职业锚

5.（　　）不是个人成长阶段应该完成的主要任务。

A. 发现和发展自己的需求、兴趣、天赋和能力

B. 形成简单、理想、明确的家庭生活观念

C. 通过学校的教育和社会活动，学习和获得职业方面的知识和技能

D. 接受教育和培训，培养相应职业活动素质和能力

6.（　　）是进入工作阶段可能面临的主要矛盾。

A. 对企业抱有不切实际的过高期望与实际情况对比而产生的落差和失望

B. 能力与实际工作之间的差距

C. 工作态度与公司要求之间的差距

D. 企业内部与同事相处之间的落差

7.（　　）是30~40岁应该解决的主要问题。

A. 提出新的职业构想，强化调整自己的职业理想

B. 进一步明确职业定位，创造更多更优的绩效

C．努力在企业的工作和职业中找到自己的位置

D. 从个人收益、企业认同和社会价值三个方面进行自我评估

8.（　　）不是职业生涯规划对员工个人的作用。

A. 准确评价个人特点和强项，以既有的成就为基础，确立人生的方向

B. 重新认识自身的价值，实现自我价值的不断提升和超越，增强职业竞争力

C. 通过科学的规划，将个人、事业与家庭生活和谐地联系起来，经营更美好人生

D. 可以更深入地了解员工的兴趣、愿望、理想，以使他能够感觉到自己是受到重视的人，从而发挥更大的作用

9. 职业环境评估中不包括对（　　）的分析。

A. 家庭环境　　B. 学校环境　　C. 职业环境　　D. 个人

10. 从企业的角度来看，（　　）不是企业对员工职业生涯规划的步骤。

A. 根据企业的发展战略规划，形成系统的人力资源开发规划

B. 设定个人职业生涯目标

C. 确定公司的职系图及岗位说明书，形成核心员工的胜任力模型

D. 根据公司规划要求、岗位说明书、职系图和胜任力模型，形成员工的职业发展晋升通道图

二、判断题

1. 某项职业的需求量越大，职业概率越低。（　　）

2. 追求建立或创造完全属于自己的成就属于创造/创业型职业锚。（　　）

3. 职业中期危机一般都在50~60岁的时候发生。（　　）

4. 酒店员工在进行从员工到主管的角色转换时，需从面对相对简单的管理工作，到面对更多复杂的部门整体运作的转变。（　　）

5. 驻店经理的晋升上一级是总经理。（　　）

三、简答题

1. 中西方对于职业是如何分类的？

2. 职业选择有哪几种理论？

3. 如何使用择业动机理论来选择职业？

4. 职业锚分为哪几种类型，其特点如何？

5. 职业生涯可以划分为哪几阶段，每个阶段的任务分别是什么？

6. 酒店员工的职业发展路径是什么？

7. 员工对自己进行的职业生涯规划分为哪些步骤？

8. 企业如何对员工的职业生涯进行管理？

四、案例分析题

让我们先来看看苏珊的真实案例。

苏珊大学毕业后，拥有英语专业八级证书、高级口译证书，口语水平相当出色。她选择的第一份职业是某外贸公司翻译，但这份工作她只做了一年多。苏珊认为，这份工作不具有任何挑战性。她总觉得自己的工作就是机械地把别人听不懂的语言转化为能听懂的语言，简直把自己变成了一台没有思想、只会传声的老式机器。

通过一位亲戚的关系，也凭借自己的学历、能力，苏珊来到了一家中外合资企业做总经理助理。在这里，苏珊很受照顾。但最后，她还是只干了一年不到，原因出奇的简单——她感到公司事务性的工作实在太多了，丝毫没什么成就感。于是，她再一次义无反顾地炒了老板的鱿鱼。苏珊又发现，市场咨询是一项相当有挑战和趣味的工作，于是她来到一家刚刚起步的小型企业，为外企的新产品在中国上市做市场调查和消费者情况分析。正如她所愿，这份工作给予了她挑战性和趣味性，月薪也达到了她满意的数字。可是，这份工作的工作量特别大，常常是几个项目一起进行，加班加点使她根本没有个人休闲的时间，强大的工作压力使她不堪重负。苏珊竟又一次萌生了辞职的想法……

一次次的转换工作让苏珊心力交瘁，感觉也越来越差。苏珊发现，自己在职场中摸爬滚打竟也有4年多了，可是，自己跳来跳去，为何总也找不到自己的归属？自己到底想要什么？究竟适合做什么样的工作？表面看上去，自己似乎可以胜任很多职业，但为什么每一样都做不好，也做不长？苏珊心里清楚，作为一个女人，到了28岁，就像走到了三岔路口，是该认真选择自己人生的时候了。到了现在这个时候，她都还不明白自己到底要什么，究竟何去何从……

【案例思考】

用职业生涯规划的相关知识分析一下，为什么苏珊的职业生涯并不顺利？你可以帮她调整职业生涯规划吗？

模块九

酒店劳动关系管理

管理者的一项具体任务就是要把今天的资源投入创造未来中。

行业专家箴言

HANGYE ZHUANJIA AHENYAN

爱你的员工吧，他会百倍地爱你的企业。

——法国企业界名言

以爱为凝聚力的公司比靠畏惧维系的公司要稳固得多。

——赫伯·凯莱赫（美国西南航空公司创始人）

课前导入

KEQIAN DAORU

酒店是否应该继续保留与小刘的劳动关系?①

小刘两年来一直在某连锁酒店担任门卫。酒店和小刘的住所都在城北，小刘上班也比较方便。然而一年后，人事部门经理突然通知小刘，由于工作需要，准备把他抽调到城南的另一连锁店工作。小刘听了很郁闷，他感觉自己已经在此地工作了两年，对各方面都比较熟悉，交通也比较方便，所以不想调动。之后，他主动和人事部门沟通，却遭到了拒绝。然而，更让他意外的是，三天后，酒店向他发出了辞退通知书。

为了维护自己的权益，小刘把酒店告上了法庭，要求酒店撤销之前下发的辞退通知书，恢复双方的劳动关系，并支付自己自被辞退之日起至恢复劳动关系之日的全部工资。法庭上，小刘说，酒店在没有提前和他协商的情况下，突然要求他到另一连锁店上班，他和单位协商后，也没有任何结果。最后，小刘提出，就算是必须调动，酒店也应

---

① 李晨阳. 员工有权拒绝用人单位调岗吗?［EB/OL］.（2010-07-12）［2018-12-17］. http://www.lawtime.cn/info/laodong/laodongjiufen/2010071238943.html.

给他一段考虑和准备的时间，可他却收到了辞退通知书。

小刘认为，酒店没有说明调岗的合理性，也没有尽到提前和员工协商的义务；而酒店代表则辩称，虽然合同中约定小刘的工作地点在此分店，但酒店的性质属连锁经营，当初小刘是与总店签订的劳动合同，而总店有调动员工岗位的权力，所以小刘不服从用人单位调动的行为，严重违反了酒店的规章制度，所以辞退小刘符合法律规定。

【案例思考】

你认为酒店在这种情况下是否应该辞退小刘呢？

【案例点评】

根据《中华人民共和国劳动合同法》第三十五条规定："用人单位与劳动者协商一致，可以变更劳动合同约定的内容。变更劳动合同，应当采用书面形式。变更后的劳动合同文本由用人单位和劳动者各执一份。"这也意味着，在劳动合同没有特别规定的情况下，调整岗位作为合同变更的重要内容，必须满足两个基本前提：①双方协商一致；②采取书面形式。二者缺一不可，用人单位若没有经过协商一致而单方调岗，员工有权拒绝。劳动合同应当按原约定继续履行。

法院经过审理，最终判决酒店与小刘恢复劳动关系，并按原工资标准支付小刘至恢复劳动关系之日的2 000元工资。

课前思考

KEQIAN SIKAO

1. 作为劳动者，我们应该行使自己的哪些劳动者权利？
2. 在签订劳动合同时，有哪些注意事项？

本模块教学目标

BEN MOKUAI JIAOXUE MUBIAO

知识目标：

1. 阐述劳动关系的内涵并知晓劳动关系的本质。
2. 列出劳动关系中的主体及其相应的责任。
3. 说明劳动关系与劳务关系的区别。
4. 列出劳动合同的内容与订立的流程。
5. 描述劳动合同解除的情形和方式。
6. 阐述劳动争议处理的方法。
7. 说明劳动派遣的优点。

技能目标：

1. 辨别劳动关系与劳务关系。
2. 初步拟定劳动合同。
3. 辨别劳动争议中的各方责任。

本模块理论知识
BEN MOKUAI LILUN ZHISHI

项目一 劳动关系概述

一、什么是劳动关系

劳动关系是由英文“labor relations”一词翻译而来，我国于1995年开始实施的《中华人民共和国劳动法》（下称《劳动法》）和2008年开始实施的《中华人民共和国劳动合同法》（下称《劳动合同法》）中都明确地说明调整对象主要是劳动关系，但对劳动关系的定义没有任何解释。不过，我们可以总结出劳动关系是一种劳动者和用人单位建立在书面的劳动合同的基础上形成的一种社会关系。

（一）劳动关系的内涵

1. 劳动关系是为实现劳动而形成的

劳动关系是人类在劳动过程中建立的，为实现劳动而形成的关系。劳动者为用人单位提供的劳动是有偿的，劳动的过程是双方交易的过程。

2. 劳动关系是由多方参与形成的

劳动关系的主体是劳动力的提供者——劳动者和劳动力的使用者——用人单位，以及相关的利益代表者（如劳动者的利益代表者和用人单位的利益代表者）和组织协调者（如政府部门）。

3. 劳动者和用人单位需具备一定的条件

劳动者应该具有相应的劳动能力，且符合劳动年龄的要求。同样，用人单位也应具备相应的条件——能够提供劳动所需的生产资料和劳动报酬，以促进劳动力和生产资料的结合。

4. 劳动关系的基本性质是社会经济关系

劳动关系体现了劳动过程中不同个人或组织具体的社会经济地位，因此是劳动过程中各方参与的社会经济关系的总和。

（二）劳动关系的实质

劳动者和用人单位之间的利益是对立统一的。为使各自利益最大化，劳动者、用人单位和政府处在不断博弈当中。劳动关系表现出来的是力量的较量，包括合作与冲突等形式。

1. 合作关系

劳动者和用人单位之间的合作主要是基于劳动者本身的劳动力作为一种生产资料投

入用人单位的生产过程的。在这个过程中，双方之间的合作程度越高，用人单位产出的效益越大，支付给劳动者的报酬也越高。这也是双方达成合作的基本条件。

2. 冲突关系

冲突是劳资双方的目标、利益出现分歧时，出现的对立摩擦状态，如工人罢工、旷工、怠工等，用人单位关闭工厂、恶意裁员、克扣工资等。它通常具有很强的破坏性。

罢工是劳动关系冲突最常见的表现形式，是劳动者提出经济利益诉求的渠道。

阅读材料

2014年6月11日，从英国首都伦敦到意大利米兰，超过3万名出租车和豪华车司机在旅游中心和商业区举行罢工，敦促欧洲各国政府制定更严格的政策，来限制美国打车应用软件优步（Uber）。Uber应用能够让消费者打到无运营牌照的“黑车”。

根据西班牙出租车协会Fedetaxi提供的信息，马德里出租车司机在同一时间段在西班牙公共工程部门（Spain's Public Works Ministry）办公楼外举行为期24小时的罢工。在意大利米兰，超过5 000名出租车司机于当地时间上午8点至下午10点举行罢工；在德国柏林超过1 000名出租车司机于中午在当地知名商业区选帝侯大街举行罢工。

英国执照出租车司机协会（the Licensed Taxi Drivers Association）秘书长史蒂夫·麦克纳马拉表示，此次罢工筹备数周时间，1万至1.2万辆黑色出租车和私有轿车于当地时间下午2点在游客集中的鸽子广场和议会广场等地集结。

此次抗议活动已远远超过汽车服务行业的范畴，包括在线房屋租赁服务爱彼邻（Airbnb）和视频流服务提供商Aereo的不断发展壮大，均对传统行业构成了威胁。传统行业认为，这些企业应当受到相同的监管限制。

二、劳动关系的主体

劳动关系中的一方应是符合法定条件的用人单位，另一方只能是自然人，而且必须是符合劳动年龄条件，且具有与履行劳动合同义务相适应的能力的自然人。劳务关系的主体类型较多，如可以是两个用人单位，也可以是两个自然人。

（一）员工

员工是指在就业组织中，本身不具有基本经营决策权力但从属于这种权力的工作者。他们是通过在社会经济生活中受雇于他人，以劳务付出获得收入，并将收入作为基本生活来源的体力和脑力劳动者。

各国对劳动者的称谓有所不同，如labor（劳动者、劳工），worker（工人、职工），personnel（员工），employee（雇员、雇工），wage worker（工薪收入者）。《劳动法》第十五条规定：“禁止用人单位招用未满十六周岁的未成年人。”

（二）工会

工会是劳动者（雇员）组成的旨在维护和改善其就业条件、工作条件、工资福利待遇以及社会地位等权益的组织。工会主要通过集体谈判的方式来代表劳动者（雇员）在就业组织和整个社会中的权益。

《中华人民共和国工会法》（下称《工会法》）第二条明确说明：“工会是职工自愿

结合的工人阶级的群众组织。”我国的工会分为职业工会、行业工会和总工会三种类型。

我国工会的职权主要包括：通过职工大会、职工代表大会等形式，参与民主管理或与用人单位进行平等协商；代表职工与企业谈判和签订集体合同；对劳动合同的签订和履行进行监督；对企业遵守劳动法律、法规进行监督；参与劳动争议的调解和仲裁。

职工代表大会是中国劳动者参与企业民主管理的一种基本形式，是职工行使民主管理权的机构。

（三）雇佣者

雇佣者即雇主或用人单位，是指在一个组织中，组织雇员进行有目的的活动，并向雇员支付工资报酬的法人或自然人。其享有用人单位财产的所有权和主要经营决策权。

在我国，法律界定的用人单位包括：①企业，包括各种所有制经济、各种组织形式的企业；②个体经济组织，即个体工商户，一般雇工在7人以下；③国家机关，包括国家权力机关、行政机关、审判机关和检察机关、执政党机关、政治协商机关、参政党机关、参政团体机关；④事业组织，包括文化、教育、卫生、科研等各种非营利单位；⑤社会团体，包括各行各业的协会、学会、联合会、研究会、基金、联谊会、商会等民间组织；⑥民办非企业单位，指企业事业单位、社会团体和其他社会力量以及公民个人利用非国有资产设立、从事非营利性社会服务活动的社会组织。

（四）雇主协会

雇主协会是由雇主（用人单位）组成，旨在维护雇主利益，并规范雇主与雇员之间以及雇主与工会之间的关系的组织。雇主协会的主要作用是在集体谈判中支持会员组织，维护雇主利益，并积极宣传和游说政府。雇主协会与工会一样，代表着会员的利益和意见，如中国企业联合会和中国企业家协会合。

（五）政府

在现代社会中，政府的行为已经渗透到社会经济、政治生活的各个方面。政府作为劳动关系的主体一方，在劳动关系的运作过程中扮演着重要的角色，如扮演雇主，调解者、立法者，第三方的角色。

所谓三方性原则，是强调法律不仅要规定当事人双方的权利、义务，而且要同时规定作为第三方的政府的权利和义务。三方性原则表明了劳动关系制度对公共权力的承认。

三、劳动关系与劳务关系的区别

在劳动关系中，劳动者向用人单位所提供的劳动具有长期性和稳定性。作为用人单位的一员，劳动者对外是以用人单位的名义在工作。国家多以强制性法律规范对劳动关系进行干预。而在劳务关系中，提供劳务者向用工者所提供的劳务具有临时性、不固定性和流动性。双方是平等的合同关系，提供劳务者以自己的名义从事劳务工作。劳务关系与劳动关系相比受到国家干预的程度相对较低。

总体上，劳动关系和劳务关系之间主要在以下方面存在区别：

（一）在适用法律依据上

劳动关系主要由《劳动法》进行规范和调整。法律的适用也更多地体现出国家的强制性和对劳动者的保护。同时，劳动关系的建立需要以当事人双方的劳动合同为依据。为了更好地对用人单位进行规范，必要时还可以由工会代表职工和用人单位签订集体合同，就劳动报酬、工作时间、休息休假等方面做出约定。

而劳务关系的法律依据主要为《中华人民共和国民法通则》和《合同法》。当事人双方建立劳务关系的条件并没有劳务关系要求的那么严格，而是可以根据当事人之间的约定来决定是否需要书面的凭证进行确定。劳动关系在工资报酬、劳动休息等方面也更多地体现出双方的自主性。

（二）在主体方面

劳动关系的主体的一方必须是具有用人资格的法人或者组织，而另一方必须是年龄适合、具有相应劳动能力的自然人。劳务关系的当事人双方既可以是自然人，也可以是单位和个人，体现出国家对灵活就业、鼓励就业的一种政策考量。

（三）在当事人双方的隶属关系方面

在劳动关系中，用人单位和劳动者之间存在隶属关系。劳动者加入用人单位，成为用人单位的职工；用人单位依据相关单位章程对职工的工作活动进行有效监管。而在劳务关系之中，当事人之间是一种平等的关系，不存在隶属关系，双方当事人拥有很大的自主性，提供劳务者也不是用人者的职工。

（四）在当事人之间的权利、义务关系方面

在劳动关系中，用人单位必须按照法律或规章的规定为劳动者办理社会保险，单位职工在从事工作的过程中受到损害时可以进行工伤认定。而在劳务关系中，用人者不负有为提供劳务者办理社会保险的法定义务，对于在提供劳务的过程中受到损害的则根据不同情况区别对待：提供劳务者因工作对第三人构成侵害的，则由接受劳务一方对外承担责任；对于提供劳务者因提供劳务导致自身受到损害的，则双方当事人根据各自的过错承担相应的责任。

（五）在人事管理方面

在劳动关系中，用人单位对于违反劳动纪律和规章制度的劳动者可以采取如降级、撤职和解除劳动关系等处分。而在劳务关系中，用人者虽然也可以对提供劳务者做出解除劳务关系甚至罚款等行为，但是并不存在解除提供劳务者某种“身份”关系的做法。

（六）在工资待遇方面

在劳动关系中，用人单位要严格按照劳动法律规定在劳动报酬、休息休假、保险福利等方面对劳动者进行保障，以及承担相应的工伤、医疗、失业、养老等方面的社会保险责任。同时，在劳动报酬方面，用人单位要遵循按劳分配的原则和最低工资的原则，对于劳动派遣方面也有着明确的规定。在劳务关系中，当事人双方的权利义务都是双方在不违反法律的强制性规定和社会公共利益的前提下自愿协商的结果，体现出很大的自主性。

四、劳动关系处理原则

（一）劳动权利义务相统一原则

《中华人民共和国宪法》（下称《宪法》）第四十二条规定：“中华人民共和国公民

有劳动的权利和义务。"这一规定被确立为《劳动法》的一项基本原则。它表明，有劳动能力的公民从事劳动，既是行使法律赋予的权利，又是履行对国家和社会所承担的义务。

每一个有劳动能力的公民都有从事劳动的平等权利，即享有劳动权。所谓劳动权，指的是公民按照法律的规定，享有平等的就业机会权和职业选择权。劳动既是公民的权利，也是公民的义务。国家提倡劳动者参加义务劳动。劳动者在劳动岗位上应认真履行各项劳动义务，要按时按量完成劳动任务，提高职业技能，执行劳动安全卫生规程，遵守劳动纪律和职业道德。

（二）保护劳动者合法权益原则

在我国，要保护劳动者合法权益，应当通过一系列具体措施落实《宪法》中的规定，使劳动者的合法权益得到全面、平等保护。

所谓全面保护，是指劳动者的合法权益，包括劳动财产权益、劳动报酬权益、劳动者人身权益，都应该得到保护。

所谓平等保护，是指劳动者的合法权益都要平等地受到保护。首先，不同性别、民族、种族、职业、职务的劳动者的法律地位是平等的，禁止对劳动者有任何歧视。其次，应该注意对特殊群体的特殊保护。对于特殊劳动者群体（如妇女、未成年人、残疾人等），除了要给予他们《劳动法》规定的一般保护之外，还应该对他们的特殊利益给予特殊的保护。

（三）劳动法主体利益平衡原则

劳动法主体主要包括国家、用人单位和劳动者，劳动法主体利益包括国家的利益、用人单位的利益和劳动者的利益。劳动法主体利益平衡就是要求尽量实现这三方利益的平衡。国家的利益是整体利益，国家通过保障和促进劳动关系的健康、稳定发展，实现国家政治稳定、社会安宁和经济文化发展，从而为劳动者劳动权的实现和用人单位的发展创造良好的外部环境。只有用人单位的利益得到了保障，才能更好地改善生产条件，改进经营管理，为劳动者提供更好的劳动条件，保障劳动者劳动权的实现。

五、构建和谐劳动关系

2015 年 3 月 21 日，中共中央、国务院公布了《关于构建和谐劳动关系的意见》，对新时期和谐劳动关系的构建方法和途径提出了指导性的意见。酒店应通过以下方式构建和谐劳动关系：

（一）依法保障职工基本权益

职工的基本权益包括取得劳动报酬的权利、职工休息休假的权利、职工获得劳动安全卫生保护的权利、职工享受社会保险和接受职业技能培训的权利等。用人单位有义务按照国家对于以上权利的各项规定来保证并完善职工的以上权利。

（二）健全劳动关系协调机制

首先，酒店要全面实行劳动合同制度；贯彻落实好《劳动合同法》等法律法规，加强对企业实行劳动合同制度的监督、指导和服务，提高劳动合同签订率和履行质量；加强对劳务派遣的监管，规范非全日制、劳务承揽、劳务外包用工和企业裁员行为要严格谨慎实施。

其次，酒店要推行集体协商和集体合同制度。尤其是酒店行业很多属于外资、民营企业，这类非公有制企业要形成反映人力资源市场供求关系和企业经济效益的工资决定机制和正常增长机制，推动企业与职工就工作条件、劳动定额、女职工、残疾人员特殊保护等开展集体协商，订立集体合同。

（三）加强酒店的民主管理制度建设

酒店可以拓展多种渠道，采取多种形式，如员工代表大会等员工民主参与形式，让普通员工参与酒店的日常管理，依法保障职工的知情权、参与权、表达权、监督权。

（四）健全酒店内部劳动关系矛盾协调处理机制

酒店内部要健全劳动争议调解仲裁机制，坚持预防为主、基层为主、调解为主的工作方针，推动酒店建立内部劳动争议协商调解机制；完善劳动关系群体性事件预防和应急处置机制；加强对劳动关系形势的分析研判，建立劳动关系群体性纠纷的经常性排查和动态监测预警制度。

（五）营造构建和谐劳动关系的良好环境

酒店要加强对职工的教育引导，引导职工树立正确的世界观、人生观、价值观，追求高尚的职业理想，培养良好的职业道德，增强对企业的责任感、认同感和归属感，爱岗敬业、遵守纪律、诚实守信，自觉履行劳动义务；加强对员工的人文关怀，培育富有特色的企业精神和健康向上的企业文化，为职工构建共同的精神家园；加强企业文体娱乐设施建设，积极组织职工开展喜闻乐见、丰富多彩的文化体育活动，丰富职工文化生活；拓宽职工的发展渠道，拓展职业发展空间；优化企业发展环境，通过促进企业发展，为构建和谐劳动关系创造物质条件。

项目二　劳动合同管理

一、什么是劳动合同

《劳动法》第十六条规定：“劳动合同是劳动者与用工单位之间确立劳动关系，明确双方权利和义务的协议。”劳动者加入企业、个体经济组织、事业组织、国家机关、社会团体等用人单位，成为该单位的一员，承担一定的工种、岗位或职务工作，并遵守所在单位的内部劳动规则和其他规章制度；用人单位应及时安排被录用的劳动者工作，按照劳动者提供劳动的数量和质量支付劳动报酬，并且根据劳动法律、法规规定和劳动合同的约定提供必要的劳动条件，保证劳动者享有劳动保护及社会保险、福利等权利和待遇。

劳动合同的主体即劳动法律关系当事人：劳动者和用人单位。劳动合同的主体与其他合同关系的主体不同：其一，劳动合同的主体是由法律规定的，具有特定性，不具有法律资格的公民与不具有用工权的组织不能签订劳动合同；其二，劳动合同签订后，其主体之间具有行政隶属性，劳动者必须依法服从用人单位的行政管理。

拓展阅读：

劳动合同范本

扫一扫

二、劳动合同的订立

（一）劳动合同的订立原则

劳动双方在订立劳动合同时，应当遵守如下原则：

1. 合法原则

劳动合同必须依法以书面形式订立，做到主体合法、内容合法、形式合法、程序合法。只有合法的劳动合同才能产生相应的法律效力。

2. 协商一致原则

在合法的前提下，劳动合同的订立必须是劳动者与用人单位双方协商一致的结果，是双方“合意”的表现，不能是单方意思表示的结果。

3. 合同主体地位平等原则

在劳动合同的订立过程中，当事人双方的法律地位是平等的。劳动者与用人单位不因为各自性质的不同而处于不平等地位，任何一方不得对他方进行胁迫或强制命令，严禁用人单位对劳动者横加限制或强迫命令的情况。只有真正做到地位平等，才能使所订立的劳动合同具有公正性。

4. 等价有偿原则

劳动合同明确双方在劳动关系中的地位和作用。劳动合同是一种有偿合同，劳动者承担和完成用人单位分配的劳动任务，用人单位付给劳动者一定的报酬，并负责劳动者的保险金额。

（二）劳动合同订立的程序

劳动合同订立是指劳动者和用人单位经过相互选择和平等协商，就劳动合同条款达成协议，从而确立劳动关系和明确相互权利义务的法律行为。它一般包括确定合同当事人和确定合同内容两个阶段，内含要约和承诺两个程序。

1. 要约

要约是指一方当事人以订立合同为目的向另一方就合同主要内容做出的意思表示。因而，要约的发出人和接受人均须特定，且要约的内容足以构成合同的主要条款。同时，要约的双方应做出缔约的表示，否则不算有效要约。如果仅有订约的意思而未就合同主要内容做出表示，只能称为要约邀请，不能产生要约的效力。要约仅在要约有效期内对要约人具有法律拘束力，要约期满其效力自动解除。

如果用人单位如果仅在招工启事或广告或简章中介绍自身情况，并发出招工信息，并未就合同主要内容给予说明，那么该行为只能算是要约邀请，不构成有效要约。而如果用人单位在招工简章中对合同条件给予明确说明，那么该行为属于要约。一旦应招者做出承诺，用人单位有义务与劳动者签订劳动合同。如应招者不同意所列条件，而提出新的条件，则属于反要约，用人单位可以承诺，也可不予承诺而不成立合同。

2. 承诺

承诺是指受要约人完全无条件地接受要约以成立合同的意思表示。承诺必须由受要约人本人在有效期内做出，且应当完全接受要约条款。如果接受的意思与要约不一致而改变了要约的实质性内容，则只能视为反要约，不构成有效承诺。劳动者或用人单位一旦同意对方要约而做出承诺，劳动合同即告成立。

任何一个劳动合同的成立，都要经过上述两个阶段，但可能要经过“要约—反要约—再要约—承诺”的复杂的反复协商，最后成立合同的过程。合同一经成立，即对双方当事人产生法律拘束力。

（三）劳动合同的内容

劳动合同的条款包括必备条款和约定条款两部分。劳动合同的必备条款如下：

1. 劳动合同期限

劳动合同期限是指双方当事人所订立的劳动合同的起始和终止时间，也是劳动关系具有法律效力的时间。

2. 工作内容和工作时间

工作内容主要是指劳动者从事劳动的工种和岗位，应完成的生产（工作）任务等内容。工作时间主要是指劳动者为用人单位进行劳动的时间，包括工时制度和休息休假等。

3. 劳动保护和劳动条件

劳动保护和劳动条件包括劳动安全卫生的设施、设备及防护措施，女工和未成年人的特殊保护，以及为劳动者提供的保证生产（工作）任务顺利进行的各种物质条件和生产（工作）环境。

4. 劳动报酬

劳动报酬是指劳动者劳动成果的返还和履行劳动合同义务后应当享有的权利，包括劳动者的工资、奖金、津贴和补贴等内容。

5. 社会保险

社会保险是指国家通过强制保险的方法，以保障劳动者基本生活需求的一种社会保障制度，包括用人单位应当按照国家和省有关规定为劳动者参加的社会保险。

6. 劳动纪律

劳动纪律包括用人单位的规章制度、劳动纪律等内容及其执行程序。

7. 劳动合同终止的条件

劳动合同终止的条件主要是指劳动合同期满、法定终止条件、某些当事人约定条件。这些条件一出现，劳动合同的法律效力即消失，双方当事人之间的权利义务关系终止。

8. 违反劳动合同的责任

违反劳动合同的责任是指当事人不履行劳动合同或者不完全履行劳动合同，所应承担的相应法律责任。

除以上规定的必备条款外，劳动合同当事人还可以通过协商订立约定条款。双方当事人可以就职业技能培训、保守商业秘密等事项，约定双方的权利和义务。但双方的约定条款不能违背法律、法规和有关规章的规定。

课堂小练习

王小姐从青岛某大学毕业，一直未找到合适的工作。她好不容易得到面试某公司销售员职位的机会。这次面试很顺利，面试官比较满意。面试快结束时，面试官告诉王小姐："我们公司的这个岗位要求女职员在工作期间不能结婚、生育。"尽管王小姐很犹豫，但为了获得这份工作，还是答应了。

王小姐到公司报到后，公司让王小姐交了 2 000 元押金，如果在工作期间结婚生育将不予退还，劳动合同等三个月试用期结束后再签。王小姐有些疑惑，想问个明白，但人事经理不耐烦地说，"所有人都是这样"。

讨论：此案例中该公司的做法有什么问题？

（四）劳动合同的签订流程

1. 审查劳动者的主体资格

①身份审查。用人单位首先要对劳动者提供的身份证原件及复印件进行审查核对，然后让其在复印件上签字确认。

②劳动者学历、资格及工作经历的审查。用人单位应让劳动者提供学历、资格的原件及复印件，以及劳动者的工作经历，并确保真实性。

③审查劳动者与其他用人单位是否还存有劳动关系。一个劳动者只能与一个用人单位签订劳动合同，确认一个劳动关系。如果录用了与其他用人单位还存在劳动关系的人员，对原录用单位造成损失的，该用人单位承担连带赔偿责任，且这种赔偿要承担较大的责任。

④劳动者身体健康审查。为了减少风险，用人单位可要求劳动者提供县级以上或用人单位规定的医院出具的健康证明或到指定医院的体验证明。

2. 双方履行告知义务

《劳动合同法》第八条规定"用人单位招用劳动者时，应如实告知劳动者工作内容、工作条件、工作地点、职业危害、安全生产状况、劳动报酬，以及劳动者要求了解的其他情况"。用人单位在听取劳动者的情况，并做好书面记录，让录用员工签字确认。

3. 签署劳动合同

劳动合同文本应至少提前一天时间交给劳动者。

在签署劳动合同时，应当注意双方当事人必须在一起当面签字。一般，先让劳动者签字，再让用人单位法人或委托人签字，后统一盖章。盖章要做到最后有盖章，每页还有骑缝章。这样能确保书面合同签字的真实性和有效性，以防被篡改。最后，一份劳动合同由劳动者保管，并留有劳动者领取合同的签收凭单；另一份劳动合同由用人单位保存并及时归档。

劳动合同的签订，一般在员工正式入职报到后的一周时间内完成。已经建立劳动关系的，未同时订立书面劳动合同的，应当自用工之日起一个月内订立书面劳动合同。

4. 办理入职手续

入职手续一般包括填写“入职登记表”、提交入职材料、办理报到手续、建立职工名册等。同时，在规定的时间内，劳动者应到所在区县的职业介绍所进行用工登记备案和相关的社会保险的转移。

三、劳动合同的履行、变更与解除

（一）劳动合同的履行

劳动合同的履行是指劳动合同双方当事人按照劳动合同的约定履行各自义务、实现各自权益的行为。

1. 履行的原则

劳动合同的履行要遵循全面履行原则、亲自履行原则和协作履行原则。

全面履行原则要求劳动合同的当事人双方必须按照合同约定的时间、期限、地点，用约定的方式，按质、按量履行自己承担的全部义务，既不能只履行部分义务而将其他义务置之不理，也不得擅自变更合同，更不得任意不履行合同或者解除合同。

用人单位必须按照合同的约定向劳动者提供适当的工作场所、相关工作岗位，并按照约定的金额和支付方式按时向劳动者支付劳动报酬。劳动者必须遵守用人单位的规章制度和劳动纪律，认真履行自己的劳动职责，并且亲自完成劳动合同约定的工作任务。

亲自履行原则要求劳动合同主体必须亲自履行劳动合同。劳动者选择用人单位，是基于自身经济、个人发展等各方面利益关系的需要；而用人单位之所以选择该劳动者也是由于其具备用人单位所需要的基本素质和要求。劳动关系确立后，劳动者不允许将应由自己完成的工作交由第三方代办，用人单位也不能将应由自己对劳动者承担的义务转嫁给第三方承担。未经劳动者同意，不能随意变更劳动者的工作性质、岗位，更不能擅自将劳动者调到其他用人单位工作。

协作履行原则要求劳动合同双方当事人之间相互理解和配合，相互协作履行合同条款。

2. 用人单位在劳动合同履行中的义务

①及时、足额支付劳动报酬。

劳动报酬是劳动者为用人单位提供劳动而获得的各种报酬。劳动者一方只要在用人单位的安排下按照约定完成一定的工作量，劳动者就有权要求按劳动取得报酬。劳动者通过自己的劳动获得劳动报酬，再用其所获得的劳动报酬来购买自己和家人所需要的物品，才能维持和发展自己的劳动力和供养自己的家人，从而实现劳动力的再生产。劳动报酬不仅是劳动者及其家属有力的生活保障，也是社会对其劳动的承认和评价。

②提供劳动安全卫生保护。

在劳动生产过程中，存在着各种不安全、不卫生因素，如不采取措施对劳动者加以保护，就会危害劳动者的生命安全和身体健康，妨碍生产的正常进行。因此，我国严格保护劳动者在履行劳动合同、进行生产劳动过程中的劳动安全卫生权。

（二）劳动合同的变更

劳动合同的变更是指劳动合同双方当事人依据法律规定或约定，对劳动合同内容进行修改或者补充的法律行为。

劳动合同变更是在用人单位的客观情况发生极大变化，有必要对当事人的权利义务加以调整的情况下发生的。其可以发生在劳动合同订立后但尚未履行时，也可以发生在履行过程中。用人单位方面由于转产、调整生产结构或经营目标等客观原因，需要对产品、经营方式等进行相应调整时，有可能对劳动者的岗位做出相应的调整。劳动者由于身体健康、劳动能力、职业技能等方面的原因，在不能适应原工作岗位的情况下，也可以要求对其岗位加以调整。

1. 变更的原则

变更劳动合同，应当遵循平等自愿、协商一致的原则，不得违反法律、行政法规的规定。

2. 变更的情形

用人单位变更名称、法定代表人、主要负责人或者投资人等事项，不影响合同的履行。

用人单位发生合并或分立等情况，原劳动合同继续有效，劳动合同由承继其权利和义务的用人单位继续履行。

根据《劳动合同法》，劳动合同订立时所依据的客观情况发生重大变化，致使劳动合同无法履行，经用人单位与劳动者协商，未能就变更劳动合同内容达成协议的，用人单位在提前 30 日以书面形式通知劳动者本人或者额外支付劳动者一个月工资的，可以解除劳动合同。而所谓的劳动合同订立时所依据的客观情况发生重大变化，包括以下情况：

①订立劳动合同所依据的法律、法规已经修改或者废止。

②用人单位方面的原因。用人单位经上级主管部门批准或者根据市场变化决定转产、调整生产任务或者生产经营项目等。在这种情况下，有些工种、生产岗位就可能因此而撤销或者为其他新的工种、岗位所替代，原劳动合同就可能因签订条件的改变而发生变更。

③劳动者方面的原因。如劳动者的身体健康状况发生变化、劳动能力部分丧失、所在岗位与其职业技能不相适应、职业技能提高了一定等级等，造成原劳动合同不能履行或者如果继续履行原合同规定的义务对劳动者明显不公平。

④ 客观方面的原因。这种客观原因的出现使得当事人原来在劳动合同中约定的权利义务的履行成为不必要或者不可能。这时，应当允许当事人对劳动合同有关内容进行变更。一是由于不可抗力的发生，使得原来合同的履行成为不可能或者失去意义。不可抗力是指当事人所不能预见、不能避免并且不能克服的客观情况，如自然灾害、意外事故、战争等。二是由于物价大幅度上升等客观经济情况变化致使劳动合同的履行会花费太大代价而失去经济上的价值。

3. 合同变更的形式

合同的变更应当采用书面形式，变更后的文本由用人单位和劳动者各执一份。

职场案例：

语言沟通难奏效，书面通知勿忘掉

扫一扫

（三）劳动合同的解除

劳动合同的解除是指在劳动合同订立之后，劳动合同终止之前，劳动合同的当事人一方或双方根据自己的意愿提前解除劳动合同的行为。

1. 解除的方式

劳动合同的解除分为双方解除和单方解除。其中双方解除只要双方协商一致即可解除劳动合同。单方解除分为劳动单方解除和用人单位单方解除两种方式。

（1）劳动者的单方解除。

①无过错解除：是指劳动者并非因用人单位有过错而解除劳动合同。劳动者应提前30日以书面形式通知用人单位解除劳动合同。

②过错解除：是指劳动者因为用人单位有过错而解除劳动合同。具体可分为以下两种情况：

一是普遍性即时解除。即时解除是指劳动合同的当事人不必提前通知对方，而是可以随时通知对方解除劳动合同。当用人单位未按照劳动合同约定提供劳动保护或者劳动条件、未及时足额支付劳动报酬、未依法为劳动者缴纳社会保险费或者用人单位的规章制度违反法律、法规的规定，损害劳动者权益的情况下，可以即时解除。

二是特殊性即时解除。用人单位以暴力相威胁或者非法限制人身自由的手段强迫劳动者劳动的，或者用人单位违章指挥、强令冒险作业危及劳动者人身安全的，劳动者可以立即解除劳动合同，不需事先告知用人单位。在劳动者的人身自由或人身安全受到用人单位侵犯或威胁的情况下，劳动者可以在不告知用人单位的情况下就单方解除劳动合同。这是为保护身处险境之中的劳动者的人身自由和人身安全所做出的一项非常特殊的不合常规的规定，属于一种特殊性即时解除。

职场案例：

员工提出辞职，就等于办结劳动关系了吗？

扫一扫

网络视频：职场解析——劳动合同的解除是否合理？（建议课后自行观看）

视频网址：http://k.360kan.com/pc/detail/VZ5Dk4EL4R3L? dl=ss_ds&dl=ss_cs.

（2）用人单位的单方解除。

①过错解除：是指用人单位因劳动者的过错而解除劳动合同。当劳动者有以下六种情形的过错时，用人单位可以解除劳动合同：劳动者在试用期间被证明不符合录用条件的；劳动者严重违反用人单位的规章制度的；劳动者严重失职，营私舞弊，给用人单位造成重大损害的；劳动者同时与其他用人单位建立劳动关系，对完成本单位的工作任务造成严重影响，或者经用人单位提出拒不改正的；劳动者以欺诈、胁迫的手段或者乘人之危，使用人单位在违背其真实意思的情况下订立或变更劳动合同，致使劳动合同无效的；劳动者被依法追究刑事责任的。

②无过错解除：是指用人单位不是因为劳动者有过错而解除劳动合同。具体分为两种情况：第一种是用人单位因为劳动者解除劳动合同，即无劳动者过错但有劳动者的原因，因此可称为有因解除；第二种是用人单位不是因为劳动者解除劳动合同，即既无劳动者过错又无劳动者原因，因此可称为无因解除。

有因解除包括以下情形：劳动者患病或非因工负伤，在规定的医疗期满后不能从事原工作，也不能从事由用人单位另行安排的工作的；劳动者不能胜任工作，经过培训或者调整工作岗位，仍不能胜任工作的；劳动合同订立时所依据的客观情况发生重大变化，致使劳动合同无法履行，经用人单位与劳动者协商，不能就变更劳动合同达成协议的。

无因解除包括以下情形：不是因为劳动者而解除劳动合同，而是因为用人单位解除劳动合同的。该情况被称为“经济性裁员”。经济性裁员是指用人单位需要裁减人员 20 人以上或者裁减不足 20 人但占企业职工总数 10%以上的职工的情况。用人单位在以下情况下可以进行经济性裁员：用人单位依照《中华人民共和国企业破产法》的规定进行重整；用人单位的生产经营发生严重困难；企业转产、重大技术革新或者经营方式调整，经变更劳动合同后，仍需裁减人员；劳动合同订立时所依据的客观经济情况发生重大变化致使劳动合同无法履行。

在以下情况下，用人单位禁止无过错解除员工：从事接触职业病危害作业的劳动者未进行离岗前职业健康检查，或者疑似职业病病人在诊断或者医学观察期间的；在本单位患职业病或者因工负伤并被确认丧失或者部分丧失劳动能力的；患病或者非因工负伤，在规定的医疗期内的；女职工在孕期、产期、哺乳期的；在本单位连续工作满 15 年，且距法定退休年龄不足 5 年的；法律、行政法规规定的其他情形。

四、劳动合同的终止

劳动合同的终止，是指劳动合同所确立的劳动关系由于一定法律事实的出现而终结，劳动者与用人单位之间原有的权利和义务不复存在。

（一）劳动合同终止的情况

劳动合同终止的情况如下：

一是劳动合同期限届满，劳动合同即告终止。这主要是针对有固定期限的劳动合同和以完成一定的工作为期限的劳动合同而言的。

二是当事人约定的合同终止的条件出现，劳动合同即告终止。这种情况既适用于有固定期限和完成一定的工作为期限的劳动合同，也适用于无固定期限的劳动合同。这种劳动合同的终止属于约定终止。在劳动者医疗期、孕期、产期和哺乳期内，劳动合同期限届满时，劳动合同的期限应自动延续至医疗期、孕期、产期和哺乳期满为止。

（二）劳动合同终止的条件

劳动合同终止的条件如下：

（1）劳动合同期满。劳动合同期满是劳动合同终止的最主要形式，适用于固定期限的劳动合同和以完成一定工作任务为期限的劳动合同。一旦约定的期限届满或工作任务完成，劳动合同通常自然终止。

（2）劳动者开始依法享受基本养老保险待遇。由于退出劳动力市场的劳动者的基本生活已经通过养老保险制度得到保障，劳动者不再具备劳动合同意义上的主体资格，因此劳动合同自然终止。只要劳动者依法享受了基本养老保险待遇，劳动合同即行终止。

（3）劳动者死亡、因下落不明被人民法院宣告失踪或者死亡，意味着劳动者作为自然人的消灭。当劳动者死亡、因下落不明被人民法院宣告失踪或者死亡后，其作为民事主体和劳动关系当事人，无法再享受权利和承担义务，自然也不能继续履行劳动合同，劳动合同自然终止。

（4）用人单位被依法宣告破产、被吊销营业执照、被责令关闭和撤销。在劳动合同履行过程中，企业被依法宣告破产、被吊销营业执照、被责令关闭或撤销，意味着企业的法人资格已被剥夺，表明此时企业已无法按照劳动合同履行其权利和义务，只能终止劳动合同。

（5）用人单位决定提前解散。因公司章程规定的解散事由出现、股东会或者股东大会决议等，用人单位提前解散的，其法人资格便不复存在，必须终止一切经营和与经营业务有关的活动，原有的债权债务关系包括与劳动者的劳动合同关系，也随主体资格的消亡而消灭。

（6）法律、行政法规规定的其他终止情形。

（三）合同解除、终止的经济补偿

经济补偿是劳动合同依法解除或者终止后，用人单位依法向劳动者支付的补偿劳动者因失去就业岗位所遭受的经济损失的费用。

除了劳动者主动协商解除、劳动者单方无过错解除和用人单位单方过错解除外，用人单位都应支付经济补偿。一般情况下，经济补偿按照劳动者在本单位工作的年限，每满一年支付一个月工资的标准向劳动者支付。

案例

林某是一家三星级酒店的厨师。2016 年 12 月，林某进入该酒店时与酒店签订了为期三年的劳动合同。2017 年年初，酒店经过调查后发现港式口味的菜肴市场前景，于是派遣林某到香港一家厨艺学校进行为期三个月的培训。在这三个月期间，酒店照常发给林某基本工资的同时为林某在香港的培训支付了培训费 60 000 元。林某回到酒店后推出的一系列港式菜肴果然给酒店带来了可观的经济效益。2018 年 1 月，林某向酒店提出要提前解除劳动合同。经过多次协商，林某仍然坚持要离开。在林某与酒店签订的劳动合同中，双方约定提前解除劳动合同的乙方须承担违约金 40 000 元。林某愿意交纳 40 000 元违约金，但对酒店提出的支付培训费 60 000 元的要求不同意。

【案例思考】

酒店向林某追索培训费的做法是否合法呢?

职场案例:

违反培训协议,
如何确定赔偿金额?

扫一扫

职场案例:

公司付费培训的结果
是哑巴吃黄连?

扫一扫

项目三 劳动争议处理

一、劳动争议的概念与特征

劳动争议,是指劳动关系的当事人之间因执行劳动法律、法规和履行劳动合同而发生的纠纷,即劳动者与所在单位之间因劳动关系中的权利义务而发生的纠纷。

劳动争议与其他社会关系纠纷相比,具有下述特征:

第一,劳动争议的当事人是特定的。劳动争议的当事人就是劳动关系的当事人,即一方为企业,另一方为劳动者或其团体,并且只有存在劳动关系的企业和劳动者或其团体才有可能成为劳动争议的当事人。其他纠纷的当事人则不具有这个特点。

第二,劳动争议的内容是特定的。劳动争议的标的是劳动权利和劳动义务。劳动权利和劳动义务是依据劳动法律、法规、劳动合同、集体合同等确定的。因此,劳动争议在一定意义上可以说是因实施劳动法而产生的争议,涉及就业、工资、工时、劳动条件、保险福利、培训、奖惩等各个方面,内容相当广泛。凡是以劳动权利义务之外的权利义务为标的的争议都不属于劳动争议。

第三,劳动争议有特定的表现形式。其他社会关系纠纷影响范围通常局限在争议主体之间。重大的集体劳动争议、团体劳动争议除可表现为一般劳动关系纠纷的形式,有时还会以消极怠工、罢工、示威、请愿等形式出现,涉及面广、影响范围大,甚至超越事发地区,有的甚至造成国际性影响。

二、常见劳动争议的类别

劳动争议按照不同的标准,可划分为以下几种:

（1）按照劳动争议当事人人数多少的不同，劳动争议可分为个人劳动争议和集体劳动争议。个人劳动争议是指劳动者个人与用人单位发生的劳动争议；集体劳动争议是指劳动者一方当事人在 3 人以上，有共同理由的劳动争议。

（2）按照劳动争议内容的不同，劳动争议可分为因履行劳动合同发生的争议；因履行集体合同发生的争议；因企业开除、除名、辞退职工和职工辞职、自动离职发生的争议；因执行国家有关工作时间和休息休假、工资、保险、福利、培训、劳动保护的规定发生的争议等。

（3）按照当事人国籍的不同，劳动争议可分为国内劳动争议与涉外劳动争议。国内劳动争议是指中国的用人单位与具有中国国籍的劳动者之间发生的劳动争议；涉外劳动争议是指具有涉外因素的劳动争议，包括中国在国（境）外设立的机构与中国派往该机构工作的人员之间发生的劳动争议、外商投资企业的用人单位与劳动者之间发生的劳动争议。

（4）按照劳动争议的客体不同，劳动争议可分为履行劳动合同争议、开除争议、辞退争议、辞职争议、工资争议、保险争议、福利争议、培训争议等。

三、劳动争议的解决途径

（一）调解

劳动者与用人单位发生劳动争议后，可以到下列调解组织申请调解：①企业劳动争议调解委员会；②依法设立的基层人民调解组织；③在乡镇、街道设立的具有劳动争议调解职能的组织。

自劳动争议调解组织收到调解申请之日起 15 日内未达成调解协议的，劳动者可以依法申请劳动仲裁。经过调解达成的调解协议书并没有强制执行的效力，但一方违反调解协议的，另一方可以根据该协议进行仲裁或者诉讼。该调解程序也并非法定必要程序，劳动者与用人单位在发生劳动争议后，也可以直接申请劳动仲裁。

（二）劳动仲裁

1. 劳动仲裁程序前置原则

劳动者与用人单位发生争议纠纷，通常情况下不能直接向人民法院起诉，应当先向有管辖权的劳动争议仲裁委员会申请劳动仲裁。

2. 仲裁时效

仲裁时效是指权利人向仲裁机构请求保护其权利的法定期限。当事人应当在知道或者应当知道自己的权利被侵害之日起一年内向劳动争议仲裁委员会申请劳动仲裁。劳动关系存续期间因拖欠劳动报酬发生争议的，劳动者申请仲裁不受前述规定的仲裁时效期间的限制；但是，劳动关系终止的，应当自劳动关系终止之日起一年内提出。

3. 管辖

仲裁管辖机构通常情况下是劳动合同履行地或者用人单位所在地的区劳动人事争议仲裁委员会。

4. 申请和受理

申请劳动仲裁时，申请人应当提交书面仲裁申请书和相关的证据材料，并按照申请人人数提交副本。

5. 开庭和裁决

劳动争议双方当事人应当按照仲裁庭送达的开庭通知所载明的时间到达指定的地点进行庭审。劳动者在仲裁过程中有权进行质证和辩论。质证和辩论终结时，首席仲裁员或者独任仲裁员应当征询劳动者的最后意见。

仲裁庭裁决劳动争议案件，应当自劳动争议仲裁委员会受理仲裁申请之日起 45 日内结束。案情复杂需要延期的，经劳动争议仲裁委员会主任批准，可以延期并书面通知当事人，但是延长期限不得超过 15 日。逾期未做出仲裁裁决的，当事人可以就该劳动争议事项向人民法院提起诉讼。

（三）诉讼

当事人对仲裁裁决不服的，可以自收到仲裁裁决书之日起 15 日内向人民法院提起诉讼，期满不起诉的，裁决书发生法律效力。这里需要注意的是：劳动者或用人单位一旦提起诉讼，仲裁裁决书将不发生效力。因此，劳动者在提起诉讼时应当再次列明全部诉讼请求，以便法庭对全案进行审查后，针对全部诉讼请求做出判决。在用人单位不服仲裁裁决向法院提起诉讼的情况下，虽然用人单位未全部列明仲裁程序中劳动者的全部仲裁请求，人民法院在审理时也应当对全案进行审理，并在判决主文中明确用人单位对劳动者应承担的具体义务，不能仅表达为驳回用人单位的诉讼请求。

职场案例：

炒掉隐婚怀孕者，单位为何不违法？

扫一扫

职场案例：

休息日加班，可以用补休代替加班费吗？

扫一扫

项目四 劳务派遣

一、劳务派遣的概念

劳务派遣，又称劳动派遣、劳动力租赁，是指由派遣机构与派遣劳务人员签订劳动合同，由派遣劳务人员向要派企业给付劳务。劳动合同关系存在于派遣机构与派遣劳务人员之间，但劳动力给付的事实则发生于派遣劳务人员与要派企业之间。劳动派遣的最显著特征就是劳动力的雇佣和使用分离。劳务派遣也被叫作人事外包或者人才租赁等。

实行劳务派遣后，实际用人单位与劳务派遣机构签订劳务派遣合同，劳务派遣机构与劳务人员签订劳动合同，实际用人单位与劳务人员签订劳务协议，用人单位与劳动人员之间只有使用关系，没有聘用合同关系。劳动者与其工作的单位不是劳动关系，而是与另一人才中介等专门单位形成劳动关系。

二、劳务派遣的种类

（一）完全派遣

完全派遣是指由派遣公司承担一整套劳务人员派遣服务工作，包括人才招募、绩效评价、报酬和福利、安全和健康等。

（二）转移派遣

转移派遣是指有劳务派遣需要的企业自行招募、选拔、培训人员，再由派遣公司与劳务人员签订劳务派遣合同，并由派遣公司负责劳务人员的报酬、福利、绩效评估、处理劳动纠纷等事务。

（三）减员派遣

减员派遣是指企业对自行招募或者已雇佣的员工，将其雇主身份转移至派遣公司。企业支付派遣劳务人员派遣费用，由派遣公司代付所有可能发生的费用，包括工资、福利、各类社保基金以及承担所有雇主应承担的社会和法律责任。其目的是减少企业固定员工，增强企业面对风险时候的组织应变能力和人力资源的弹性。

（四）试用派遣

试用派遣是一种新的派遣方式，是用人单位在试用期间将新员工转至派遣公司，然后以派遣的形式试用。其目的是使用人单位在准确选才方面更具保障，免去了由于选拔和测试时产生的误差风险，有效降低了人事成本。

三、劳务派遣的优点

劳务派遣越来越受到外资企业、优势企业和国有大企业的欢迎，主要是劳务派遣有以下优点：

（一）有利于降低招聘成本

通过劳务派遣输入员工，招聘工作完全可由派遣公司来完成，或者由派遣公司来完成招聘中的大部分工作，这样可以减少很大一笔招聘开支。

（二）有利于降低培训成本

通过劳务派遣输入员工，用人单位可以同派遣公司一起完成新员工的岗前培训工作，而派遣公司也愿意配合此项工作。在此项工作中，用人单位用较少的人力财力就可以完成培训工作并达到工作要求。

（三）有利于降低薪酬支出

通过劳务派遣输入的员工薪酬低。派遣劳务人员经过努力工作或工作表现优秀的，可以转为正式员工（直接与用人单位签订劳动合同的员工）。这也是国家政策的趋向。

而在实际用工中，派遣劳务人员与正式员工工资和福利待遇确实存在差异。除正常工资、年终双薪及法定的福利外，他们一般不享受正式员工的福利及奖励。

（四）有利于规避裁员的风险

一旦用人单位在激烈的市场竞争中由于种种原因导致人力资源使用数量上的裁减，如果是存在劳动关系的员工必然引起劳动关系的解除，这种解除无论在程序上还是在经济补偿方面都有一定的法律强制性规定。而对于派遣劳务人员，用人单位可以用提高管理费或双方约定支付一定的补偿金作为条件与派遣公司在劳务派遣协议中约定由派遣公司去承担由裁员而产生的大部分经济赔偿责任，从而达到转移风险的目的。

（五）有利于规避或防范其他劳动保护方面的风险

由于劳动者的无过错行为导致劳动合同或特殊劳动关系的解除（如因为不胜任工作、非因工疾病原因等）可能导致对其他员工产生负面影响，专业劳务派遣公司可以有效地帮助用人单位摆脱上述困境，或在风险发生之前就有相应的防范措施。

（六）其他优点

劳务派遣也是合法避税的一种手段，同时有利于用人单位人力资源部门职能的变化，使用人单位把主要精力放在人力资源的开发上，放在提升企业核心竞争力上，从而实现人力资源的有效运用及合理配置，也有利于增强用人单位的用人灵活性。

四、劳务派遣中的义务和权利

（一）劳务派遣机构的义务

劳务派遣机构的义务如下：

（1）劳务派遣机构应当与派遣劳务人员订立两年以上的固定期限劳动合同，按月支付劳动报酬；在派遣劳务人员无工作期间，劳务派遣机构应当按照所在地人民政府规定的最低工资标准，向其按月支付报酬。

（2）劳务派遣机构应当将劳务派遣协议的内容告知派遣劳务人员。

（3）劳务派遣机构不得克扣用人单位按照劳务派遣协议支付给派遣劳务人员的劳动报酬。

（4）劳务派遣机构不得向派遣劳务人员收取费用。

（5）劳务派遣机构违反法律规定，给派遣劳务人员造成损害的，与用人单位承担连带赔偿责任。

（二）用人单位的义务

用人单位的义务如下：

（1）用人单位不得向派遣劳务人员收取费用。

（2）用人单位应执行国家劳动标准，提供相应的劳动条件和劳动保护。

（3）用人单位应告知派遣劳务人员工作要求和劳动报酬。

（4）用人单位应支付加班费、绩效奖金，提供与工作岗位相关的福利待遇。

（5）用人单位应对在岗派遣劳务人员进行工作岗位所必需的培训。

（6）连续用工的用人单位应实行正常的工资调整机制。

（7）用人单位不得将派遣劳务人员再派遣到其他用人单位。

（三）派遣劳务人员的权利

派遣劳务人员的权利如下：

（1）派遣劳务人员享有与用人单位的劳动者同工同酬的权利。用人单位无同类岗位劳动者的，参照用人单位所在地相同或者相近岗位劳动者的劳动报酬确定。

（2）派遣劳务人员有权在劳务派遣机构或者用人单位依法参加或者组织工会，维护自身的合法权益。

（3）派遣劳务人员可以依法与劳务派遣机构解除劳动合同。

（四）用人单位和劳务派遣机构的权利

用人单位拥有依法将派遣劳务人员退回劳务派遣机构的权利。劳务派遣机构拥有依法与派遣劳务人员解除劳动合同的权利。

☞ 案例

劳动合同虽补签，双倍工资仍应支付①

张小姐于2007年8月1日进入某外资企业管理咨询有限公司工作，并担任咨询顾问，月薪为8 500元，但并没有与公司签订书面劳动合同。张小姐对自己的职位与薪水还比较满意，因此对于公司不与自己签订书面劳动合同也就没有多说什么。可是到了2009年1月初，公司突然降低了张小姐的工资。对于公司单方面降薪的举措，张小姐没有同意。最终，公司与张小姐协商解除了劳动关系，由公司支付张小姐两个月的工资作为经济补偿。但在办理工资结算时，公司要求张小姐补签一份劳动合同，劳动合同的期限为2007年8月1日至2009年1月31日。

张小姐觉得虽然公司事后与自己补签了劳动合同，但是公司还是应该支付自己的双倍工资。于是张小姐又向公司提出了双倍工资的要求，但公司认为张小姐的要求不合理，因而没有多加理会。在协商未果后，张小姐委托律师向单位所在地的劳动仲裁委员会申请了劳动仲裁，要求公司支付自2008年2月1日至2009年1月30日期间未签订劳动合同的双倍工资的差额。

庭审中，公司认为自己与张小姐已经补签了劳动合同，也就不存在再支付双倍工资的问题，更何况张小姐是2007年8月1日就进入了公司工作的，自2007年8月1日开始公司就与其形成了事实的劳动关系，当时法律并没有规定没有签订劳动合同就得支付双倍工资。劳动仲裁委员会经过审理后依法做出了支持张小姐的申诉请求的裁决。公司不服，又向法院提起了诉讼，后又上诉至中级法院。最终二审法院做出了支持张小姐的请求的终审判决。

【案例点评】

本案的争议源于用人单位用工却没有及时与劳动者签订书面劳动合同，最终不得不支付双倍工资的法律责任。随着《劳动合同法》的实施，用人单位与劳动者之间劳动合同的签订率也提升了很多，但是还有许多用人单位由于对劳动用工方面的法律知识的了解不够完善或欠缺，最终不得不为违法用工付出成本。

---

① 佚名. 劳动合同虽补签，双倍工资仍应支付［EB/OL］.（2010-01-23）［2018-12-20］. https://www.66law.cn/laws/68051.aspx.

本案的争议焦点是事后补签了劳动合同是否还需要支付双倍工资的问题。张小姐认为自己2007年8月就进入公司工作，公司一直没有和自己签订过书面劳动合同，到后来公司又以经济效益不好为由解除了与自己的劳动关系，虽然在最后解除的时候公司与自己补签了劳动合同，但是并不能免除其支付没有签订劳动合同期间的双倍工资差额的义务。

而公司却认为，虽然在张小姐进入公司的时候没有与其签订书面劳动合同，但是给予张小姐的工作岗位及薪酬都还不错，也不存在故意不签订合同的恶意，更何况在事后也补签了合同，既然合同都补签了，也就不需要再支付双倍工资了。

那么，公司在事后补签了劳动合同到底还需不需要支付双倍工资呢？

《中华人民共和国劳动合同法实施条例》第六条规定："用人单位自用工之日起超过一个月不满一年未与劳动者订立书面劳动合同的，应当依照劳动合同法第八十二条的规定向劳动者每月支付两倍的工资，并与劳动者补订书面劳动合同；劳动者不与用人单位订立书面劳动合同的，用人单位应当书面通知劳动者终止劳动关系，并依照劳动合同法第四十七条的规定支付经济补偿。"根据该条规定可以得知，如果用人单位没有及时与劳动者签订劳动合同的话，其不仅要及时与劳动者补签劳动合同，还要履行支付未签订劳动合同期间双倍工资的义务。也就是说，本案中的公司虽然最终在与张小姐协商解除劳动合同的时候补签了劳动合同，但此时亡羊补牢，为时已晚，该公司还是免除不了支付双倍工资的法律责任。

课后练习

一、单选题

1.（　　）不属于劳动关系的内涵。

A. 劳动关系是为实现劳动而形成的

B. 劳动关系是由多方参与形成的

C. 劳动关系的基本性质是社会经济关系

D. 劳动关系是雇佣关系

2.（　　）不是劳动关系中的参与主体。

A. 第三方组织　　B. 劳动者/员工　　C. 用人单位　　D. 政府

3. 下面关于劳动关系与劳务关系的说法，（　　）是错误的。

A. 劳动关系具有长期性和稳定性，劳务关系具有临时性、不固定性和流动性

B. 两者依据的法律都是《中华人民共和国劳动法》

C. 劳务关系的主体比劳动关系的主体在立法上表现得更加宽泛

D. 劳动关系中，用人单位和劳动者之间存在隶属关系；劳务关系中，当事人之间是一种平等的关系

4.（　　）不是劳动关系的处理原则。

A. 劳动权利义务相统一原则　　B. 保护劳动者合法权益原则

C. 协商一致原则　　D. 劳动法主体利益平衡原则

5. (　　) 不是劳动合同订立的原则。

A. 劳动权利义务相统一原则　　B. 合法原则

C. 等价有偿原则　　D. 合同主体地位平等原则

6. (　　) 不是劳动合同中应该包含的内容。

A. 合同期限　　B. 企业情况介绍

C. 工作内容与时间　　D. 劳动报酬和条件

7. (　　) 是用人单位在劳动合同中应该履行的义务。

A. 监督并指导劳动者在用人单位的工作行为

B. 定期开展与劳动者之间的谈话

C. 合同结束时及时告知劳动者

D. 提供劳动安全卫生保护

8. (　　) 属于用人单位对劳动者的无因解除。

A. 劳动者不能胜任工作，经过培训或者调整工作岗位，仍不能胜任工作的

B. 劳动者严重违反用人单位的规章制度的

C. 用人单位自身的经济原因、经营原因导致劳动合同解除的

D. 劳动合同订立时所依据的客观情况发生重大变化，致使劳动合同无法履行

9. (　　) 不是劳动合同终止的条件。

A. 劳动者在医疗期长时间无法康复

B. 劳动合同期满

C. 劳动者死亡或被人民法院宣告失踪或死亡

D. 用人单位被依法宣告破产、被吊销营业执照、被责令关闭或撤销

10. (　　) 不是劳动争议的解决途径。

A. 调解　　B. 强行终止　　C. 劳动仲裁　　D. 诉讼

二、判断题

1. 劳动合同的主体是劳动者和用人单位。(　　)

2. 用人单位如果仅在招工启事、广告或简章中介绍自身情况，并发出招工信息，并未就合同主要内容给予说明，该行为可以算作有效要约。(　　)

3. 承诺必须由受要约人本人在有效期内做出，且应当完全接受要约条款，如果接受的意思与要约不一致而改变了要约的实质性内容，则只能视为反要约，不构成有效承诺。(　　)

4. 当酒店对产品、经营方式等进行相应调整时，劳动合同就可能因签订条件的改变而发生变更。(　　)

5. 当用人单位未按照劳动合同约定提供劳动保护或者劳动条件损害劳动者权益的情况下，劳动者必须提前 10 天通知用人单位解除合同。(　　)

三、简答题

1. 劳动关系的主体包括哪些？

2. 劳动关系与劳务关系的区别是什么？

3. 订立劳动合同的程序是什么？

4. 劳动合同的内容包括什么？

5. 劳动合同解除的方式有哪些？

6. 劳动争议的处理途径有哪些？

7. 劳动派遣对于企业的优点是什么？

四、案例分析题

2017 年 12 月 16 日，32 岁的王女士通过某酒店各管理层领导人员面试，担任该酒店财务部财务助理工作。王女士介绍说："面试过程中双方曾经口头商定，试用期一个月，一个月内签订劳动合同并办理社会保险，底薪 3 200 元。若加班，酒店给付加班费，出满勤给付满勤奖。"入职后，作为三名财务之一的王女士几乎天天加班 2~3 个小时，每周只休息一天。王女士从来没有请过假，也没有迟到或者早退。

经过了一个月的试用期，王女士并没有得到书面合同，酒店没有给其办理入职手续，致使她一直没有考勤记录。2018 年 2 月下旬，王女士得知酒店公开向社会招聘并面试财务助理。王女士表示，2017 年 12 月酒店只发给她 1 500 元工资，2018 年 1 月的工资被拖延至 2 月 26 日才开出，而且金额与原定有差异，并以没有考勤记录为由，未发满勤奖和加班费。酒店也一直未与其签订劳动合同，王女士于 2018 年 2 月底辞职。

2018 年 2 月 28 日，王女士以该酒店违反《劳动合同法》有关规定，向用人单位所在区劳动争议仲裁委员会申请仲裁，要求酒店支付双倍工资，但由于王女士未能提供相关证据，未被受理。王女士遂起诉至用人单位所在区人民法院，要求被告酒店支付其每月双倍工资补偿。

【案例思考】

该酒店在用工的过程中，有哪些违反《劳动合同法》的行为？王女士是否应该被酒店赔偿？赔偿的标准应为多少？

参考文献

［1］李志刚. 旅游企业人力资源开发与管理［M］. 北京：北京大学出版社，2011.

［2］IVERSON K M. 饭店业人力资源管理［M］. 张凌云，译. 北京：旅游教育出版社，2003.

［3］伍兹. 饭店业人力资源管理［M］. 北京：中国旅游出版社，2013.

［4］中国就业培训技术指导中心. 企业人力资源管理师［M］. 北京：中国劳动社会保障出版社，2012 .

［5］徐文苑、贺湘辉. 饭店人力资源管理［M］. 2 版. 北京：清华大学出版社、北京交通大学出版社，2010.

［6］荞麦. 高绩效时间管控［M］. 北京：人民邮电出版社，2016.

［7］刘善仕，王雁飞 . 人力资源管理［M］. 北京：机械工业出版社，2015.

［8］马里奥特，布朗. 毫无保留　一句承诺成就万豪传奇［M］. 陈磊，译. 杭州：浙江人民出版社，2016.

［9］WOODS R H. 餐旅人力资源管理［M］. 何珮芸，黄培文，译. 台湾：鼎茂出版社，2008.

［10］伊万切维奇，赵曙明，程德俊. 人力资源管理（原书第 11 版）［M］. 北京：机械工业出版社，2011.

［11］严伟，戴欣佚. 旅游企业人力资源管理［M］. 上海：上海交通大学出版社，2011.

［12］蓝丹姝. W 连锁酒店分店总经理胜任力模型构建及招聘应用研究［D］. 深圳：深圳大学，2017.

［13］赵颖. 一个 HRD 的真实一年［M］. 北京：清华大学出版社，2016.

［14］胡友宇，龚伟，王光健. 酒店人力资源管理实务［M］. 北京：清华大学出版社，2017.

［15］赵洪臣. 人事第一　我是如何在世界 500 强做 HR 的［M］. 北京：清华大学

出版社，2014.

［16］李江华. 世界 500 强人力资源总监是如何炼成的 从实习生到 CHO 的故事［M］. 北京：清华大学出版社，2014.

［17］谭克. 饭店业人力资源管理［M］. 2 版. 徐虹，译. 沈阳：东北财经大学出版社，2004.

［18］赵嘉骏，招戈，刘丽. 现代饭店人力资源管理［M］. 北京：中国物资出版社，2011.

［19］沈文馥. 饭店人力资源管理［M］. 北京：机械工业出版社，2015.

［20］德斯勒. 人力资源管理（英文版 · 第 14 版）［M］. 北京：中国人民大学出版社，2017.

［21］陈琦，李玲. 酒店人力资源管理［M］. 上海：上海交通大学出版社，2018.

［22］蒋婷. 饭店人力资源管理——知识与实践［M］. 青岛：青岛出版社，2008.

［23］佚名. 阿里巴巴的人才管理世界窥探［EB/OL］.（2014-09-26）［2018-11-02］. https://www.hrloo.com/rz/1329213 4.html.

［24］周广亮，刘珂. 人力资源管理［M］. 北京：中国铁道出版社，2013.

［25］佚名. 全球领先落地应用酒店机器人行走间的秘密——走访云迹科技机器人公司［EB/OL］.（2018-03-10）［2018-12-20］. http://dy.163.com/v2/article/detail/DCH8UOK10518DD7D.html.

［26］陈丽芬. 员工培训管理［M］. 北京：电子工业出版社，2010.

［27］佚名. 制度的力量［EB/OL］.（2012-12-09）［2018-12-15］. http://www.jobmd.cn/article/45629.htm.

［28］佚名. 平衡计分卡［EB/OL］.（2012-09-21）［2018-12-16］. http://www.hrloo.com/rz/18136.html.

［29］陈元方. 华为绩效管理成功案例［EB/OL］.（2016-04-15）［2018-12-16］. http://www.huishi365.com/iarticle_detail/27373.html.

［30］迈耶. 世界上到处都是有才华的穷人［M］. 金雨，译. 北京：中国民航出版社，2004.

［31］李晨阳. 员工有权拒绝用人单位调岗吗?［EB/OL］.（2010-07-12）［2018-12-17］. http://www.lawtime.cn/info/laodong/laodongjiufen/2010071238943.html.

［32］佚名.劳动合同虽补签,双倍工资仍应支付［EB/OL］.（2010-01-23）［2018-12-20］.https://www.66law.cn/laws/68051.aspx.

扫一扫，即可获得本书课后练习参考答案。